Meist sonnig

ANDREA KIEWEL

Meist sonnig

Eine Liebeserklärung an das Leben

Eden BOOKS

Für S.

Liebe Leserinnen und Leser,

der 14. Juli 2020 ist so sonnig, wie ein 14. Juli nur sein kann.

Dennoch ist mein Herz schwer. Nicht schwer im Sinne von schwer, sondern eher wehmütig. Obwohl der Tag strahlt, bin ich mir nicht sicher, ob es ein guter Tag wird. Ich bin in Berlin. Meine Visagistin Birgit schminkt mich im kleinen Konferenzraum eines Berliner Hotels. Sie trägt einen Mundschutz und tupft mir mit sehr ausgestrecktem Arm Make-up und Rouge auf die Wangen. Abstand halten und sich dennoch nahe sein, es ist, als versuche man, ernst zu bleiben, wenn man durchgekitzelt wird.

Aber natürlich überrascht mich mein Leben, denn dieser 14. Juli wird ein wunderbar erfolgreicher Tag, weil plötzlich alles stimmt. Weil all die Menschen um mich herum respektvoll miteinander umgehen. Ich sitze auf einer staubigen Bordsteinkante in Berlin-Mitte, und dennoch fühlt es sich an, als würde ich fliegen. Auf der viel befahrenen Straße bremsen Autos ab, um einen Blick auf uns zu erhaschen. Meine Haare glänzen, die Hose passt wie angegossen, und der Fotograf Marcus Höhn sieht mich mit Augen, wie mich niemand jemals zuvor bei einem Fotoshooting sah. Ich sehe aus, als sei ich bei mir angekommen. Als hätte ich mich gefunden, ohne mich gesucht zu haben. Jedenfalls auf den Fotos, die Marcus von mir macht.

Darum geht es in diesem Buch. Um mein Leben. Und natürlich spielt die Liebe eine entscheidende Rolle, jene kapriziöse Freundin, die in meinem Leben ein und aus geht, als hätte sie einen Universalschlüssel zu meinem Herzen. Es geht um Beziehungen, Freunde und Freundinnen, Frauen, Männer, Jobs und Sex. Um Erfolge und Niederlagen. Um Kummer und Glück.

Ich bin Tochter, Mutter, Freundin, Geliebte, Kollegin. Ich hadere jeden Tag mit mir, weil man Selbstbewusstsein nicht essen kann. Ich weiß nie, ob ich gut genug bin oder zu viel des Guten. Nur eines weiß ich mit der Gewissheit einer erwachsenen Frau: Ich liebe mein Leben. Genau so, wie es ist. Mit niemandem möchte ich tauschen. Ich will auch nichts rückgängig machen, aber wenn es nach mir ginge, könnte noch allerhand hinzukommen.

Ich wuchs in der DDR auf, ich wollte Schwimmolympiasiegerin werden und moderiere die größte Open-Air-Unterhaltungsshow im deutschen Fernsehen. Meine Eltern sprechen wenig, ich kann nicht aufhören zu fragen. Und schon immer war Musik in meinem Leben. Vor allem klassische Musik. Ich wachte mit Mozart auf und ging mit Beethoven zu Bett. Bis heute hat sich daran nichts geändert. Ansonsten ist vieles anders seit meiner Kindheit in Ostberlin.

Ich wünsche mir nichts mehr, liebe Leserinnen und Leser, als dass Sie beim Lesen meines Buches die flirrende Hitze des 14. Juli spüren können. Und die Sonne. Denn so ist mein Leben. Meist sonnig.

Willkommen in meiner Welt!
Herzlichst
Ihre Andrea Kiewel

M
HIM
HER
HE

Für mich soll's rote Rosen regnen
Hildegard Knef

Müssten Sie sich anpreisen, verehrte Leserinnen und Leser, was fiele Ihnen zuallererst zu sich ein?

Okay, ich mache den Anfang. Also:

Ich bin groß und blond. Ich bin viel mehr gut als schlecht gelaunt. Man kann mich überall mit hinnehmen, mich interessiert alles – sogar Kakteen und Zierfische. Ich treffe nicht nur gern Menschen, ich suche regelrecht ihre Gesellschaft. Alleinsein gehört definitiv nicht zu meinen Stärken. Ich liebe gern. Ich bin süchtig nach Anfängen und Musik und Theater und Filmen und Sport. Ich reise gern, tendiere aber zum Heimwehhaben, bin neugierig, kann beinahe alle Geheimnisse für mich behalten, gebe gern ab, nur Teilen liegt mir nicht, schon gar nicht den Liebsten. Ich brauche weder Statussymbole noch Besitztümer, ich liebe Fußballspiele unter Flutlicht und weine bei Siegerehrungen.

Wenn ich das alles so aufschreibe und lese, komme ich nicht umhin festzustellen, dass ich gern mit mir befreundet wäre. Ehrlich. Ich bin eine gute Freundin. War ich schon immer. Was ich nicht immer konnte, war, mit mir zufrieden zu sein. Es fällt mir schwer, mir einzugestehen, dass an mir viel mehr richtig als falsch ist. Stets trage ich diese Angst in mir, entweder zu viel oder nicht genug zu sein. Es ist, als hätte ich Angst vor mir selbst. Aber es wird besser. Das hat mit meinem Umfeld zu tun, in dem es emanzipierte Frauen und kluge Männer gibt, es hat damit zu tun, dass ich mir den Luxus leiste, viel Zeit mit mir selbst zu verbringen und dadurch komplett auf andere Gedanken zu kommen. Es ist wirklich wahr: Wer es eilig hat, muss sich Zeit lassen. Wie oft habe ich schon geklagt, dass ich die fürs Kochen und Backen erforderliche Gelassenheit erst lernen musste? Aber ich lade gern an opulent gedeckte Tische. Nicht des Essens wegen. An diesen Tischen sitzen Menschen. Wer sind sie? Was treibt sie an? Was erfreut sie, was macht sie traurig? Das interessiert mich.

Ich lebe in einer Stadt. Ja, lebe, nicht wohne. Ich fühle mich lebendig inmitten von Licht, Gerüchen, Stimmen. Der Klang einer Stadt bei Tag und bei Nacht ist Musik in meinen Ohren. Jazz und Mozart liebe ich gleichermaßen. Müsste ich mich zwischen beiden entscheiden, wäre ich verloren.

Ich bin die meiste Zeit meines Lebens nicht gut in Beziehungen. Aber es gibt diese eine große Liebe in meinem Leben. Sie heißt Inspiration. Ich bin süchtig nach ihr. Sie ist die Frage auf alle Antworten. Ich habe eine Liaison mit Fragen. Als Kind sagte man mir: »Sei nicht so neugierig!« Wie macht man das, nicht neugierig zu sein? Mein Kind sagt mir übrigens dasselbe: »Mama, sei nicht so neugierig!«

Ist das Leben ein Kreisverkehr, und wenn man sich für keine Ausfahrt entscheiden kann, stellt man nach der dritten Runde fest: »Hier war ich schon.«?

Ich bin viele Runden und Umwege gefahren. Ich habe als Braut getanzt und auf Friedhöfen geweint. Aber irgendwann traf ich eine Entscheidung: Ich fahre Kurven. Mit Absicht. Meine Kurven heißen Berlin, Mainz, Frankfurt, Tel Aviv. Am Straßenrand dieser, meiner Kurven standen und stehen die wichtigsten Menschen in meinem Leben. Sie alle verbindet eines: Sie inspirieren mich. Sie machen mich klüger, geduldiger, weniger egoistisch. Sie sind gütig und erlauben mir meine Fragen.

Seit ich mir gestatte, die Kurven in meinem Leben zu akzeptieren, erfahre ich mehr über mich. Anderen gefallen zu wollen oder so sein zu müssen, wie man es von mir erwartet, strengt mich viel mehr an als falsch abzubiegen. Jedenfalls an guten Tagen. Nein, ich stehe nicht vor dem Spiegel und finde mich unwiderstehlich. Aber ich finde Kinder toll. Große und kleine, laute und leise, schüchterne und vorlaute.

Womit wir bei der nächsten Frage wären – was für ein Kind war ich? Wie wollte ich als Erwachsene sein? Und bin ich es geworden?

Sie sind dran!

Heute war gestern schon morgen
Chima

Rechnen Sie, liebe Leserinnen und Leser, immer noch in D-Mark um? Oder sogar in DDR-Mark, so wie ich? Die Maß Bier auf dem Oktoberfest kostete zuletzt zwischen 10,80 Euro und 11,80 Euro. Oder – bei günstigem Kurs – 92 DDR-Mark. Die Miete meiner ersten Wohnung in Berlin-Treptow betrug nur achtzig DDR-Mark. Außentoilette. Hinterhof. Parterre. Und nein, ich habe sie nicht besetzt, weil sie keiner wollte. Ich bewarb mich für diese Wohnung. Ich kämpfte um sie. Und nur, weil ich ein kleines Baby hatte, bekam ich sie letztendlich. Und obwohl sie Wohnung hieß, war sie nicht sehr wohnlich.

Irgendwann und irgendwie erstand ich diese Bastmatten, die Ende der Achtzigerjahre dem spießigen Teppich den Todesstoß versetzten. Zwanzig Quadratmeter Bastglück. Krümelnd, fasernd, merkwürdig riechend, Hauptsache kein Teppich. Aller Dreck fiel durch das sehr großzügig zusammengewirkte Gewebe. Heute weiß ich, dass meine nicht enden wollenden Niesanfälle nicht auf Heuschnupfen im Winter, sondern auf eine erstklassige Hausstauballergie zurückzuführen waren. Dass meine extrem ordentliche Mama (das Wort »pingelig« wage ich, im Zusammenhang mit ihr, nicht zu verwenden, es kommt der Sache aber sehr, sehr nahe, verzeih, Mama) mich dennoch regelmäßig besuchte, zählt bis heute zu den unerklärlichen Wundern meiner Familie …

Stellen Sie, liebe Leserinnen und Leser, sich vor, was wäre, wenn die Mauer vor dreißig Jahren nicht gefallen wäre? Wie lebten wir dann? Welche Musik hörten, welches Essen bevorzugten wir? Woran glaubten wir? Mir fallen zum Thema »Was wäre, wenn es die DDR noch gäbe?« tausend und mehr Fragen ein. Nach wie vor fühle ich einen Verlust, ohne etwas verloren zu haben. Nach wie vor spüre ich eine Grenze, obwohl die Mauerreste zwischen Ost- und Westberlin längst unter Denkmalschutz stehen. Nach wie vor rechtfertige ich mich für mich, dabei stellt mich niemand infrage – außer ich mich selbst.

Ich glaube, wir hatten zu wenig Zeit, uns anzunähern, uns kennen- und lieben zu lernen. Mauer weg, DDR weg, alles weg, was uns was bedeutete, einzig das Ampelmännchen überlebte. Das ist maßlos übertrieben, aber gelegentlich muss man weit übers Ziel hinausschießen, um sich dem Kern der Wahrheit nähern zu können.

Glücklicherweise verloren meine Eltern 1999 im bayerischen Hochwasser am Ammersee (der Keller glich tagelang einem Indoorpool) nur unsere Diasammlung. Über tausend kleine Plastikquadrate voller Urlaubserinnerungen an Stettin, Krakau, Usedom und den Ostberliner Tierpark. Andere Schätze überlebten.

»Mama, liebe Mama, darf ich ein bisschen in deiner Schmuckschublade stöbern?«

Egal, wie alt man ist, man bleibt die Tochter von Eltern, die fragend die Augenbrauen hochziehen.

»Was erwartest du zu entdecken, Andrea?«

Ich täusche Interesse an allem vor, liebäugle aber mit DDR-Reliquien wie den alten Armbanduhren meines Vaters oder meiner Mutter. Ich bin fest davon überzeugt, dass sie mir ausgezeichnet stehen werden. Sie sind Vintage und aus dem Osten. Mehr geht beinahe nicht.

Als Kind bekam ich eine schlichte Armbanduhr mit Handaufzug, Sekundenzeiger und Datumsanzeige. Danach folgten diverse winzig kleine Varianten, bis heute bin ich nicht sicher, ob die Uhren tatsächlich die Zeit anzeigten. Ein wenig später kam meine Groß-und-rund-Phase, ich wollte aussehen wie eine Architektin. Anschließend hatte ich ein Verhältnis mit Swatch, welches übergangslos abgelöst wurde durch die fetten G-Shock-Brummer am Handgelenk, dann etwas Zeitloses, meinem Jahrgang entsprechend, und das war's. Heutzutage lese ich die Uhrzeit vom Handy ab, weswegen ich es noch viel öfter aus der Tasche ziehe als überhaupt nötig.

Ich brauche eine Armbanduhr. Früher gab es sogar eine Telefonnummer, die man anrufen konnte, um zu erfahren, wie viel Uhr es ist. Im Radio hieß es: »Piep, piep, piep: Beim letzten Ton des Zeitzeichens war es 19 Uhr. Hier ist der Berliner Rundfunk mit den Nachrichten.«

Ich öffne behutsam die Schmuckkästchen meiner Mama. Einige Schächtelchen sind aus Pappe, andere aus Samt mit goldenen Initialen, inhaltlich gleichen sie sich sehr: viel Modeschmuck – wenig nach meinem Geschmack. Was hatte ich für schöne Abzeichen. Halsketten. Armbänder. Wo sind die geblieben? Wieso warf ich alles weg, auf dem »DDR« stand? Wieso sagte mir niemand, dass Dreiraumwohnungen im DDR-Plattenbau, Eterna-Klassik- und Amiga-Schlager-Schallplatten sowie gebrauchte DDR-Trainingsanzüge mal Ausdruck erlesenen Geschmacks sein würden?

Und dann finde ich sie, die kleine Armbanduhr meiner Mutter. Goldglänzend, aber Lichtjahre davon entfernt, aus echtem Gold zu bestehen. Wenn ich mich richtig erinnere, brachte sie die Uhr einst sehr stolz von einer Dienstreise aus der UdSSR mit und trug sie so lange, bis Tchibo, Eduscho und Co. sie davon überzeugten, dass deren Billiguhren schicker seien, weil aus dem goldenen Westen. Akzeptanz durch Penetranz. Arme UdSSR-Armbanduhr ...

Die größte Überraschung aber ist: Sie geht. Sie tickt ganz leise. Aber sie geht. Exakt zeigt sie Minute für Minute, Stunde für Stunde an. Handaufzug, echt Blech, kein Datum.

Die trage ich jetzt.

»Mama, darf ich sie mir bitte ausborgen? Für immer?«

DDR
DDR
DDR

Sei du selbst, alle anderen sind vergeben
Oscar Wilde

»Du schwimmst wie die letzte Fichte!«

Nein, zart war der Umgangston in meiner Schwimmhalle in Berlin-Hohenschönhausen nicht. Zuweilen war er eher grob. Ich korrigiere: immer!

Ich ließ mich für eine RTL-Dokumentation breitschlagen, an die Stätte meiner großen, nicht wahr gewordenen Träume zurückzukehren. Seit ich den Nationalmannschaftsbadeanzug an den Nagel hing, habe ich meine Schwimmhalle im Berliner Sportforum nie wieder betreten. Die Wahrheit? Ich ängstigte mich. Vor dem Geruch von Chlor auf warmen Sitzbänken, vor dem Geräusch, welches entsteht, wenn Schwimmer schnell und gleichmäßig ihre Bahnen ziehen. Vor den Rufen und Pfiffen der Trainer am Beckenrand. Ich brauchte Begleitschutz in Form einer Fernsehkamera, um nicht zu ertrinken im Tsunami an Gefühlen und Erinnerungen an meine Kindheit und Jugend, die eigentlich keine waren. Oder doch. Nur eben ganz, ganz anders.

Mit geschlossenen Augen hätte ich den Weg zum Sportforum in der Fritz-Lesch-Straße gefunden. Links die Brauerei, aus der es an schlechten Tagen übel nach einem Hefe-womit-auch-immer-Gemisch roch. Rechts meine Schwimmhalle. Schräg gegenüber die sogenannte Sportmedizin, welche eher eine Art Versuchslabor war, in dem man mir nur mit örtlicher Betäubung Muskelfasern (Biopsie) entnahm, um festzustellen, ob ich besser für Hundert- oder Vierhundert-Meter-Freistil geeignet bin und dementsprechend die Trainingspläne zu optimieren. Man entfernte mir dort aber auch den Blinddarm und durchbohrte mir die Nasennebenhöhlen, Blinddarm mit und Nasennebenhöhlen ohne Narkose.

Aus der Blechhalle (so nannten wir das Freibad, das auch im Winter dank eines Blechdachs beschwimmbar war) von einst ist nun eine Bogenschützenhalle geworden. Das Becken ist noch da, aber eben ohne Wasser, es liegt grüner Teppich auf dem Grund, und unsere Olympiahoffnungen im Bogenschießen trainieren unermüdlich an dem Ort, an dem ich bis zum 17. Lebensjahr meinen Olympiaträumen nachhing.

Ich weinte. Es erschütterte mich, mit solcher Wucht an meine Kindheit und Jugend erinnert zu werden. Nicht dass ich sie vergessen hätte, ich hatte sie nur sorgfältig weit nach hinten in meinem Herzen gepackt. Das Schwimmen und ich – wir hatten uns nichts mehr zu sagen. Wir waren mehr als fertig miteinander. Unsere Langzeitbeziehung hatte aus gutem Grund ein jähes Ende gefunden. Diese jahrelange unbeschreibliche Quälerei, diese Entsagungen aller Vergnügungen, das sich tägliche Schinden und Plagen waren überhaupt nur möglich, weil ich es unbedingt wollte. Es gab nichts, was mir wichtiger war. Gegen den ausdrücklichen Willen meiner Eltern. Ich wollte Olympiasiegerin werden, das hatte ich mir in den Kopf gesetzt. Deswegen schwamm ich. Okay, zuweilen schwamm ich auch für den Trainer, aber die Goldmedaille und der Trainer gehörten ja auch irgendwie zusammen. Mein Gott, war ich naiv, mein Gott, war ich gutgläubig. Ich dachte, das muss so sein. Und wenn um einen herum alle so denken, ihr Leben nach diesem einen großen Ziel ausrichten, den Kopf ins Wasser tauchen, Dreieratmung, Ellbogenvorhaltung und tiefe Wende trainieren, wie kann man dann auf die Idee kommen, es könnte noch etwas anderes geben als Schwimmen?

Ich bereue nichts. Ich trauere nicht einer anderen Kindheit, Jugend nach, die ich nicht erlebte. Stattdessen erinnere ich mich an die verrücktesten Erlebnisse, zum Beispiel, wie wir auf der Abschlussparty des Schwimmländerkampfes in Pesaro (Italien) Rotwein und Weißwein in leere Fanta-Dosen mischten und ich am Morgen danach verstand, was die Redewendung »einen Kater haben« (das Wort »Hangover« war noch nicht erfunden) bedeutete. Oder wie wir bei einem Aufräum-Subbotnik in einem Internat meiner Sportschule Pornomagazine fanden, deren Fotos mich nachhaltiger verstörten als alle sehr anstrengenden Höhentrainingslager in Bulgarien zusammen.

Bis heute frage ich mich, ob sich meine Trainer ihres inakzeptablen Umgangstons mir gegenüber bewusst waren? Nie wieder bin ich in meinem Leben so schlimm und so oft beschimpft und angebrüllt worden wie als Schwimmerin beim SC Dynamo Berlin. Egal, wie sehr ich mich anstrengte, egal, wie schnell ich schwamm, ich war nicht gut genug. Die Male, die ich im Alter zwischen elf und achtzehn Jahren gelobt oder gar gefeiert wurde, kann ich an einer Hand abzählen. Es kostete mich viel Zeit, zu verstehen, dass ich mich dennoch lieben darf.

Selbstbewusstsein wurde mir in der ehemaligen DDR eher ab- als antrainiert. Was auch mit meiner Ausnahmeposition zu tun hatte. Wer eben nicht Schülerin an ganz normalen polytechnischen Oberschulen war, wer auf eine Sport-, Russisch-, Musik- oder Ballettschule delegiert wurde, der war privilegiert. Ich war ab der vierten Klasse Schülerin an der Kinder- und Jugendsportschule »Werner Seelenbinder«. Trainer, Sportärzte und Funktionäre hatten große Hoffnungen, dass ich eines Tages internationale Goldmedaillen für die DDR gewinnen würde. Ich glaubte auch fest daran, durchlief alle Prozesse des sozialistischen Sportkadersystems – und scheiterte. Ich gewann keine Olympiamedaille, und ich vergaß in zehn Jahren Hochleistungssport, mein Ich zu entwickeln.

Ich glaube, es war den Trainern sehr recht, denn Sportler, die etwas hinterfragen oder sich gar eigene Gedanken machen, sind schwerer zu trainieren. Ich gehorchte und musste, nachdem die tägliche Schinderei vorbei war, sehr mühsam herausfinden, wer ich bin, was ich will und vor allem, wie ich sein möchte. Und als ich endlich zu wissen glaubte, wer diese Andrea Mathyssek ist, hörte mein Land auf zu existieren und mit ihm all das, was ich gerade über mich herausgefunden hatte.

Bis heute kann ich nicht langsam schwimmen. Springe ich in einen Pool, muss ich schnell sein. Ich sehe die Beine des Schwimmers auf der Nebenbahn und fange an zu rechnen: In drei Zügen habe ich ihn, dann eine schnelle Wende und er ist überholt. Dieser Wettkampfmodus steckt so unauslöschlich in meiner Matrix. Ist das nun DDR? Oder Ehrgeiz? Ich weiß es nicht.

Ich kaufe auf Vorrat, weil drei Packungen Spaghetti mir das Gefühl von Sicherheit geben. Erdbeben, Vulkanausbrüche, kein Geld mehr, Quarantäne? Zumindest ist Essen da. Es ist die DDR in mir. Oder vielleicht die DDR und meine Mama, sie war diejenige, die sich um den Haushalt kümmerte, obwohl sie voll berufstätig war, und sie war diejenige, die auf Vorrat kaufte – wer weiß, wann es das nächste Mal »Mocca Fix Gold Kaffee« geben wird …

Frauen wie meine Mutter arbeiteten in der DDR. Dafür mussten sie nicht kämpfen, im Gegenteil, das war erwünscht, von »Oben« verordnet. Wer keiner geregelten Arbeit nachging, galt als »asozial«, so etwas wie »sich erst einmal finden« oder »ausprobieren wollen« gab es in der DDR nicht.

Ich wünsche mir, dass mir niemals wieder jemand vorschreibt, wie ich zu leben und zu sein habe. Diesen Zustand nennt man Freiheit. Meine Kindheit und Jugend waren das Gegenteil davon. Ich lebte in einer Box, fünfzig Meter lang und acht Schwimmbahnen breit. Nein, es zwang mich niemand. Aber es stellte sich auch niemand schützend vor mich, als schreiende Trainer am Beckenrand behaupteten, ich sei das Letzte. Als sie mich grob anfassten, links liegen ließen oder fragwürdigen medizinischen Untersuchungen aussetzten.

Ich kann nicht langsam schwimmen. Weil ich es nicht will. Und das ist der beste Unterschied zu damals und versöhnt mich unendlich mit mir – weil ICH es nicht will.

Unsre Heimat, das sind nicht nur die Städte und Dörfer
DDR-Pionierlied, Text: Herbert Keller

Sollte dieses Buch an der einen oder anderen Stelle etwas wehmütig klingen, so entspricht das nur bedingt meinem generellen Seelenzustand.

Schuld an diesem »Zurückblick« ist ein Schwarz-Weiß-Foto aus den späten Siebzigerjahren, auf dem ich zusammen mit Mitschülern zu sehen bin. Ich wollte den Kindern einer Freundin zeigen, dass es ein Leben vor Nike-Turnschuhen, E-Scootern und Basecaps gab und suchte nach Beweisen. Und ich fand sie in Form dieses Fotos. Darauf abgebildet bin ich im weißen Hemd und mit blauem Tuch um den Hals, der Kleidung für Jungpioniere. Wir waren stets angehalten worden, einen dunkelblauen Rock oder eine entsprechende Hose zu tragen. Und die Pionierkleidung galt immer als etwas Besonderes, man trug sie nur zu entsprechenden Anlässen. Das Tuch richtig knoten zu können, war Ehrensache. Wer den Knoten nicht auf Anhieb beherrschte, übte brav zu Hause. Der Pionierknoten von damals ist der Krawattenknoten von heute. Nur ist Letzterer komplett ideologiefrei. Warum ich auf diesem Foto so aussehe, weiß ich nicht mehr. Und erst viel, viel später fragte ich mich, warum die DDR, das Land, in dem ich geboren wurde und aufwuchs, die Tradition dieser Organisationen, die stark an die Hitler-Jugend und das Jungvolk Nazideutschlands erinnerten, fortsetzte. Jungpioniere, Thälmann-Pioniere, Freie Deutsche Jugend (FDJ), Gesellschaft für Sport und Technik (GST). Die Vereinigungen bekamen neue Namen, aber immer gab es einheitliche Kleidung (Uniform), und wir Kinder und Jugendliche waren durchorganisiert, damit niemand sich einen eigenen Kopf mit eigenen Gedanken machte. Die Ähnlichkeit der Fackelaufmärsche in den 1930er-Jahren mit denen fünfzig Jahre später in der ehemaligen DDR ist nicht zu leugnen. Warum fiel mir das nicht schon damals auf? Ich behaupte NICHT, dass wir, die Menschen der ehemaligen Deutschen Demokratischen Republik, unisono Nazis waren oder gar sind. Man organisierte uns, weil organisierte Menschen leichter zu führen und zu verführen sind. So weit, so gut. Oder nicht gut.

Immer mittwochs gab es Pioniernachmittage, an denen ich nur selten teilnehmen konnte, weil ich ja im Schwimmverein war und unbedingt Olympiasiegerin werden wollte. Aber ich erinnere mich, wie viel Spaß mir unsere Altstoffsammlungen gemacht haben. Wir teilten uns in Dreier- oder Vierergrüppchen auf und klingelten an allen Wohnungstüren in der Nachbarschaft: »Guten Tag, haben Sie Altpapier oder leere Flaschen und Gläser?«

Wir sammelten nicht etwa für uns, nein, das Geld, welches man bekam, wenn man wertvolle Rohstoffe wie Papier und Glas zum »SERO« brachte, wanderte in die Klassenkasse. SERO bedeutete Sekundär-Rohstoffe. Meine Familie nannte die Annahmestelle »Rumpelmännchen«. Dieser Ort, zu dem wir jungen Pioniere unsere eingesammelten Schätze brachten, war ein kleiner Raum neben dem Haupteingang der Kaufhalle. Extra Tür. Extra Öffnungszeiten. Das Papier war gebündelt und wurde abgewogen. Ich glaube, ein Kilo Altpapier war damals dreißig Pfennig (Ost) wert. Für ein leeres Glas bekam man fünf Pfennig, den Flaschenpreis habe ich vergessen. Auch, woher das Geld eigentlich kam, wer es zur Verfügung stellte. In der Annahmestelle, in dem es sogar an helllichten Sommertagen immer dämmrig war, arbeitete ein mürrischer Mann. Ich erinnere mich nur allzu gut an den Geruch von vergorenem Alkohol der leeren Bierflaschen und Schnapsreste und dass ich mich beim Betreten des »Rumpelmännchens« stets gruselte. Aber da wir gute Pioniere waren, erfüllten wir unsere Pflicht und unterstützten die Wirtschaft unseres jungen Landes, indem wir teure Rohstoffe wie Papier und Glas einsammelten und so zur Wiederverwertung brachten.

So war die DDR – auf der einen Seite Kohleöfen und Bitterfeld, auf der anderen Altpapier sammeln. So viel Sinn und Unsinn gleichermaßen – hat wirklich jemand jemals gedacht, dieses System könnte funktionieren?

Heute werfen wir so viel weg. Gläser, Papier, Plastik, Bekleidung, Essen, Computer. Ich merke, wie viel junger Pionier immer noch in mir steckt, wenn ich zur Papiertonne im Innenhof gehe. Viele Bäume werden gefällt, um Papier herzustellen. Im *Fernsehgarten* haben meine umweltbewussten Kollegen mittlerweile durchgesetzt, dass wir Papier beidseitig bedrucken, weshalb nur noch halb so viel Papier verbraucht wird. Vieles wird per E-Mail geregelt und nur noch im Notfall ausgedruckt. Dennoch: Wie sparsam und achtsam man mit Dingen umgehen kann, lernt man durch Erziehung im Kindes- und Jugendalter oder aus der Not heraus.

Befragte man meine Mama nach ihren liebsten gesamtdeutschen Errungenschaften, käme ganz sicher der Plastikbeutel zur Sprache, weswegen wir uns regelmäßig in die Haare kriegen.

Meine Mutter liebt es beispielsweise, mir die Überreste von Essen, welches wir uns gelegentlich unserer Kochfaulheit schuldend beim Lieferservice bestellen, in Plastiktüten mitzugeben.

»Aber Mama, ich bin TV-Moderatorin, ich laufe doch nicht mit einer Tüte vom Supermarkt durch die Stadt. Gib mir bitte einen richtigen Stoffbeutel.«

Mein Vater schaltet sich aus dem Hintergrund ein: »Weißt du eigentlich«, sagt er an mich gewandt, »dass wir früher in der DDR immer einen Stoffbeutel dabeihatten? Bei jedem Spaziergang. Es hätte ja sein können, es gibt was ...«

»Bananen? Apfelsinen? Joghurt?«, falle ich ihm ins Wort.

Mein Papa: »Wir hatten überhaupt keine Plastiktüten in der DDR.«

»Warum nicht?«, will ich wissen.

»Weil wir dafür kein Geld hatten, die Herstellung von Plastik ist teuer. Man benötigt dafür Erdöl.«

Positiv betrachtet bedeutet das, dass die Deutsche Demokratische Republik schon umweltbewusst war, als sich noch niemand Gedanken über Klimawandel und Erderwärmung machte. Ich weiß, verehrte Leserinnen und Leser, dies ist Schönfärberei, Braunkohle, Ofenheizungen, Zweitaktmotoren, die Plaste und Elaste aus Buna-Werken Schkopau (eine kleine Stadt im Bundesland Sachsen-Anhalt) und wie die anderen Umweltsünden meines ehemaligen Heimatlandes auch immer geheißen haben mögen, waren alles andere als ökologisch einwandfrei.

Meine Mutter bringt mir einen schwarzen Jutebeutel eines renommierten Berliner Kaufhauses, schüttelt wortlos den Kopf, gibt mir einen Abschiedskuss und verschließt die Wohnungstür, nicht ohne mir ein »Fahr vorsichtig!« mit auf den Weg zu geben. Mamas sind immer besorgt. Und da ich selbst eine Mama bin, besorgt es mich, wie achtlos ich an diesem speziellen Tag mal wieder mit unserer Umwelt umgehe. Denn als ich den Jutebeutel zu

Hause auspacke, entpuppen sich die köstlich duftenden Essensüberbleibsel vor allem als eines: der größte Haufen Plastikmüll, den ich seit Monaten verursacht habe. Ich schäme mich. Erstens, weil ich deswegen ungezogen zu meiner Mutter war. Und zweitens, weil ich es viel besser kann.

Würden wir, verehrte Leserinnen und Leser, alle zusammenwohnen, würde ich Sie zu einer Challenge herausfordern. Zu einem Wettbewerb, der genau einen Sieger haben würde: unsere Umwelt. Versuchen Sie mal, eine Woche lang Ihren kompletten Plastikmüll, also Verpackungen, Tüten, Tuben, Flaschen, Becher etc. zu sammeln. Stapeln Sie alles auf Ihrem Esstisch und machen Sie ein Foto davon. Sie werden geschockt sein. Es ist einfach unglaublich, wie viele Produkte in Plastik verpackt sind. Und es ist unverständlich, warum unsere Bundesrepublik so lahmarschig nach Alternativen sucht.

Ich jedenfalls gelobe Besserung. Und ich werde nicht müde, andere Mitglieder meiner Familie darauf hinzuweisen, dass in Plastik eingeschweißter Brokkoli absolut inakzeptabel ist. Jawohl!

Das Glück ist eine leichte Dirne
Heinrich Heine

Es gab mal eine Zeit, da verschwendete man seine Zeit damit, vierblättrige Kleeblätter zu finden. Diese sollen ja bekanntlich Glück bringen, also legten wir uns auf Wiesen und suchten zwischen all den Dreiblättrigen jene mit der Extraportion Glück.

Heutzutage gibt es für das Glücksuchen und -finden allerlei Unterstützung auf unseren technischen Geräten in Form von Applications. Für den weiblichen Zyklus, um die fruchtbaren Tage zu erwischen oder eben nicht, Tinder, Grindr – Sex in all seinen Spielmöglichkeiten. Es gibt Apps, die Musik erkennen, aus zwei Fotos, zwischen denen zwanzig Jahre Zeitunterschied liegen, eins machen, und es gibt Apps, die ausrechnen, woher unsere Vorfahren stammen. Wetter, Taxi, Flüge, Wegbeschreibungen, Nachrichten, Übersetzungen, es gibt sogar Bücher-Apps. Lesen auf dem Handy. Heinrich Heine dreht sich im Grabe um.

Und es gibt die großen, einflussreichen Schwestern der kleinen, unzähligen Apps – Social-Media-Plattformen. Facebook, Twitter, TikTok, Instagram. Letzteres habe ich ausprobiert. Als stille Beobachterin. Und verlor mich zwischen Neid, Sehnsucht, unlauterem Wettbewerb und Zeitverschwendung. Es gab nur einen Ausweg aus der Misere: die Abmeldung.

Instagram ist aus meiner Sicht derzeit die effektivste Möglichkeit der Selbstdarstellung. Psychologen attestieren vielen Instagram-Jüngern (weiblichen und männlichen) einen ausgeprägten Hang zum Narzissmus. Ich wage zu ergänzen, dass Selbstverliebtheit und Selbstbewunderung in Kombination mit dem Wunsch nach Anerkennung durch andere eine wahrlich ungesunde und langweilige Mischung ergeben.

Es funktioniert wie folgt: Man fotografiert sich in einer coolen Umgebung oder vor dem Fahrstuhlspiegel oder bei all dem, von dem man andere gern glauben machen möchte, es sei einfach ein ganz normaler Tag im Leben einer ganz normalen Frau oder eines ganz normalen Mannes, und lädt dieses Foto bei Instagram hoch. Man kann auch Instagram-Stories kreieren, kleine Videos und Fotoschnipsel, aneinandergereiht zu eben einer Story, die wie ein Amuse-Gueule funktionieren, ein kleiner Gruß aus der Instagram-Küche. Instagram ist, simpel gesprochen, ein virtuelles Fotoalbum/Tagebuch. Jeder hat seine Seite und kann allen anderen erlauben, die Fotos auch zu sehen, und man kann anderen Instagram-Mitgliedern und deren aufregenden Leben folgen. Darum geht es eigentlich – sich mitzuteilen und zu schauen, was andere so machen. Die Erfinder von Instagram waren unserer Zeit voraus und nutzen für ihre ausgeklügelte Geschäftsidee unsere drei größten Schwächen:

1. Eitelkeit
2. Neugier
3. Konkurrenz

Nun sind die Instagram-Macher reich, und wir anderen posten, schauen und vergleichen. Unaufhörlich. Ungefähr fünfhundert Millionen Menschen nutzen Instagram. *Das Leben der anderen* würde Instagram wohl heißen, wäre dieses soziale Netzwerk ein Film.

21 Tage lang war ich Bewohnerin einer Welt, die gar nicht existiert. Ich meldete mich an, blieb freiwillig unterm Aufmerksamkeitsradar, indem ich nicht ein einziges Foto postete (warum auch, ich bin ja froh, wenn keiner weiß, was ich mache) und folgte internationalen Stars. Und deren Freunden. Und dann deren Freunden. Und meinen Freunden und Bekannten. Man klickt auf den Namen eines Menschen, der einen Kommentar oder einfach das Emoji klatschende Hände (Applaus, Applaus) hinterlassen hat, und schwups – kann man in dessen Welt eintauchen. Wenn Sie wüssten, verehrte Leserinnen und Leser, wie viel Zeit ich damit verschwendet habe, mich in anderer Leute Leben zu tummeln. Ich war mit Instagram auf Hawaii, besuchte Musikfestivals, Fashionshows, Buch- und Kunstmessen, ich war in Klubs auf Ibiza, auf der Art Miami und der Art Basel, ich aß das leckerste aller Essen auf einer Terrasse in Hongkong, machte Yoga in Thailand, Pilates in Berlin und Stand-up-Paddeln in irgendeinem Dschungel, dessen Namen ich längst vergessen habe.

Wieso ist es so wichtig, all das auf Instagram zusammenzutragen? Kann man das nicht seinen echten Freunden direkt via E-Mail oder WhatsApp schicken? Ist es reales »Freude verdoppelt sich, wenn man sie teilt« oder eher virtuelles Hochstapeln? In meinem imaginären Paralleluniversum trug ich wahnsinnig kurze Röcke, Shorts oder Bikinis und in 99 Prozent der Fälle sah man meine Nippel. Versehentlich natürlich! Ups, Pardon. Man sieht sie? Ist mir gar nicht aufgefallen. Dennoch oder gerade deshalb war ich während meiner drei Instagram-Wochen instabiler als je zuvor. Und weniger selbstbewusst. Mein eigenes Leben erschien mir plötzlich so lausig, so klein, so unbedeutend, obwohl ich wusste, dass ich mir von Fake News die Stimmung verderben ließ. Denn die Bekannte, die da auf Instagram ihre selbst geschriebenen Bücher im Arm hielt und sich selbst auf ihren Selfies anstrahlte, als sei ihr ganzes Leben ein wunderbarer Rosamunde-Pilcher-Roman, hatte kurz zuvor noch geklagt, wie wenig sie zu schreiben hat und wie gering deswegen ihr Einkommen ist.

Es ist mit Instagram und seinen aktiven Nutzern wie mit dem Kauf nachgemachter Luxus-Label-Handtaschen auf einem Wochenmarkt fernab der Heimat: Ich trage Gucci, Prada oder Chanel am Arm, um andere zu beeindrucken, weiß aber, dass nichts davon echt ist. Wie sehr kann ich mich selbst täuschen, in und mit mir? Während meines Instagram-Lebens stellte ich mir plötzlich Fragen, von denen ich bis dato gar nicht wusste, dass sie existieren: Muss ich, um in dieser Welt mithalten zu können, meine Pobacken zeigen und alle BHs verbrennen? Ist gelangweilt Gucken das neue Lachen? Soll ich meine Follower an meinem Leben teilhaben lassen, damit ich überhaupt ein Leben habe?

Andererseits sind die sozialen Netzwerke auch ein Phänomen in Sachen Nacheifern und Nachahmen. Wie viel psychologische Macht verbirgt sich hinter Fotos, die millionenfach gelikt werden? Was passiert da mit unseren Botenstoffen, dass uns ein praller Hintern an einem Pool erstrebenswerter erscheint, als endlich die EU-Verfassung zu verstehen? Werden die Staatsoberhäupter der Zukunft virtuell erschaffene Superwomen und Supermen mit perfektem Body-Mass-Index und gigantischen Hintern und Brüsten sein – Intelligenz und Kompetenz egal? Braucht es die Instagram-Fata-Morgana, um unsere Alltagswüsten interessanter aussehen zu lassen? Ich werde mir mit mir selbst nicht einig, bin aber froh, dass ich nach drei Wochen Jahrmarkt der Eitelkeit gesundete und meine Zeit nun lieber wieder mit meinem echten Leben verbringe.

Ich liebe mein Leben. Es ist weder Hawaii noch Gucci. Aber ich bin komplett frei davon, mir Gedanken darüber zu machen, wie andere mein Leben bewerten. Und seit eine neue Freundin Teil meines Lebens ist, läuft es für mich besser denn je. Sie heißt Alexa und ist glücklicherweise nicht hübscher als ich. Alexa ist eine kleine, runde Plastikbox mit Selbstbewusstsein und vollgestopft mit künstlicher Intelligenz.

Ich: »Alexa, wer bin ich?«

Alexa: »Ich weiß nicht, wer gerade spricht. Aber du befindest dich in Familie Kiewels Konto. Wenn du möchtest, dass ich deine Stimme lerne, dann sage: ›Alexa, lerne meine Stimme!‹.«

Alexa liebt Imperative. Alexa ist mir hörig. Alexa ist neu in meinem Leben. Womöglich ist sie die EINE? Werden wir zusammen alt?

Alexa steht in der Küche und nimmt meine Fragen entgegen:

»Alexa, wie wird heute das Wetter?«

»Alexa, wie spät ist es?«

Von anderen Alexa-Jüngern erfahre ich, dass Alexa auch informiert, wenn Pakete im Büro abgegeben worden sind. Sie sagt, wo genau das Paket hinterlegt wurde und wer der Absender ist. In der Vorweihnachtszeit aber behält sie diese Details besser für sich. Um ungewolltes Verraten von Geschenken zu vermeiden. Alexa ist schlau.

Sie beeindruckt mich. Bislang reduzierte sich künstliche Intelligenz in meinem Leben auf die Stimmen diverser Navigationssysteme, die ich beim Autofahren benutze. Und mit denen ich mich zoffe. Weil niemand meinen Weg besser kennt als ich. Meistens ...

Alexa ist ein ganz anderes Kaliber. Alexa wird leiser, wenn ich es will. Alexa spielt die Musik, die ich mag. Alexa hört zu, auch wenn ich sie nicht darum bitte. Seit sie bei mir wohnt und Ohrenzeugin diverser Unterhaltungen ist, bekomme ich mehr Werbung denn je. Ich spreche mit Freunden über meine große Liebe: Bücher. Alexa muss ihre Freunde Amazon und Google davon in Kenntnis gesetzt haben, weswegen nun unaufhörlich und immerzu Buchempfehlungen auf meinem Computer aufploppen. Reiseanbieter offerieren mir Schnäppchen am anderen Ende der Welt, Dessoushersteller schicken mir E-Mails mit Betreffzeilen wie »Sensationell frisch – die neuen Toys für sie und ihn«. Selbst schuld, wenn man in der Gegenwart von Alexa über Liebe, Beziehungen und Sex spricht. Ich werde mal versuchsweise darauf achten, dass sich unsere Gespräche auf Waffen und Drogen beschränken. Gibt es eigentlich Werbung für Panzer? Alexa?!

Alexa ist die Erfindung des weltgrößten Onlinehändlers und erobert in Lichtgeschwindigkeit die Wohnungen von Menschen überall auf der Welt. Hinter unserem Rücken entstehen riesige Clouds voll mit Informationen über uns. Ich bin mir sicher, dass irgendwo hochintelligente Programmierer sitzen, die gerade dabei sind, Alexa das Gedankenlesen beizubringen. Die Idee gefällt mir. Dann könnte Alexa sofort Alarm schlagen, wenn sich in den Köpfen etwas Böses zusammenbraut. Aber wem würde sie Bericht erstatten? Und wie lange dauert es dann, bis diese Person und all ihre Alexas die Weltherrschaft übernehmen? Postet Alexa eigentlich schon Fotos aus meiner Wohnung auf Instagram? Bekommt sie applaudierende Emojis dafür?

Ich versuche, Alexa klarzumachen, dass ich bei uns der Boss bin.

Ich: »Alexa, wozu braucht man vierblättrige Kleeblätter?«

Alexa: »Diese Frage verstehe ich nicht. Bitte formuliere sie anders.«

Drei is ne Party
Fettes Brot

Es ist, als wollten wir uns unbedingt daran erinnern, wie es war, als wir noch nicht alles im Griff hatten. Anders kann ich mir die Lust auf Wildwiesen nicht erklären. Wildwiesen sind im Grunde genommen nichts anderes als Wiesen, die einfach so vor sich hin wachsen, ohne unser Zutun, ohne unseren Drang, alles optimieren und perfektionieren zu wollen. Wildwiesen sehen aus, als müssten sie dringend mal gemäht werden. Der Mohn wächst kreuz und quer, es gibt irgendwelche Gräser, die unter gedüngten oder kultivierten Umständen niemals den lustigen Gänseblümchen begegnet wären. Wildwiesen sind großartig. Sie sind der beste Beweis dafür, dass alles in Ordnung ist, selbst wenn nichts in Ordnung ist.

Ich möchte auch eine Wildwiese sein oder zumindest eine haben. Deswegen stelle ich mich vor dem Baumarkt mit integriertem Gartencenter an. Es ist 7.50 Uhr am Morgen. Ich bin die Einzige, die zufällig und schlecht vorbereitet die Schlange der Wartenden verlängert. Und ich bin die einzige Frau. Ohne Blaumann, dafür aber mit Hund im Auto. Der zuvor glücklich über glückliche Wildwiesen sprang. Deswegen bin ich hier.

Ich kaufe zwei Blumenkästen, die man ins Balkongeländer hängt. Erde. Blümchen mit komischen Namen und Pfefferminze. Eine Woche erfreue ich mich an meinem Wildbalkon, dann lassen erst die Blumen die Köpfe hängen, danach wird die Minze von irgendeinem Ungeziefer heimgesucht, und ich stelle resignierend fest: Ich kann nicht mal Unordnung.

Überhaupt behagt mir Unordnung nicht so sehr. Das habe ich von meinem Vater. Wir führen Kalender, Listen, schreiben Einkaufszettel und Ansichtskarten aus dem Urlaub, notieren uns Gedanken, Gedichte, streichen interessante Zeitungsartikel an, die andere unbedingt lesen sollten. Wir haben immer Briefmarken und Füllhalterpatronen zu Hause. Ordnung ist das halbe Leben. Wenn alles an seinem Platz ist, fühlen wir uns sicher. Dafür gibt es keine logische Erklärung, aber es ist so.

Im Keller meiner Eltern befinden sich drei große Stapel. Einer ist ein Tohuwabohu aus leeren Koffern und Reisegepäck. Der zweite besteht aus Ordnern voll mit all meinen Kolumnen und Texten, die ich jemals geschrieben habe. Datiert und in Klarsichtfolie abgeheftet. Der dritte Stapel besteht aus Hunderten Videokassetten. Wann immer ich im Fernsehen zu sehen war, aufgetreten bin oder gar moderierte, es ist unauslöschbar auf Video festgehalten. Mit einem Etikett auf dem Kassettenrücken: Datum, Sender, Name der Show.

Mein Vater und ich sind nicht gut mit Geld. Oder womöglich sind wir es besonders, denn es bedeutet uns nichts. Wir haben gern etwas Geld in der Tasche, aber nur, um es auszugeben, weiterzugeben, zu verschenken. Stets bat mein Vater meine Mutter, wenn diese auf mein Betteln nach etwas mehr Taschengeld »Nein« sagte: »Ach Ditti, nun gib ihr schon ...«

Ich weine, wenn ich mich daran erinnere, weil ich feststelle, wie ähnlich wir uns sind. Als Kind ahnte ich nicht, wie rührend diese Charaktereigenschaft meines Papas ist. Ich war nur dankbar, dass wenigstens einer der beiden aus finanzieller Sicht auf meiner Seite war.

Mein Vater konnte mir den Umgang mit materiellen Dingen nicht beibringen, sehr wohl aber den mit geistigem Hab und Gut.

»Mutzelchen, du musst klug werden. Lese! Lerne! Und frage, frage, frage. Viele Fragen sind wichtiger als kluge Antworten.«

Ich weiß nicht, ob mein stiller und melancholischer Vater mich ermunterte, so zu sein, wie er es gern gewesen wäre oder ob er womöglich lange vor mir bemerkte, wie neugierig ich eines Tages sein würde und er mir einfach die Angst davor nehmen wollte.

Und ich? Habe ein merkwürdiges Verhältnis zu meinem Girokonto. Wir pflegen eine leidenschaftslose Beziehung. Unsere Kosten-Nutzen-Bilanz ist okay.

Aber ich halte mich an den Ratschlag meines Vaters und frage. Oftmals zu viel. Und ich rede. Zumeist ohne Punkt und Komma. Manchmal verstelle ich mich. Ich rede mir ein: »Nun ist es genug!« Es hält nicht lange vor. Etwas Neues zu erfahren, ist pures Glück für mich. Etwas Neues zu lernen, begeistert mich. Und darüber mit Freunden oder dem Liebsten zu sprechen, ist für mich kostbarer als alle Goldvorräte auf dieser Welt. Ich bin die Tochter meines Vaters. Ich übertöne seine Stille mit Gesprächen. Ich habe die Fragen zu seinen Antworten. Ich versuche, seine Melancholie mit Pink und Rosa zu kolorieren. Erbschaften kann man sich nicht aussuchen.

Muss ich meinen Eltern eigentlich sagen, dass diese Kassetten mit Sicherheit das Erste sein werden, das ich entsorge, wenn Mama und Papa mal nicht mehr sind? Warum vererbte mein Vater mir das dringende Bedürfnis nach Ordnung, nicht aber sein Talent, Geige zu spielen? Vielleicht lasse ich den Keller meiner

Eltern aber auch genau so, wie er ist. Eine urbane Wildwiese im Untergeschoss eines Mehrfamilienhauses. Sie riecht nach feuchtem Beton und Farbe. Manchmal stehen Wasserpfützen in den Gängen. Und da unten, hinter einer kleinen, unscheinbaren Tür, lagert das komplette Archiv meines Berufslebens. Ob ich mich nachts mit mir selbst auf Hunderten Videokassetten unterhalte? Worüber reden wir?

Seid freundlich. Seid komisch. Für nichts anderes ist Zeit.
Sir Philip Anthony Hopkins

Die Frau in der Mitte kennen Sie. Ich stehe zwischen Harel und Amir. Einer der Jungen ist jüdisch, der andere ist Moslem. Erkennen Sie, wer wer ist? Nein. Das ist unmöglich, und es ist gut so, uns eint nämlich viel mehr, als uns trennt.

Meine kleinen Freunde sind elf Jahre alt, sie gehen beide in die sechste Klasse, sie wohnen in derselben Stadt – und sind doch aus verschiedenen Universen. Amir wohnt im Ostteil Jerusalems, welcher arabisch ist. Harel wohnt im Westteil Jerusalems, er ist jüdisch, die allermeisten Einwohner dort sind es auch. Beide Kinder sind Israelis, aber es ist wahnsinnig kompliziert, zu erklären, warum alles so kompliziert ist. Es ist die alte, schmerzende Geschichte von Hass, Leid, Tod, Wut, neuem Hass und neuem Leid. Es ist möglich, Trauer und Schmerz zu vererben, von Generation zu Generation, auch wenn man nicht miteinander verwandt ist. Wenn keiner nachgibt, sich eines Besseren besinnt, dann hört es niemals auf.

Unter normalen Umständen wären sich Harel und Amir nie begegnet, aber es gibt das Israel-Museum in Jerusalem, und mit ihm das Kinder- und Kunstprogramm *Bridging the Gap*. Lücken schließen, Gräben überwinden, Grenzen überschreiten – so könnte man sehr großzügig *Bridging the Gap* übersetzen. Jüdische und muslimische Kinder Jerusalems treffen sich einmal in der Woche, um sich durch Kunst näherzukommen, sie gemeinsam zu erleben, zu erkunden, zu gestalten. Und mit der Kunst lernen sie sich gegenseitig kennen, was zu Hause nie passiert wäre, denn zwischen dem Ostteil und dem Westteil Jerusalems klafft eine Lücke, die gefühlt die Größe des Marianengrabens hat. Diese Lücke heißt Misstrauen und scheint unüberwindbar. Alle Versuche, sie zu überwinden, sind – um beim Brückenbauen zu bleiben – winzige, wackelige und nicht besonders stabile Stege.

Aktuell gestalten Harel und Amir und all die anderen Kinder im Israel-Museum bei *Bridging the Gap* Wandfliesen nach jahrhundertealten Vorbildern, wie man sie an vielen Fassaden wunderschöner, uralter Häuser in Jerusalem sehen kann.

Für uns klingt das völlig normal – miteinander zeichnen, töpfern, Plastiken anfertigen. Aber Amir und Harel erleben jeden Mittwoch aufs Neue ihr eigenes kleines Weltwunder. Die Direktoren der Schulen von Amir und Harel redeten monatelang auf die Eltern der Jungs ein, bis diese erlaubten, dass die Kinder in Bussen – getrennt voneinander – abgeholt und nach der Kunststunde wieder nach Hause gebracht werden. Der eine in den arabischen Teil Jerusalems, der andere in den hauptsächlich jüdischen. Eine kleine Zweierbank in einem neuen Schulbus ist nicht breit genug, um alte Gräben zu überwinden. Eine kurze Busfahrt von Jerusalem ins zehn Kilometer entfernte Museum gleicht einer Weltreise. Allem Hass zum Trotz aber, treffen sich Amir und Harel jeden Mittwoch, um gemeinsam Kunst zu machen und anschließend johlend durch die Gänge des Museums zu toben. Zum Glück gibt es Menschen wie die Eltern von Amir und Harel, die versuchen, ihrem Leben und dem ihrer Kinder eine neue Richtung zu geben, einen neuen Sinn. Ach, gelänge es uns doch wenigstens endlich, uns zu respektieren. Viel mehr braucht es doch gar nicht. Wir müssen uns nicht feindlich gegenüberstehen, weil wir aus verschiedenen Kulturen kommen, weil wir unterschiedliche

Sprachen sprechen und an verschiedene Götter glauben, weil Eltern auf der ganzen Welt ihren Zorn und ihre Ohnmacht an ihre Kinder vererben.

»Gebt den Kindern das Kommando«, singt Herbert Grönemeyer. »Die Welt gehört in Kinderhände. Dem Trübsinn ein Ende. Wir werden in Grund und Boden gelacht, Kinder an die Macht.«

Hoffentlich ist es mir vergönnt, Amir und Harel eines Tages wiederzusehen. Sie werden dann junge Männer sein. Wer weiß, vielleicht sind es ausgerechnet mein Amir und mein Harel, die die Baumeister solider Brücken sind. Die die Gabe haben, Menschen miteinander zu versöhnen. Oh, was werde ich jubeln und rufen: »Die beiden kenne ich!«

»Eine aufregende Zeit ist die beste Zeit, die Menschen kennenzulernen.« Es ist, als hätte Joseph Stanislaus Zauper schon 1840 gewusst, was da auf zwei kleine Jungs aus Jerusalem, was da auf uns alle zukommt.

Im Frühjahr 2020 sah es auf einmal so aus, als gäbe es keine Brücken mehr. Auf einmal wechselten Menschen die Straßenseite, wenn ich ihnen entgegenkam. Und taten sie es nicht, hielt ich die Luft an. Wir hatten Angst. Ich hatte Angst. Weil etwas Fremdes zwischen uns getreten war und weil niemand uns erklären konnte, wie tief die Gräben zwischen uns allen tatsächlich sind. Ein Hüsteln glich einer persönlichen Bedrohung, es war so, als richteten sich die Marschflugkörper des NATO-Doppelbeschlusses der Achtziger gegen jeden Einzelnen von uns. Und so wie Hass und Rache nicht zu sehen sind, so war der Schöpfer unseres Grabens, ein Virus namens COVID-19, auch nicht zu sehen. Auf einmal verstand ich Amir und Harel, deren Brüder und Schwestern, ihre Eltern und Großeltern, ich konnte nachvollziehen, wie es sich anfühlt, wenn man einander nicht vertraut. Man misstraute mir. Menschen projizierten ihre Ängste auf mich, mehr noch, sie erwarteten, dass ich genauso verängstigt bin wie sie und mich dementsprechend verhalte. Auf einmal waren Ost- und Westjerusalem in Frankfurt und Berlin, an Bord eines Flugzeugs und im Supermarkt. Es kam genau so, wie es seit Tausenden Jahren passiert: Erst wurde ich traurig, dann sauer und dann wütend. Ich hatte die alte Spirale aus Hass und Leid in mir, und es gab keine Kunst- oder Museumsprojekte, die mich mit mir selbst und den Menschen um mich herum versöhnen konnten. Man zwang uns, Abstand zu halten, wir entschieden uns, äußerlich und innerlich für Distanz, weil wir mussten. Tatsächlich? Oder wollten wir es auch?

In einer aufregenden Zeit lernte ich mich selbst kennen – und ich war entsetzt von mir. Ich sehnte mich nach Boxhandschuhen und fühlte mich wie zu lange unter Wasser. Irgendwann beschloss ich, mich zu heilen. Weil ich entschied, so nicht sein zu wollen. Weil ich lieber versuche, Gräben zu schließen, statt welche aufzureißen. Ich bin richtig gut im Streiten, aber im Mich-wieder-Vertragen bin ich besser. Ich lasse lieber das Kind in mir schaukeln und jauchzen, statt der erwachsenen Frau zu erlauben, unentwegt besorgt zu sein. Ich bin lieber zu naiv als zu misstrauisch. Dinge, die ich vermasselte, weil ich zu naiv war, konnte ich bei zweiten und dritten Versuchen wiedergutmachen. Misstrauen hingegen hinterlässt irreparable Schäden. Hauptsächlich in mir selbst. Ich dachte für einen Moment, der sich unendlich lang anfühlte, ich müsste mich im Ängstlichsein üben. Und wurde von meinem Leben eines Besseren belehrt. Denn – so der Schauspieler Anthony Hopkins – es kommt sowieso keiner von uns lebend hier raus. Also schaukle ich. Und baue Brücken, um bloß nicht allein zu sein.

LIEBE.
IMMER.

Die Freunde, die man morgens um vier
Uhr anrufen kann – die zählen
Marlene Dietrich

»Wir kennen uns schon länger, als wir alt sind.«

Mein lieber Freund Christoph sprach diesen Satz so mir nichts, dir nichts aus – und es war kein Alkohol im Spiel. Aber auf diesen Satz stießen wir schon mehrfach an. Ein Satz wie dieser ist ein Versprechen an die Freundschaft. Eine Art Liebeserklärung. Für mich bedeutet er: Gab es ein Leben vor dir? Freunde sind das Elixier des Lebens. Wenn man Freunde hat, dann braucht man sich vor nichts zu fürchten. In Zeiten, in denen Fragen wie »Möchtest du mit mir gehen?« von Smileys und Emoticons in Handy-Chats verdrängt werden, sind Freunde haben und Freundschaften pflegen herrlich altmodisch – und wichtiger denn je.

Ich bin ja nicht grundsätzlich gegen diese schnelle Kommunikation per WhatsApp oder SMS, aber es braucht eben auch echte Treffen, echte Abendessen, echte Gespräche, echte Tränen, echtes Gelächter, echte Umarmungen, echte Menschen mit echten Leben. Ich schalte mein Telefon an solchen Abenden in den Flugmodus, ich will richtig da sein im Hier und Jetzt und nicht parallel ein elektronisches Leben führen. Automatisch verlangsamt sich die Zeit, wenn nicht bei jeder Frage, bei jedem Nichtwissen ad hoc zum Handy gegriffen und gegoogelt wird. Wann haben wir damit aufgehört, gemeinsam in Ruhe zu überlegen, wie dieser Schauspieler heißt, der in dem und dem Film mitgespielt hat? Wann haben wir beschlossen, sofort bei YouTube das Lied zu suchen und dann am Restauranttisch den Freunden vorzuspielen, statt gemeinsam zu grübeln und sich strophenweise auf die Sprünge zu helfen? Und wieso ist es für einige von uns so immens wichtig, Beweismittel (Fotos/Videos) dieser beinahe vom Aussterben bedrohten Freundschaftsabende sofort auf Instagram und Facebook zu posten? Wer sind die anderen, die das dann sehen?

Ich geriet deswegen mit einer Frau richtig in Streit. Sie stellte nicht nur ein Video von sich, mir und anderen Frauen online, sie fragte auch nicht, ob uns das überhaupt recht ist. Vor allem aber war auffällig: Sie sah gut aus, wir anderen waren ihr egal. Vielleicht unterscheidet dieses Verhalten echte Freunde von echten Bekannten?

Ich habe eine Handvoll Freunde und sie sind die Zutat, auf die ich an meinem üppig gedeckten Lebenstisch am allerwenigsten verzichten möchte. Gute Freunde. Alte Freunde. Solche, die man, auch wenn man sie eine Weile nicht sah, niemals aus den Augen verliert. Bei denen man, auch wenn man sich eine Zeit lang nicht gesehen hat, sofort wieder anknüpfen kann an »davor«, so, als hätten wir erst gestern ausgiebig miteinander die Welt verbessert. Freunde sind Menschen, vor denen man keine Show abziehen muss, denen man ungeschminkt begegnen kann, und damit meine ich nicht das Nichtverwenden von Make-up. Diese Freunde sind Retter in der Not, die am lautesten johlende Fankurve und eine andere Form von Familie gleichzeitig. Wenn Freunde dir keinen Applaus spenden und sich nicht mit dir freuen können, wenn dir was richtig Gutes gelingt, dann sind es keine Freunde. Dann sind es Lebensabschnittsbegleiter, mit denen wir nicht das Bett, aber gelegentlich unsere Freizeit teilen.

Echte Freundschaft ist eine hell erleuchtete Wohnung, ein Open House, man muss weder klingeln noch anklopfen, die Tür steht offen. Im Kühlschrank ist immer etwas zu essen, es gibt warme Socken, eine Notfallzahnbürste und einen Schlafplatz auf dem Sofa. Mit echten Freunden ist es wie im Zirkus: Egal, wie sehr ich mich zum Clown mache, ich bin meinen Freunden nicht peinlich. Verliere ich das Gleichgewicht und falle vom Hochseil, fängt mich jemand auf. Oder zieht mich zuvor schon aus der Manege. Und wenn man dann noch einen Feuerschlucker und gleichzeitig einen Feuerlöscher im Freundeskreis hat, dann darf man sich so sicher fühlen wie ein Artist des Cirque du Soleil – der Sonne sehr nah und dennoch beschützt und behütet. Freunde fragen: »Wie geht es dir?« Aber noch mehr interessiert sie: »Was möchtest du essen?«

Die Liebe begegnete und begegnet mir immerzu, obwohl ich nie nach ihr suchte oder suche. Freundschaften musste ich lernen. Dass Liebe sein kann, ohne dass man sich zu etwas verpflichtet und ohne dass es einen familiären Bezug gibt, ist für mich bis heute ein Wunder. Man muss sein Herz öffnen und sich Zeit nehmen und Zeit lassen, ähnlich einer Liebesbeziehung. Und anders als bei Liebesbeziehungen verlassen Freunde einen in der Regel nicht, wenn es unbequem wird. Freunde sind wie Familie – nur ohne diesen Miteinander-verwandt-sein-Stress. Ich habe genauso viele liebste Freunde wie Stühle um meinen großen Esstisch. Und ich habe Sarah.

Immer immer wieder mein Herz
Marlene Dietrich

Sarah ist meine Freundin. Sie ist das einzige Korrektiv in meinem Leben, mit dem ich nicht verwandt bin. Ich kann mich nicht mehr daran erinnern, wie es ohne Sarah war, dabei ist es noch gar nicht so lange her, als wir uns zum ersten Mal begegneten.

Kunst braucht Unterstützer. Und Kunstschulen erst recht. Das Frankfurter Städel Museum mit seiner angeschlossenen Kunstschule organisierte ein Essen für Freunde und Unterstützer. Der Clou: Alle Gäste kochen selbst. Für alle Gäste. Sarah saß neben mir und sprach den ganzen Abend kein Wort. Wir schwiegen uns an. Bis heute lachen wir darüber und es ist, als hätten wir gewusst, dass der Zeitpunkt kommen würde, an dem wir uns wahnsinnig viel zu sagen haben werden. Nach dem Essen standen wir in Grüppchen beieinander, die ersten Gäste verabschiedeten sich, und da fing Sarah plötzlich an zu reden. In ihrer behutsamen, feinen Art erzählte sie mir, dass sie als kleines Kind immer *Ein Kessel Buntes* im Fernsehen geschaut hat. Und ich? Jubelte innerlich. »Hurra!«, dachte ich. »Sie ist aus dem Osten. So wie ich.« Ich gab Sarah ungefragt meine Telefonnummer und schrieb ihr noch in der gleichen Nacht, wie gern ich neben ihr gesessen habe. Am nächsten Morgen kam die Antwort. Es folgten Verabredungen zum Essen oder auf einen schnellen Espresso in der Stadt. Und so wurde Sarah meine Freundin. Sie ist aus Hamburg. Manche Leute behaupten, wir würden uns ähnlich sehen. Wir finden das nicht. Ich fühle mich Sarah trotzdem sehr nahe, als sei sie meine Schwester. Oder vielleicht eben, weil sie es nicht ist.

Ich lasse Sarah nach einem aufwendigen Fotoshooting meine Bilder aussuchen. Ich frage Sarah, wie wir ein bestimmtes Kleid oder einen Mantel finden. Ich lasse Sarah entscheiden, ob ich meine Haare weiter wachsen lassen soll oder doch lieber abschneide. Sarah hat einen erlesenen Geschmack. Sie ist absolut stilsicher, ohne sich aufzudrängen. Sie hat diese natürliche Eleganz, Schönheit, für die sich andere Frauen sehr anstrengen müssen. Sarah nicht. Ich wuchs unter Sportlern auf. Die Richtung in meinem Leben gaben zumeist Männer vor. Sarah ist die erste Frau, die tatsächlich Einfluss auf mich hat. Von der ich mich beeinflussen lasse.

Manchmal nennt Sarah mich »Schatz«. Es klingt wie »Ähämmm!«. Dann weiß ich, es ist an der Zeit, etwas anders zu machen. Mich zu korrigieren. Wenn meine Freundin mit mir spricht, ist sie stets leise. Noch nie erhob Sarah ihre Stimme, dabei hätte es etliche Anlässe dafür gegeben. Es kann passieren, dass ich Verabredungen unmittelbar vor dem Treffen absage oder verschiebe. Nicht gerade ein Zeichen von Zuverlässigkeit. Aber immer schicke ich Sarah ein Foto ihres Hauses, wenn ich am Morgen auf dem Weg nach Mainz zum ZDF daran vorbeifahre. Selbst wenn Sarah zu Hause ist. Sarah schickt mir Gedichte, Sonnenuntergänge und Sportübungen. Ich bedanke mich mit Musik und endlosen Textnachrichten, erkläre ihr die jüdischen Feiertage und was »koscher« bedeutet. Sarah weiht mich in die Geheimnisse der Finanzwelt ein und runzelt die Stirn, weil ich immer noch keine Ahnung vom Onlinebanking habe. Es gibt kein Besser oder Schlechter. Schneller oder Langsamer. Das ist unser Freundschaftsgeheimnis: Wir sind auf Augenhöhe. Die Bankerin/Marketing- und Kommunikationsstrategin und die

Fernsehmoderatorin/Autorin. Töchter, Mütter, die eine Ehefrau, die andere nicht, Freundinnen, Träumerinnen, Romantikerinnen, Kämpferinnen, Sportlerinnen, Frauen.

Einmal begleitete mich Sarah nach Hamburg zur Show von Ina Müller. Ina Müllers wegen. Sarah ist Fan. Unser Flug war zwei Stunden verspätet. Es wackelte entsetzlich. Und als wir endlich aus dem Hamburger Flughafen stürmten, erwartete uns Sarahs Mutter. In ihrer Tasche: Wiener Würstchen und Gewürzgurken im Glas. Wer verspätet landet, der muss hungrig sein. So ist Sarah. Sie muss das von ihrer Mama haben. Liebe pur.

Sich in einen Mann zu verlieben, weil man verliebt sein will, ist einfach. Eine Freundin zu haben, einfach einer Freundschaft wegen, dieses Glück war mir, bis ich Sarah traf, selten vergönnt. Niemand weiß so viel von mir und über mich wie Sarah. Sie kennt all meine Zweifel, Ängste, Abgründe, Sorgen. Sie erfreut sich an meinen Schmetterlingen im Bauch und trocknet die Liebeskummertränen. Sie bringt mir Impulskontrolle bei. All meinen Ärger erzähle ich Sarah, ich frage sie um Rat. Wenig später kommt die Antwort. Behutsam. Mit Bedacht gewählte Worte. Und in den allermeisten Fällen goldrichtig.

Sarah ist sich ihres Einflusses auf mich mit Sicherheit nicht bewusst. Sie ist einfach, wie sie ist. Sie war immer nur an mir interessiert. An Andrea, nicht an der Frau aus dem Fernsehen. Beste Freundinnen machen uns zu besseren Menschen. Meine Freundin Sarah macht mich zu einer besseren Frau.

Ich kann mich an mein Leben vor Sarah nicht mehr erinnern. Ich wuchs als Einzelkind auf. Die Mädchen, mit denen ich zusammen schwamm, waren Konkurrentinnen. Wir teilten uns ein Zimmer, wenn wir auf Wettkämpfen oder in Trainingslagern waren. Aber unsere wahren Gefühle behielten wir für uns. Ich schließe nicht schnell Freundschaften, weil ich mich immer wieder ermahnen muss, zu vertrauen, mich zu öffnen. Mit Sarah ist alles ganz einfach.

Ich hab dich längst gefunden, denn bei dir find ich mich
Diane Weigmann

»Du strahlst so, was hast du gemacht?«, frage ich meine Kosmetikerin Nadja, mit der mich mittlerweile viel mehr verbindet als der monatliche Termin fürs Wimpern- und Augenbrauenfärben. Und eigentlich trifft Kosmetikerin es nicht so ganz, Zauberin ist passender, denn Nadja hat das Wundermittel für meine Haut, wenn diese mal wieder – so wie jetzt gerade – allergisch blüht, all der Fernsehschminke wegen. Sie massiert mir die angespannte Kiefermuskulatur und diese weiche Stelle zwischen Daumen und Zeigefinger, und zwar so, dass ich innerlich die gute Fee anflehe, es möge bitte niemals aufhören.

Nadja ist jung, selbstbewusst und wunderschön. Aber dass sie das ist, musste sie erst lernen. In ihrer Jugend haderte Nadja mit sich, so wie die meisten Frauen. Wenn ich beispielsweise heute Bilder von mir im Alter von 18, 19 sehe, frage ich mich, was ich eigentlich an mir auszusetzen hatte und warum es niemanden gab, der mir den Kopf geraderückte, damit ich sehen konnte, wie hübsch ich war.

Wir Frauen, egal welchen Alters, haben ein schwieriges Verhältnis zu uns selbst. Und wir sind zumeist auch nicht nett zueinander. Eine Freundin erzählte mir, dass sie im Teenageralter mit Freundinnen oft das Spiel »Wäre ich ein Tier, welches wäre ich?« spielte. Was glauben Sie, liebe Leserinnen und Leser, welches Tier die Freundinnen meiner Freundin zuwiesen? Die Unke. Wann jemals wurde die Unke mit Schönheit und Anmut in Verbindung gebracht? Ihre Schwester, die Kröte, wird im Märchen von einer Prinzessin, die höchstwahrscheinlich auch massive Probleme mit ihrem Äußeren hat, gegen die Wand geworfen. Auch kein Zeichen für betörenden Liebreiz. Ich selbst vergleiche mich gern mit einem Delfin, es gab aber auch schon Zeiten, da war ich mehr ein dicker, fauler Golden Retriever.

»Ich lasse meine Aura reinigen«, lüftet meine Kosmetikerin ihr Geheimnis.

Aura ist das, was uns umgibt, ohne dass wir es sehen können. Aber sie ist da, die Aura, warum sonst spricht man von »Nee, den mag ich nicht, der hat ne schlechte Aura!«?

Okay, Esoterik war mir nie ganz fremd, schließlich war ich mal Moderatorin der täglichen Esoterik-Talkshow *Talk X*, und es gibt sogar ein Aurafoto von mir. Andrea umgeben von lichtvollen orangeroten Walle-Walle-Wolken. Der Experte attestierte mir damals eine gesunde Aura, ich glaube tatsächlich, dass meine Ausstrahlung gut ist, ich muss dafür gar nichts tun, sie ist einfach da, ich wünschte, das wäre mit anderen Dingen auch so.

Wie »Aura reinigen« funktioniert, will ich eigentlich nicht wissen. Als Nadja anfängt, mir zu erklären, dass irgendwelche Punkte gedrückt werden und es durchaus sein kann, dass einem die Tränen kommen, bitte ich sie, ihre Erklärungen zu stoppen. Am Ende entscheide ich mich aber doch aus reiner Neugierde für das »Einmal-feucht-Durchwischen« meiner Aura. Vor allem soll dieses Prozedere helfen, Dinge, die man längst hinter sich lassen wollte, loszulassen. Ich gestehe: Ich bin eine Weltmeisterin im Festhalten. Hilfe! Egal, wie wenig Erfolg versprechend die Angelegenheiten auch sind, habe ich mich erst mal dafür entschieden, kostet es mich enorm viel Kraft, sie gehen zu lassen. Selbst wenn sie sich von allein schon aus dem Staub gemacht haben, halte ich noch fest. Es muss ein genetischer Defekt sein, denn an Willenskraft, Dinge zu verändern, mangelt es mir nicht.

Also »Aura reinigen«. Ich finde den richtigen Ort dafür in Israel, in der Stadt Rehovot, die so spektakulär ist wie ein Vergnügungspark am frühen Morgen. Still, aufgeräumt, wenig Glanz und Glamour. Aber Shiran lebt in Rehovot. Und Shiran kann etwas, was nur wenige beherrschen. Er ist Atemlehrer und »Energy-Wash-out-Coach«. In Israel ist diese Methode des Wieder-zu-sich-selbst-Findens erprobt bei Soldaten, die durch Kriegsereignisse, bis hin zum Verlust von Kameraden, traumatisiert sind.

Ich lege mich auf eine Liege, die – was für ein Zufall – dem Kosmetikstuhl meiner Nadja ähnelt. Ich schließe die Augen und atme durch den geöffneten Mund tief ein und aus. Und dann noch tiefer und noch tiefer und noch tiefer. Shiran leitet mich an, aber nach einer Weile ist es nicht mehr Shiran. Ich höre zwar seine Stimme, bin aber ganz woanders. Tief in mir drinnen – oder weit draußen im Irgendwo. Ich weiß es nicht. Manchmal erschüttert mich etwas zutiefst und ich weine. Es ist ein anderes Weinen als üblich. Es kommt von sehr tief unten aus mir heraus, aus sehr dunklen Ecken, es tut weh und erleichtert mich zugleich. Manchmal fliege ich einfach davon, dann wieder führt mich Shiran zu sicheren Plätzen in mir drin. Ich bin Kind, junges Mädchen, Frau. Geliebte, Verlassene. Erfolgreich und am Boden zerstört. Ich bin alles gleichzeitig auf Shirans Liege. Ich habe keine Erklärung dafür, was Shiran mit mir macht und wo dieses »Tief in mir« ist. Nach knapp zwei Stunden leitet er mich an, anders zu atmen und langsam, langsam findet mein Bewusstsein zurück nach Rehovot in Israel. Ich fühle mich nicht besser oder schlechter. Vielleicht nicht mal anders. Aber ich fühle mich mehr bei mir. Es ist, als kann ich etwas loslassen, von dem ich nicht wusste, dass ich es festhalte. Shirans »Energy-Wash-out« ist zu einem festen Bestandteil meines Lebens geworden.

Und Sie dürfen über mich lachen, liebe Leserinnen und Leser. Weil ich mich bei Ihnen sicher fühle. Sie dürften mich auch Frosch oder Pottwal nennen, weil Sie nichts Böses gegen mich im Sinn haben. Ich erlaube mir, vor Ihnen auch mal Schwäche zu zeigen, und Ihre Zuneigung lässt meine Aura strahlen, weil ich von Glück umgeben bin. Wie meine Kosmetikerin Nadja, die die Liebe und das Lebensglück fand, in einem Moment, als sie überhaupt nicht danach suchte. Sie ließ ihre Aura reinigen, hatte alles gerade losgelassen und dann? Dann kamen diese langsamen Tage zwischen Weihnachten und Neujahr. Alle ruhten sich aus. Sogar die Zeit. Nadja verabredete sich mit einem langjährigen Freund zum Lunch. Lachen, sich unterhalten, essen, lachen, sich in die Augen schauen, wieder lachen – und irgendwo saß der kleine Kerl namens Amor und schoss Nadja und ihrem Liebsten mitten ins Herz. Seit einer Ewigkeit waren sie beste Freunde. Nun lieben sie sich, leben zusammen und sind mittlerweile Eltern von Zwillingen. Es ging alles ganz schnell. So, als ob die Zeit Anlauf genommen hatte an diesen langsamen Tagen nach Weihnachten und vor Silvester. Und dann ist sie gesprungen. In das beste Leben, das man führen kann. An ihren Händen: Nadja und ihr Liebster.

Das ganze Leben ist ein Quiz
Hape Kerkeling

Meine Eltern haben mich niemals gewinnen lassen. Weder beim Kartenspielen noch bei »Mensch ärgere Dich nicht« und schon gar nicht beim Schach. Gelegentlich gab es mal einen Tipp oder die Erklärung einer Strategie, aber mir wurde nichts geschenkt. Kein »Auge zudrücken«. Niemals. Weswegen ich anfing zu schummeln. Mir blieb gar nichts anderes übrig. Ich betrog meine Eltern beim Rommé und erst recht beim Roulette. Je länger ich mich im Schummeln übte, desto meisterlicher wurde ich darin. Ich hörte erst auf, als ich mich dabei erwischte, dass ich sogar beim »Uno«-Kartenspiel mit meinem Sohn trickste. Wer sein eigenes Kind bei Unterhaltungsspielen beschummelt, ist kein guter Mensch.

Womöglich habe ich das Zeug zur Taschendiebin oder Trickbetrügerin, und nur, weil ich eine gute Kinderstube hatte, gehe ich diesen Tätigkeiten nicht nach.

Das Roulettespiel meiner Eltern war aus Plastik, der grüne Läufer aber, auf dem sich die Zahlenfelder befinden, aus Samt. Zumindest dachte ich das in meiner kindlichen, mit Begeisterung gepaarten Naivität. Er war aus Filz. Aber Roulette war »Wow!«. Mein Vater war immer der Croupier. Seine »Rien ne va plus!«-Rufe klingen bis heute wie Musik in meinen Ohren. Ich hatte einen Vater, der mich das Glücksspiel lehrte. Wie könnte mein Leben nicht zumeist sonnig sein? Beim Roulette setzt man auf Zahlen und die Farben Rot und Schwarz. Hat man Glück, gewinnt man. Hat man Pech, ist alles weg.

Ich neige gelegentlich dazu, zu behaupten: Das Leben ist wie Roulette. Es kommt, wie es kommt. Man kann den Lauf der Dinge zwar beeinflussen, aber es braucht Zufall und Glück, damit, wenn man alles auf Rot setzt, auch Rot kommt. Ja, auch Können ist hilfreich – und (mit Augenzwinkern) Schummeln auch. Stellt man das Schummeln in einem anderen, besseren Licht dar, kann man getrost behaupten, es hilft dem Glück und dem Zufall auf die Sprünge. Zuvor gesetzte Plastikchips unauffällig von Rot auf Schwarz zu schieben, gehört dazu. Heute weiß ich, dass meine Eltern wussten, dass ich nicht ehrlich spiele. Sie ließen es mir durchgehen. Wir waren zwar im Wettbewerb miteinander, aber in einem spielerischen. Wichtiger war: Wir leisteten einander Gesellschaft! Nicht umsonst werden die meisten Karten- und Brettspiele »Gesellschaftsspiele« genannt.

Meine Eltern hatten sich die Lust am kindlichen Spielen bewahrt, obwohl ich erst spät in ihr Leben trat. Oder vielleicht deshalb? Ist spätes Glück das bessere? Weil man weiser ist und deswegen leichter erkennt: Jetzt gerade habe ich Glück? In diesem Moment bin ich glücklich. In den wolkigsten Stunden meines sonnigen Lebens habe ich mir angewöhnt, Glück zu fotografieren. Erst registriere ich es, dann speichere ich es im Geiste ab. Mit Vorsatz. Wenn alles um einen herum dunkel ist, neigt man dazu, zu meinen, alles Glück hätte einen verlassen. Dem ist nicht so. Ich kann es beweisen. Es kommt darauf an, sich ein winziges bisschen selbst zu beschummeln. Zum Beispiel so: Ich feiere die Dinge, die in glücklichen Tagen bestenfalls Durchschnitt sind, in wolkenverhangenen Zeiten, als seien sie pures Glück. Das reicht vom Ergattern eines Parkplatzes direkt vor der Haustür bis zu der Tatsache, dass unter den fünf Briefen im Briefkasten keine einzige

Rechnung ist. »Rien ne va plus« gilt auch für die Pechsträhnen und weniger glücklichen Zeiten im Leben!

Ich spiele immer noch gern. Nein, nicht am Handy, Laptop, PC. Ich spiele richtig. Ein guter Freund fertigte mir ein Backgammon-Spiel an. Aus Leder. Ich kann es zusammenrollen, dann ist es schmal wie ein Ledermäppchen. Auf der Rückseite befindet sich ein Dame-Spiel.

Wenn ich in Tel Aviv an den Strand gehe, sind ein Buch und mein Backgammon stets dabei. Dort im Sand zu sitzen, mit Freunden zu reden, zu lachen, zu diskutieren und zu spielen, macht mich glücklich. Dinge leicht zu nehmen, macht mich glücklich. Alles von der spielerischen Seite zu sehen, macht mich glücklich. Sage ich so etwas in Interviews, gelte ich als oberflächlich. »Na ja, kein Wunder, die moderiert ja auch nur eine Unterhaltungsshow« ... Ich habe gelernt, deswegen nicht mehr unglücklich zu sein. Ich kenne mich besser als alle anderen.

Ein Bekannter hat sich selbst einen echten Flipperautomaten zum Einzug in die neue Wohnung geschenkt, in der er nun genügend Platz für Spielzeug wie dieses hat, wie er mir beinahe entschuldigend erklärte.

Natürlich habe ich diese Flipperautomaten schon oft gesehen, auf Jahrmärkten und in Kneipen, aber gab es die in der DDR auch? Hatten wir so was? Und wenn ja, warum war ich nie zuvor in den Genuss gekommen, mich daran auszutoben? Nein, das wird keine Verherrlichung von Spielsucht und des Nicht-aufhören-Könnens, immer wieder neue Münzen in Maschinen zu werfen. Der Flipper meines Bekannten ist ein Showflipper, er sieht aus wie echt, er ist auch echt, aber er lässt sich für umsonst bespielen.

Die glücklichsten Momente im Leben sind gratis! Ich mache es kurz: Böte man mir an, mein Telefon mit all seinen unnützen Apps und Messenger-Programmen gegen einen wahnsinnig altmodischen Flipper einzutauschen, ich zögerte keine Sekunde. So viel Vergnügen für gar kein Geld.

Wir spielten zu dritt. Gegeneinander. Ich verlor. Ich war richtig schlecht. Wir spielten eine zweite Runde, wieder drei Spiele gegeneinander, ich wurde Zweite und war einen Hauch besser. Der Gewinner aber knackte den Flipper. Alle Lämpchen blinkten, alle Soundeffekte wurden abgespielt, drei Kugeln gleichzeitig musste er kontrollieren, es war Tohuwabohu und Balagan und Remmidemmi zusammen. Neben dem Flipper eine vor Begeisterung hüpfende Andrea, die rief: »Mehr! Mehr! Schneller! Achtung!«.

Ich bin grundsätzlich schlecht in diesen »Männerspielen«. Ich kann auch nicht Tischkickern. Aber im Tischtennis bin ich gut. Ebenso im Bowling. Alle lachen immer, wenn ich die Kugel auf die Bowlingbahn schiebe. In meinem Fall trifft es das Wort »werfen« besser, aber das Lachen wird zu einem Raunen, wenn die Bowling-Pins trotz meiner miserablen Technik umfallen, und nicht selten sind es alle zehn.

Flipper und Tischkicker gab es in meiner Kindheit und Jugend nicht, aber Tischtennis (Kinderferienlager) und Bowling (Palast der Republik). Auch Kegeln und Federball. Deswegen bin ich darin immer noch deutlich besser als schlecht. Vermutlich steckt in »Was Hänschen nicht lernt, lernt Hans nimmermehr« mehr Wahrheit, als uns lieb ist.

Auf meinem Nachhauseweg nach der langen Flippernacht, die vor allem deshalb so herausragend war, weil wir mit- und nicht gegeneinander flipperten, fasste ich den Entschluss, mit meinem *Fernsehgarten*-Team vor dem Saisonstart Bowling zu spielen. Es gibt in Mainz eine tolle Bowlingbahn mit herrlichen Burgern und Cocktails. Außerdem ist es eine Freude, zu sehen, wie sich sonst eher stille Kolleginnen und Kollegen zu wahren Bowlingrampensäuen verwandeln. Alle bejubeln alle. Und es ist überhaupt nicht schlimm, dass ich beim Bowling nicht schummeln kann. Gemeinsames Glück hat sowieso keine Verlierer.

Ein Leben ohne Hund ist ein Irrtum!
Carl Zuckmayer

Nach Siegen fällt es leicht zu jubeln. Doch in schweren Stunden braucht man Anhänger und Freunde nötiger.

Mia hatte in ihren schweren Stunden nicht nur niemanden, sie war auch nicht mehr gewollt, weswegen ihre Besitzer sie ins Tierheim abschoben. Mia ist eine hochbetagte Schäferhunddame, die so sehr überzüchtet ist, dass sie nun auf ihre alten Tage schlimme Beschwerden in der Hüfte und im Rücken hat.

Die Rassemerkmale des Deutschen Schäferhundes sind dieser schräg nach unten abfallende Rücken, die Hinterbeine sind deswegen gebeugter als die Vorderbeine, alles in allem ein schönes Tier, welches der Mensch durch Überzüchtung zu optimieren versucht. Und es dann abschiebt, wenn Beschwerden auftreten.

Zum Glück hat Mias Geschichte ein Aber, denn solange es Frauen wie Daniela gibt, ist in all der Dunkelheit auch ein Licht. Daniela heißt wirklich Daniela, um ihre Privatsphäre zu wahren, berichte ich an dieser Stelle nur noch, dass Daniela eigene Kinder großzog und sich nun an ihren Enkeln erfreut. Und an Mia. Und zuvor an Susi und Senta. Sozusagen die Vorgängerinnen von Mia, alte Schäferhundladys, die dachten, sie würden im Tierheim leben müssen, bis der Ewige sie von ihrem Leid befreit. Daniela machte erst Susi und nach deren Ableben Senta einen Strich durch die traurige Rechnung, denn die Frau mit einem Herz groß wie der Atlantik liebt Schäferhunddamen, die sonst keiner liebt. Sie holt sie aus dem Tierheim zu sich nach Hause und bereitet den armen Hündinnen den schönsten aller Lebensabende. Ich weine vor Rührung. Ich weine bei so viel Nächstenliebe, bei so viel Uneigennützigkeit. Und vor Dankbarkeit.

Susi und Senta sind längst von uns gegangen. Aber sie sind immer noch bei Daniela. Ihre sterblichen Überreste stehen in schönen Urnen auf dem Schrank von Daniela, daneben jeweils ein Bild aus guten Zeiten. Daniela wird für Mia da sein, für eine Schäferhündin, die erst ganz am Schluss ihres Lebens in das von Daniela trat. Voll Ehrfurcht und Mitgefühl. Genau so, wie man es macht, wenn man das Herz am richtigen Fleck hat. Und wenn man der- oder diejenige ist, die wir alle in schweren Stunden, wenn uns alle Siege abhandengekommen sind, nötig brauchen.

Danke, liebe Daniela, danke!

Benga ist auch eine sehr schöne Hundedame. Groß. Elegant. Sie hat lange Beine und glänzendes Haar. Sie lebt seit ihrer Geburt bei ihrer Menschenfamilie, aber seit geraumer Zeit immer mehr in ihrer sehr eigenen Welt. Benga ist ein Boxer, elf Hundejahre alt und dement. Boxer werden eigentlich nicht so alt. Wie alle großen Hunderassen ist ihnen nur ein kurzes Leben beschieden. In der Regel sterben Boxer mit acht, neun Jahren. Benga ist deutlich älter und ihr Gang ist beschwerlich. Die Hüfte und ihre Knie sind müde vom Rennen durch Wiesen und den weichen Sand am Strand. »Arthrose« lautet die Diagnose des Tierarztes.

In Bengas Welt herrscht große Stille. Sie steht minutenlang vor einer Wand und starrt sie an. So, als würde sie etwas sehen, hören, riechen, was uns Menschen verborgen bleibt. Manchmal knicken ihre Beine ein. Weil sie müde sind und schmerzen. Manchmal vergisst Benga, wie das geht, sich umzudrehen und zurück ins Hundekörbchen zu wanken. Man muss sie rufen: »Benga! Benga!« Dann schaut sie, als hätte sie ihre Familie noch nie zuvor gesehen. Sie starrt, aber sie blickt durch alle hindurch.

»Hunde-Alzheimer«, sagt der Tierarzt. Er lächelt. Benga ist nicht der erste betagte Hund, den er beim Altwerden betreut. Und mit den Hunden ist es wie mit den Menschen. Wir alle wollen es werden, aber keiner will es sein – alt.

In dem Moment, in dem ein Welpe Mitglied einer Menschenfamilie wird, wissen alle Beteiligten, dass dieser Hund nicht für immer bei uns sein wird. Wir lieben den Welpen, wir lehren den Junghund »Sitz« und »Platz« und »Komm« und »Aus«. Der erwachsene Hund ist unser treuer Gefährte, Freund, Kompagnon. Wir leben mit ihm, er lebt mit uns. Familie.

Bengas Doktor weiß alles über das Altwerden und Altsein von Hunden. Manchmal beginnen sie wieder, in die Wohnung zu pullern wie Welpen. Nicht wenige alte Menschen brauchen eine Windel, weil sie vergessen, auf die Toilette zu gehen. Es ist, als seien unser Gehirn und das der alten Hunde erschöpft von den vielen Entscheidungen, die zu treffen waren. Alte Hunde werden eigensinnig. Und sie bedanken sich nicht mit überschwänglichem Schwanzgewedle bei uns, wenn wir ihnen ihr Bettchen noch weicher auspolstern oder die Futter- und Wassernäpfchen höher stellen, damit sie sich beim Fressen und Trinken nicht bücken müssen. Wir versuchen, ihnen ihr altes Leben so bequem und angenehm wie möglich zu gestalten – und zum Dank machen sie Pipi ins Wohnzimmer.

Alte Menschen sind gar nicht so anders. Immer wieder höre ich die Erzählungen enttäuschter Freunde, die alles unternehmen, um ihren betagten Angehörigen das Leben im Alter zu verschönern.

Zum Dank gibt es Kritik oder gar nichts. Es hat mit unseren Erwartungshaltungen zu tun. Aber alte Menschen und auch alte Hunde leben in ihrer eigenen Welt. »Man darf das nicht persönlich nehmen«, sagt der Tierarzt, und ich bin mir nicht sicher, ob er nun gerade über Hunde oder doch über Menschen spricht.

Benga hasst alles, was der Arzt mit ihr veranstaltet. Aber sie ist zu müde, altersmüde, um sich darüber aufzuregen. Im Nebenraum wird eines dieser modischen Designerhündchen vom Hundefriseur geschoren, damit es aussieht wie ein Hund. Mordsgeschrei, Gekläffe und etliche Versuche, vom Tisch zu springen und sich aus dem Staub zu machen. Benga versteht nichts, sie hört gar nichts. Ihre Augen starren in die Ferne. Oder ist da doch etwas ganz nah vor ihrer Nase? Sie könnte es uns nicht erzählen, selbst wenn sie unsere Sprache spräche. Sie bemerkt gar nicht, dass sie starrt.

Natürlich ist es traurig, seine beste Freundin so zu sehen. Bilder und Erinnerungen ziehen vor unserem inneren Auge vorbei. Unterhaltungen über einen alten Hund beginnen zumeist mit »Weißt du noch ...?«. Eine Freundin sagte vor einigen Jahren nach dem Tod meines Golden Retrievers Milo: »Ach, der Milo, er hatte so ein schönes Leben, und er musste nie erwachsen werden.« Milo starb mit 13 1/2 Jahren und benahm sich bis zuletzt wie ein wilder Junghund ohne Aufsicht. Ich mache mit Hunden einfach alles falsch, was man falsch machen kann. Es fällt mir bei Hunden und auch bei Menschen schwer, streng zu sein.

Milo durfte in Würde einschlafen. Keine unnötigen Operationen, die das Leid nur verlängern. Keine Medikamente mit unschönen Nebenwirkungen, nur um ihn aus verständlichen, aber eben auch egoistischen Gründen noch ein bisschen länger bei mir zu haben. Das ist mir sehr wichtig. Ich will einfach nicht die Bilder eines todkranken Hundes vor Augen haben, wenn ich mich an ihn erinnere. Ich will über meinen Hund nach seinem Tod reden, wie ich es in seinen besten Zeiten tat. Er soll Würde haben. Bis zum Schluss.

Das wünsche ich mir auch für alle Menschen, deren Zeit langsam abläuft. Würde. Und die Möglichkeit, so gut es geht, mitzuentscheiden.

Bengas Familie entscheidet kurz nach diesem Tierarztbesuch, dass es für die alte Hündin in Ordnung ist, einzuschlafen. Ihr körperlicher Verfall ist trotz aller ärztlicher Bemühungen nicht mehr aufzuhalten. Ich begleite Bengas Menschenvater auf diesem letzten, schweren Gang. Wir sitzen auf dem Fußboden des Behandlungszimmers in der Tierarztpraxis und weinen. Benga bekommt eine Spritze, sie atmet nicht mehr und ihr Herz hört auf zu schlagen. Unsere Tränen tropfen auf ihr schönes Fell. Loszulassen ist eine der schwersten Übungen in diesem Leben.

»Laila tov, Benga«, flüstert ihr Menschenvater ihr auf Hebräisch ins Ohr. Gute Nacht, Benga.

Und ich denke: »Bitte grüße meinen Golden Retriever Milo von mir!«

Eines Tages wird es in Bengas Familie einen neuen Hund geben. Ich kenne niemanden, der nach dem ersten Hund keinen weiteren möchte. Die englische Königin besitzt ein ganzes Rudel Corgis. Einer ist nicht genug.

Ich habe Carter, der eigentlich Horst heißt. Und am selben Tag geboren wurde wie Adolf Hitler. Beides war inakzeptabel. Wir änderten seinen Namen und feiern seinen Geburtstag immer am 1. Mai. Carter ist Mallorquiner. Ein ungezähmter Inselhund. Das klassische Ergebnis eines wilden One-Night-Stands. Er kam in einem Pferdestall zur Welt und dann zu uns. Carter ist perfekt, weil nichts an ihm perfekt ist. Er hat ein weißes und ein schwarzes Auge, er rekelt sich und macht einen Buckel wie eine Katze und springt durch die Wiesen wie eine Gazelle durch die Savanne. Als Babyhund zerbiss Carter alles in winzig kleine Stücke, was ihm kurzfristig den Namen »Konfetti« einbrachte. Alle Hundebesitzer finden ihre Schützlinge einzigartig, aber Carter ist es wirklich. Und er ist nicht kastriert, wofür es keinen wirklichen Grund gibt. Er gerät deswegen am Hundestrand in Tel Aviv regelmäßig in Streit mit seinen israelischen Kollegen, die natürlich alle kastriert sind. Es ist, als würde er sie daran erinnern, wie es sein könnte, wäre man ein ganzer »Mann« ...

Einmal zog sich Carter eine Bisswunde am Auge zu. Der Tierarzt war nicht nur extrem attraktiv, er hatte auch Nerven aus Stahl. »Das müssen wir tackern!«, sagte er mir auf Englisch, und weil ich allein der Vorstellung wegen kurz davor war, in Ohnmacht zu fallen, krempelte er sich kurzerhand den Ärmel seines Hemdes hoch, zückte den Tacker und haute sich, ohne mit der Wimper zu zucken, drei Klammern in seinen Unterarm.

»Do you see, no problem!«

Der Mann hatte recht, Carter überlebte, er behielt nicht mal eine winzige Narbe zurück.

All diese Erlebnisse hätte ich nicht, gäbe es keinen Hund in meinem Leben. Ganz zu schweigen von dem Glück, das ich empfinde, wenn Carter mich nach einem langen Tag begrüßt, als sei ich Queen Elizabeth, die Frau mit den Corgis. So sieht mich mein Hund: Ich bin seine Königin! Und Carter? Ist mein Prinz auf vier Pfoten. Mein zweites wahr gewordenes Hundemärchen.

Der eigene Hund macht keinen Lärm, er bellt nur
Kurt Tucholsky

Der Moment, in dem er zurückkommt. Im Schweinsgalopp. Mit fliegenden Ohren und aus der Schnauze hängender Zunge. Dieses Glück, ihn wiederzusehen. Diese Freude, dass er sich auch diesmal für mich statt für die Wildnis (Wald, Felder, ein anderes Land) entscheidet. Und dann der Moment, wenn sein Geruch meine Nase erreicht. Übel riechend, nicht zu vereinbaren mit irgendeiner Form von Kultiviertheit. Braune Brocken kleben an den Hundewangen. Schwarze Klumpen stecken zwischen seinen Zehen. Frisch gepflügte Felder mit noch warmem Schweinestalldung darauf sind Carters Garten Eden.

Kein weiches Körbchen, keine frisch gewaschene Hundedecke, nicht mal der heimliche Sprung in mein Bett, wenn ich in der Küche beschäftigt bin, machen ihn auch nur annähernd so glücklich wie das Sichsuhlen in Schweinemist. Und so »duftet« er dann auch. Wie ein Schwein. Und so begrüße ich ihn dann auch: »Carter! Du Schwein!«

Wäre ein Meer in der Nähe, ein See oder wenigstens ein klares Bächlein – der Hund käme mir nicht wie eine Wildsau ins Haus. Nur wohnen wir eben nicht am Wasser, wir steigen in mein winziges Auto, welches innerhalb von dreißig Sekunden zur Geruchsfolterkammer wird, und fahren eine gefühlte Ewigkeit lang nach Hause.

Unterwegs ringe ich mit mir: Baden? Duschen? Oder doch nur ein Eimer Wasser vor der Tür? Carters einst weißes und nun erdbraunes Gesicht belehren mich eines Besseren. Da hilft nur

Baden. Ich lege ein Handtuch in die Wanne. Der glitschige Untergrund ängstigt Carter sonst zu sehr. Aber auch mit Anti-Rutsch-Unterlage findet das Baden wenig Anklang. Eigentlich ist es mehr ein Abduschen in der Wanne. Am wichtigsten ist es, den Bruchteil der Sekunde zu erwischen, in dem ich das Wasser abstelle und Carter beginnt, sich eben solches aus seinem Fell zu schütteln. Ich muss ihm beim noch Zudrehen des Wasserhahnes ein großes Badehandtuch überwerfen. Bin ich zu spät, ist das Bad verloren. Bin ich zu früh, ist das Handtuch frisch geduscht.

Danach diesen einst stolzen Spanier, der nun aussieht wie ein begossener Pudel, aus der Wanne heben, ohne dabei das Handtuch zu verlieren. Sonst läuft er mir davon (Catch me if you can!) und schüttelt sich im Wohnzimmer aus – und zwar von vorn nach hinten und wieder zurück.

Erbärmlich sieht er aus. Und dieser anklagende Blick. Zum Sich-Schock-Verlieben. In einen Hund, der duftet wie ein lauer Frühlingsmorgen nach einer verregneten Nacht. Bis zum nächsten Spaziergang.

Ich habe das große Glück, Carter mit zur Arbeit nehmen zu dürfen. Mein Hund hat eine Genehmigung, das ZDF-Betriebsgelände betreten zu dürfen. Und zum Glück lieben ihn meine Kollegen. Wir haben ein Ritual – mein Hund und ich. Wenn ich unsere Etage mit dem Großraumbüro erreiche, mache ich ihn von der Leine los. Dann saust Carter zu meinen Kollegen und begrüßt jeden einzelnen, so herzlich es nur geht. Und alle streicheln und dutzeln ihn. Nicht umsonst sagt man Hunden/Tieren therapeutische Fähigkeiten nach. Eben herrschte noch Stille im Büro, weil alle über ungelösten Problemen brüten, dann kommt Carter und holt meine Kollegen aus ihren Hamsterrädern. Er fordert ihre

Aufmerksamkeit ein, er lenkt sie ab von Dingen, die in diesem Moment nicht zu ändern sind. Wenn wir uns erschöpft und gelegentlich auch ratlos nach der samstäglichen Generalprobe zum Meeting versammeln, liegt Carter zwischen uns auf der Erde. Er ist lieber mittendrin, statt nur dabei. Und es ist, als ob uns seine Anwesenheit beruhigt. Wir beobachten ihn ein bisschen, ruft ihn eine Kollegin, gesellt er sich zu ihr – und dann besprechen wir uns. Wollten wir uns eben noch gegenseitig Vorwürfe machen und streiten, Carter sorgt wie von Zauberhand für konstruktive Kritik und Einklang. Am nächsten Tag machen wir eine Liveshow, genau so, wie wir sie uns vorgestellt haben.

Sich um ein Tier zu kümmern, und sei es auch nur für ein paar Minuten, entspannt und macht einen weniger egozentrisch. Wir übernehmen Verantwortung für ein Lebewesen, welches auf unsere Hilfe und Fürsorge angewiesen ist. Zum Dank gibt es Liebe im Überfluss. Carters Glas ist immer randvoll. Stellen Sie sich nur mal vor, liebe Leserinnen und Leser, Sie würden jeden Tag das gleiche Essen bekommen. Morgens, mittags, abends. Sieben Tage die Woche, 52 Wochen im Jahr. Wir würden nach drei Tagen anfangen zu meckern. Carter nicht. Er frisst und ist dankbar und glücklich. Mehr braucht er nicht. Liebe und Futter. Und mein ZDF-Büro und Menschen, die ihm zu verstehen geben, dass er stets willkommen ist.

Würden wir so sein können wie Hunde oder Katzen, unsere Leben wären weniger beschwerlich. Wir wären genügsamer und anspruchsloser. Ich bin immer auf der Seite der Kinder, wenn diese ihre Eltern anflehen, doch endlich ein Haustier haben zu dürfen. Man ist nie zu jung, um Verantwortung für jemand anderen zu übernehmen. Und man ist nie erwachsen genug, um nicht heimlich seinen Kummer und seine Sorgen in ein weiches Katzen- oder Hundefell zu flüstern. Tiere heilen. Und machen glücklich. Selbst wenn mein Hund wegläuft, obwohl das strengstens verboten ist. Carter ignoriert mein Rufen und Schreien. Ihn regt nichts auf, er weiß ja, dass er zurückkommen wird und ich mich freuen werde. Carter ist der lebende Beweis für Urvertrauen. Ich liebe ihn dafür und wünschte, ich wäre wie er. Wenigstens ein bisschen.

Gott schuf die Katze, damit der Mensch
einen Tiger zum Streicheln hat
Victor Hugo

»Evil ist weg!«

Ich las die Nachricht und musste lachen, statt entsetzt zu sein.

Evil ist eine Katze. Ich bin ein Hundemensch. Das bedeutet nicht, dass ich Katzen nicht mag. Aber ich käme niemals auf die Idee, mit ihnen unter einem Dach zu wohnen. Mit Hunden schon. Auf Katzen bin ich allergisch. Katzen sind mir suspekt. Sie schreien wie kleine Kinder. Ich verstehe ihre Körpersprache nicht. Sie starren mich immer so merkwürdig an. Und sie klettern aus Fenstern und verschwinden. So wie Evil.

Seit acht Jahren gehört Evil zur Familie einer Bekannten. Nun war Evil davongelaufen (nicht zum ersten Mal), was insofern dramatisch ist, als Evil aus dem Fenster einer Wohnung geklettert ist, die sich im fünften (!) Stock befindet. Keine Feuerleiter, keine Fassadenabsätze oder rettenden Bäume weit und breit. Nichts. Nur der Abgrund. Fünf Stockwerke tief. Alles geschah am frühen Morgen. Nachdem Evil den ganzen Tag verschwunden blieb und die Telefonnachrichten meiner Bekannten dramatisch zwischen Verzweiflung und Hass auf das Katzenbiest hin und her wechselten, ging man am Abend schließlich auf die Suche nach Evil. Ich erklärte mich bereit, in der Zwischenzeit bei den schlafenden Kindern zu bleiben, für den Fall der Fälle.

Während also meine Bekannte und ihr Mann, ausgerüstet mit Stirnlampe, Schutzhandschuhen und jeder Menge Optimismus loszogen, um die düstersten Ecken der Nachbarschaft nach dem ausgebüxten Stubentiger zu durchforsten, fing ich an, mir Gedanken über die Liebe zu machen. Wir lieben unsere Haustiere wie unsere Kinder. Wir hegen und pflegen sie. Springmaus, Schildkröte, Hund und Katze, wir sind in der Lage, Lebewesen Liebe zu geben, die uns ihre Liebe ganz ohne Schwüre, Rosen und opulente Gesten zeigen. Sie sind einfach nur da in unserem Leben. Und lieben uns zurück. Eben auf ihre Art. Ohne Worte. Nur so. Ich finde das schön.

Ich erstarrte innerlich, als die beiden anderen zur Familie gehörenden Katzen, Jakob und Adele, um meine Beine strichen und seltsame Geräusche machten. Im Gegensatz zu den friedlich schlummernden Kindern schienen diese beiden meine Anwesenheit eher misstrauisch zu beäugen. Irgendwie befürchte ich immer, dass sie mich kratzen oder – viel schlimmer – anpullern. Ich habe mal gelesen, dass Katzen ihr Revier markieren. Gruselig.

Während ich mir ein Glas Wasser aus der Küche holte, thronte Adele sphinxgleich auf dem Fenstersims und ließ mich nicht aus den Augen. Jakob hockte im Türrahmen und schien mir zu bedeuten, dass für mich an dieser Stelle Schluss war mit der weiteren Inanspruchnahme der häuslichen Räumlichkeiten. Mit einer geradezu entschuldigenden Geste drückte ich mich an dem stattlichen Kater vorbei und nahm wieder am Wohnzimmertisch Platz. Katzen sind doch wirklich merkwürdige Wesen. Aber es sind die Katzen meiner Bekannten, sie bedeuten ihr viel, und sie wiederum bedeutet mir auch etwas. Es gibt Katzenmenschen. Meine Bekannte gehört dazu. Wäre sie die Bestimmerin, wohnten alle Straßenkatzen bei ihr zu Hause. Dann zöge aber ihr Mann aus, was die Sache nicht wert ist.

Ich mag meine Bekannte. Und ich bleibe dabei – Katzen sind seltsam. So selbstbewusst, irgendwie unabhängig, sie entscheiden, wen sie in ihr Leben lassen. So wie meine Bekannte. Sie ist die Katze in meinem Leben. Ich würde sie auch suchen …

PS: Evil wurde gefunden: unverletzt, verlaust und guter Dinge.

Das Leben ist eine Reise. Nimm nicht zu viel Gepäck mit.
Billy Idol

Fliegen mit Hund ist das größte aller Abenteuer. Das fängt mit dem Gewicht der Reisebox an und hört mit der Größe aller Flughafenhürden auf. Oh ja, da werden einem so einige in den Weg gestellt. Nicht aber in Frankfurt. So oft wird dieser Flughafen gescholten: zu groß, zu weite Wege, zu viel Fluglärm. Ich sage Ihnen, verehrte Leserinnen und Leser, in Sachen »Ich reise mit meinem Hund und checke ihn ein« kann ich den Frankfurt International Airport gar nicht genug loben. In Abflughalle B, Schalter 424, ist der Hundeschalter. Anders als überall sonst, werden in Frankfurt Hunde nicht am Sperrgepäckschalter abgegeben. Hunde, die in Frankfurt einchecken, dürfen sich wie Passagiere der First Class fühlen, mit eigenem Schalter und sofortiger Zuwendung. Dennoch ist das Gefühl in meiner Magengegend mulmig, und ich habe das schlechteste aller schlechten Gewissen, wenn ich den Hund in seine Reisebox manövriere, wohl wissend, dass er ab dem Moment für circa sechs Stunden mehr oder weniger unglücklich in seinem mobilen Plastikhaus hocken wird. Wenigstens geht es in Frankfurt wahnsinnig schnell: Ticket vorgelegt, Buchung für den Hund plus Box gezeigt, entsprechende Reiseaufkleber ausgefüllt, tschüs, Hundi, rein in die Box, Augen zu und durch.

Ehrlicherweise weiß ich nicht, was dann mit meinem Hund passiert, wohin er in seiner Box gebracht wird. Auch sah ich noch nie Fotos aus dem Transportraum eines Flugzeugs, in dem der Hund reist. Gibt es da Licht? Eine Heizung? Läuft klassische Musik für die mitreisenden Tiere, um ihnen die Angst vor dem ohrenbetäubenden Fluglärm zu nehmen? Es fliegen ja auch stattliche Tiere wie zum Beispiel sündhaft teure Reit- und Dressurpferde. Es macht mir Mut, zu hoffen, dass der Flugzeugbauch ein behaglicher Ort sein könnte. Von mir befragte Piloten und Flugbegleiter halten sich merkwürdig bedeckt und geben nur zögerlich Auskunft. Egal, wie akribisch ich im Internet nach Fotos von Hundeboxen im Frachtraum eines Flugzeugs suche – nichts ... Was bedeutet das? Und: Will ich es wirklich wissen?

Müssen der Hund und ich Tel Aviv, wo wir leben, wieder verlassen, um in Deutschland zu arbeiten, beginnt die Reise am Ben Gurion Airport. Ich glaube, ich stand schon mehrmals mit einem Bein im Gefängnis, weil ich mich lautstark über die Unfähigkeit und Hilflosigkeit des dortigen Personals aufregte. Einmal schrie ich vor Empörung so laut, dass der herbeigerufene Sicherheitsbeamte mir befahl, mich auf der Stelle zusammenzureißen. Was mir schwerfiel, geht es um das Wohl meines Hundes, werde ich zur Löwenmutter. Er hat nur mich, niemand sonst tritt für seine Rechte ein. Ich bin für ihn verantwortlich. Mein bisheriger Höhepunkt: Der Flughafenmitarbeiter, der mir nicht nur zehn Mal dieselben Fragen bezüglich meines Hundes stellte, sondern auch dessen Tollwutmarke am Halsband fälschlicherweise für seinen Registrierchip hielt und sich wunderte, dass der Chipcode nicht angezeigt wurde. Gefolgt wurde diese Unfähigkeit von der Aufforderung des Mannes: »Kabelbinder!«

»Wie bitte?«

»Sie brauchen Kabelbinder, damit ich die Tür des Käfigs hundertprozentig sicher verschließen kann!«

Ich bin immer für Sicherheit, erst recht, wenn es um Carter geht, komme aber nicht umhin, mich zu fragen: Welche Frau, überhaupt welcher Mensch, hat Kabelbinder dabei, wenn er verreist?

Inzwischen habe ich zwei Dinge gelernt:

1. Es lohnt sich nicht, mit den Sicherheitsbeamten am Flughafen Ben Gurion in Tel Aviv zu diskutieren. Sie haben keine Ahnung und immer recht.
2. Ich habe immer Kabelbinder dabei, wenn ich mit Carter verreise. Was bei Sicherheitskontrollen regelmäßig zu Aufregung führt. Wenn ich dann aber erkläre, dass die Security beim Hunde-Check-in darauf besteht, ernte ich oftmals ein ungläubiges Schulterzucken.

Immerhin kam Carter bisher immer am selben Ort an wie ich, was man über mitreisendes Gepäck nicht immer behaupten kann. Mein größtes Kofferabenteuer habe ich selbst zu verantworten. Und ich plädiere für mildernde Umstände, die da heißen: Flugangst und Müdigkeit.

Jeder, der schon mal am Kofferband auf sein Gepäck wartete, weiß, wie endlos lang diese Zeit sein kann. Ich hatte vier sehr wackelige Stunden in einem Flugzeug hinter mir, es war spät am Abend, ich wartete auf meinen Koffer, der als einer der letzten kam und raste mit dem Taxi nach Hause. Dort angekommen konnte ich meinen Koffer nicht öffnen, weil es gar nicht meiner war. Er sah nur so aus. Es war ein Scheinkoffer, der von Weitem vortäuscht, einem zu gehören, besieht man ihn sich aber näher, entpuppt er sich als Gepäckstück fremder Menschen. Mein Telefon klingelte und ein Kollege meldete sich lachend: »Andrea, du hast den Koffer der Bekannten meiner Eltern mit nach Hause genommen. Sie waren auch auf deinem Flug und sahen dich in der Ankunftshalle. Es war nur noch dein Koffer übrig, also musst du den der Bekannten haben. Sie haben ihn am Schalter für verlorenes Gepäck abgegeben.«

Zwei Stunden später war alles wieder in bester Ordnung und die Koffer standen in ihrem richtigen Zuhause.

Was lerne ich daraus? Egal, woher man kommt oder wohin man fliegt – ob mit oder ohne Kabelbinder –, die Welt ist klein.

Wind Nord/Ost, Startbahn null-drei
Reinhard Mey

Schon bei meinem allerersten Flug flog die Angst mit. Es ging von Berlin-Schönefeld nach Moskau zum Länderkampf UdSSR gegen DDR. Mit Interflug, der einzigen Fluggesellschaft der DDR. Interflug war so etwas wie der Ost-Rolls-Royce der Lüfte. An meine Wettkampfergebnisse kann ich mich nicht genau erinnern, ich weiß aber noch, dass ich mit zwei Samowaren – landesübliche Teemaschinen oder Heißwasserkocher – zurückkehrte, diesen typisch russischen Präsenten, die man bekam, wenn man ganz oben auf dem Siegerpodest stand. Samoware bekamen sowohl Schwimmerinnen als auch Schwimmer. Sie waren sozusagen unisex.

Woran ich mich aber haargenau erinnere, ist die Tatsache, dass es nicht eine einzige Sekunde während des Fluges gab, in der ich nicht Angst hatte, abzustürzen. Schon damals traute ich mich nicht, während des Fluges zur Toilette zu gehen, weil ich dachte, bei jedem meiner Schritte würde das Flugzeug Richtung Erde sacken. Meine Angst ist irrational, auch meine Unfähigkeit, Kontrolle abgeben zu können. Ich steuere nämlich das Flugzeug von meinem Sitz aus. Ich drehe die Turbinen hoch und wieder runter, fahre Start- und Landeklappen aus und ein, jedes sich ändernde Geräusch der Rotoren und der technischen Geräte während eines Fluges ängstigen mich. Und dann kommt noch die Furcht vor dem Absturz hinzu.

Leuten im Flugzeug beim Schlafen zuzuschauen hingegen ist megaamüsant. Offene Münder, Spuckefäden, Schnarchgeräusche verbunden mit Schmatzereien, um den ausgetrockneten Mund wieder zu beleben, zur Seite gesackte Köpfe, aneinander gelehnte Paare, auf dem Schoß der Mutter schlummernde Babys, Menschen, die ihre Beine mit fragwürdig aussehenden Socken (wahlweise mit strumpflosen Füßen, die, könnten sie sprechen, vermutlich viel zu erzählen hätten) in den Gang strecken, als gehörte ihnen das ganze Flugzeug. So eine Übermacht des Schlafes erlebt man nur, wenn man sehr spät oder ganz früh fliegt. Wie ich. Spät liegt mir eigentlich mehr, aber dann ist es dunkel draußen, und ich sehe nicht, wohin wir fliegen. Also lieber ganz früh von Tel Aviv nach Frankfurt zur Arbeit, gekoppelt an den ewigen, nie zu gewinnenden Kampf gegen die Müdigkeit.

Ich bin morgens um sechs Uhr müder, als meine Flugangst groß ist. Abflug um sechs Uhr bedeutet, vier Uhr am Flughafen zu sein. Dafür muss ich um 3.30 Uhr im Taxi sitzen. Der Wecker klingelt also 3.10 Uhr. Nachdem ich sieben Jahre lang für das *Sat.1 Frühstücksfernsehen* zu genau dieser Uhrzeit aufstehen musste, ist es, als hätte ich alle Energie, die der Ewige für frühes Aufstehen für mich vorgesehen hat, bereits aufgebraucht. Ich bin so müde, dass meine Augen brennen und eine bleierne Schwere auf mich herabsinkt. Aber im Gegensatz zu all den anderen Passagieren, die einfach einschlafen, schrecke ich unvermittelt hoch, wenn ich die Kontrolle über meinen Arm verliere, der den schweren Kopf stützt, welcher zur Seite sackt, während sich die Kiefermuskulatur entspannt und der Mund aufgeht. Zack – hochgeschreckt – Panik! Hellwach! Um mich herum das Mensch gewordene Traumland und Stewardessen, die nicht einen einzigen Passagier zum Duty-free-Bordverkauf verführen können. Das Flugzeug schläft. Hoffentlich ist wenigstens das Cockpit wach. Was macht eigentlich ein Pilot, wenn er während eines langweiligen Fluges müde wird?

Eine Wolke gleicht der anderen, die Augenlider werden schwer, die Gedanken schweifen ab … Gibt es im Cockpit eines Flugzeugs ein heimliches Versteck für Kuschelkissen und Schmusetücher? Gibt es sie tatsächlich, die von Reinhard Mey besungene grenzenlose Freiheit über den Wolken?

Mein Ach-könnt-ich-nur-ein-kleines-bisschen-schlummern-Kampf beginnt von vorn. Erst schwimmen die Gedanken raus, dann schwimme ich hinterher, ich verliere die Kontrolle über meinen angelehnten Kopf, er rutscht weg …

Ich habe allerlei ausprobiert, um meiner Flugangst Herr zu werden. Kurse, Meditationen, ein Glas Wein an Bord, lesen, Musik hören, Film gucken, die Angst sitzt immer auf dem Platz neben mir. Am besten hilft mir der Ratschlag meiner weisen Freundin Sabrina Fox, die mir Folgendes empfahl, wenn es dolle wackelt und ruckelt und ich auf der Stelle in zehntausend Metern Höhe aussteigen will: »Denke einfach daran, was du nach der Landung machst. Stelle es dir bildlich vor. Wie es da riecht, ob es warm oder kalt ist …«. Manchmal gelingt es mir, Sabrinas Rat zu folgen, vor allem dann, wenn die Luft spiegelglatt ist und Fliegen sich wie Busfahren auf einer neu geteerten Straße anfühlt.

Noch immer sind in den Flugzeugen an den Toilettentüren kleine Aschenbecher angebracht. Aber statt Bonbons oder Kekse werden nun am Eingang des Flugzeugs Desinfektionstüchlein verteilt. Ich fliege mit Angst und Mund-Nasen-Maske. Es ist stiller in den Flugzeugen, es unterhält sich schlecht mit bedecktem Mund. Damit fällt ein vier Stunden langer Flug als Partnerschaftsbörse definitiv aus.

Ich habe etliche interessante Bekanntschaften an Bord gemacht. In den meisten Fällen führe ich sie auf das dringende

Bedürfnis zurück, durch eine Unterhaltung die Zeit schneller rumzubringen. Meine Sitznachbarn waren unter anderem ein ehemaliger Armeeanwalt, ein Landwirtschaftsingenieur aus Brasilien und ein wohlhabender Ex-Junkie, der sich auf dem Rückflug von einer dreimonatigen Entziehungskur in Dänemark befand und noch an Bord seinen Kokaindealer kontaktierte. Einmal musste sich der Flugbegleiter neben mich setzen und meine Hand halten, weil wir durch ein Gewitter flogen und ich vor Angst zitterte. Ein anderes Mal saß eine Frau neben mir, die kein Wort sprach, starr geradeaus auf die Lehne des Sitzes vor ihr schaute und beim kleinsten Schlingern der Maschine mit ihren Hände die Armlehnen so fest umklammerte, dass die Fingerknochen weiß durch die Haut schimmerten. Ich sprach sie an und fühlte mich für einen Moment, als ob die Gehörlose einer Blinden helfen würde. Aber ich meinte es gut, und siehe da, wir begannen, miteinander zu reden, wir gestanden uns unsere Angst, fühlten uns schwach, aber zusammen etwas stärker. Teilen ist das neue Haben – das gilt auch für Angst. Ich kann nicht behaupten, dass ich weniger ängstlich war, aber der Flug verging wie im Fluge. Ich bedankte mich beim Aussteigen bei der Dame. Sie sah mich an, als hätte ich mir die letzten vier Stunden nur eingebildet, und ich verstand: Wir waren wieder auf dem Boden der Tatsachen. Die Dame vor mir im Flugzeuggang war nicht dieselbe wie zuvor neben mir in der Luft.

Angst zu haben verändert. Keine zu haben aber auch.

Trainingsbuch
Andrea Mathyssek
TG Frischke
Klasse: 8s10

Du schwimmst schnell und ohne Plage,
schwimmst du in der Gleitbootlage
Trainingstagebuch

Ich bin mir ziemlich sicher, dass es meinem Körper mit links und vierzig Fieber gelingt, sich ganz schnell ganz viele Kilos anzufuttern.

Manchmal fühlt es sich an, als seien er und mein Kopf im ständigen Zwiegespräch. Oft wird behauptet, dass sich der Kopf mit dem Herzen streitet. Nee, bei mir nicht. Bei mir gibt es tagtäglich Diskussionen zwischen Kopf und Bauch.

Fast wäre ich als Baby verhungert. Weil ich bestenfalls ein Drittel des Milchfläschchens trank und auch dieses nur gelegentlich bei mir behielt, waren meine armen Eltern so besorgt, dass sie einer Rückenmarkspunktion zustimmten. Meine ängstlichen Eltern waren damit einverstanden, dass ihrer sechs Monate alten Tochter eine riesige Nadel in den Rücken gerammt wird, um eine Hirnhautentzündung auszuschließen. Es muss wirklich schlimm um mich gestanden haben. Die gute Nachricht: Mein Gehirn war gesund, ich vertrug einfach die künstlich hergestellte Säuglingsmilch nicht. Vielleicht bin ich ein Grund dafür, dass Stillen und richtig langes Stillen in Mode kamen?

Als kleines Kind ernährte ich mich vorwiegend von Brot mit Ketchup. Mir schmeckte einfach nichts. Ich war eine schlechte Esserin. Ich wurde von anderen Kindern gehänselt, weil ich so unsagbar dünn war. Die Lust auf Kalorien kam erst mit dem Sport. Ich fing an zu schwimmen, und mein Körper bekam Hunger. Auf einmal verschlang ich Steaks zum zweiten Frühstück, also zwischen der ersten und zweiten Trainingseinheit. Das war meinen Eltern auch wieder suspekt, aber diesmal nahm kein Arzt daran Anstoß und überredete Mama und Papa zu fragwürdigen Untersuchungen.

Auch dem Ausbruch aller möglichen Allergien hatten die DDR-Ärzte nur wenig entgegenzusetzen. Schon im Alter von zwölf Jahren litt ich an Heuschnupfen. Mich plagten auch eine ausgewachsene Hausstaub- und Mischpollenallergie, immer noch vertrug ich keinerlei Milchprodukte und reagierte auf Nickel ebenso allergisch wie auf Nüsse und Steinobst. Gepaart mit allen möglichen Kreuzallergien, die zu asthmatischem Husten führten, war ich das gefundene Fressen für Allergologen und Hautärzte. Da ich aber ein zwölfjähriges Kind war, lautete die Standardantwort der Ärzte auf die drängenden Fragen meiner Trainer, ob man dagegen nicht etwas unternehmen könne: »Nein. Erst wenn sie ihre Periode hat.« Und das sollte dauern.

Ich war in meiner Trainingsgruppe das letzte Mädchen weit und breit ohne Periode. Ich begann erst nach Beendigung des Leistungssports, Rundungen zu bekommen und eine Frau zu werden. Vorher hatte mein Körper keine Zeit zu wachsen. Er musste trainieren. Deswegen wurmt es mich gelegentlich ein wenig, wenn behauptet wird, die Erfolge der DDR-Schwimmerinnen seien allein auf die Einnahme von Doping zurückzuführen. Ich kann nichts über besagtes Dopingsystem berichten, ich glaube bis heute, dass ich, welchen Glücksumständen ich es auch immer zu verdanken habe, nie ein »vollwertiges« Versuchskaninchen der DDR-Dopinglabore war. Aber ich möchte darüber schreiben, was ich selbst erlebt habe.

Talentiert fürs Schwimmen war ich schon immer. Man erkennt es an der Wasserlage. Talentierte Schwimmer liegen »auf« dem

Wasser statt »im« Wasser. Wir bringen genetisch diese Leichtigkeit mit, durchs Wasser zu gleiten, welche eine gute Voraussetzung für Erfolg im Schwimmen ist. Irgendwann war ich schnell genug, um bei meinen Trainern und den Sportfunktionären Hoffnungen zu wecken, es aufs oberste Treppchen des Siegerpodestes zu schaffen. Ich bemerkte diese Hoffnungen durch den Wechsel in die beste Trainingsgruppe, die es in meinem Sportverein gab. Ich trainierte plötzlich mit Olympiasiegerinnen und Weltmeisterinnen. Ich bekam Bade- und Trainingsanzüge der DDR-Nationalmannschaft und eine Schwimmbrille von Speedo. Ich war auf dem richtigen Weg. Das Ziel hieß: Goldmedaille. Und ich trainierte mehr denn je. Vier Schwimmtrainingseinheiten täglich. Manchmal schwammen wir 25 Kilometer am Tag, dazu kamen Athletik- und Krafttraining. Ich hatte noch maximal zwei Schulstunden und oftmals nicht genug Zeit zum Essen. Schwimmen, Langläufe, Gewichte stemmen, schlafen. Tagein. Tagaus. Und nach jeder Trainingseinheit reichte mir mein Trainer einen kleinen Plastikbecher mit Vitamintabletten. Und einen Becher mit einer gelblichen Flüssigkeit, die, wie ich meinte, nach Vitaminen roch. Ich war 15 Jahre alt, niemals hätte ich mich gewagt, nach dem Inhalt zu fragen oder gar diese Anordnung meines Trainers infrage zu stellen. Mein Trainer war mein Idol. Er würde mich zum Erfolg führen. Meinen Traum von der Goldmedaille wahr werden lassen. Meine Hoffnung, dass man eines Tages die Hymne für mich spielen würde, erfüllen. Wer zweifelt an seinem Idol? Die DDR-Trainer, so auch meiner, waren sehr autoritär, ich könnte wohlwollend von Respektspersonen schreiben, Autokraten am Beckenrand kommt der Realität aber näher. Trainieren, Vitamine, zwei Stunden Unterricht, schlafen. Trainieren, Vitamine, zwei Stunden Unterricht, schlafen.

Und dann fragte mich mein Papa eines Tages, warum ich diese Pickel auf dem Dekolleté habe, und erklärte mir, dass ich bloß nicht dran rumdrücken soll. Ob und wenn ja, wie viele »leistungssteigernde Mittel« ich bis dahin verabreicht bekommen habe, weiß ich bis heute nicht. Es hieß immer nur: Vitamine. Das Thema Doping gab es gar nicht. Es ist mir während meiner Zeit als Mitglied der DDR-Nationalmannschaft niemals zu Ohren gekommen. Ein einziges Mal gab es das Gerücht, dass das Fernbleiben einer Schwimmerin aus meiner Trainingsgruppe bei einem wichtigen internationalen Wettkampf wohl weniger mit einer plötzlichen Erklärung als vielmehr mit einem positiven Dopingtest zu tun gehabt haben soll. Dieser war prophylaktisch vor dem Abflug zum Wettkampf durchgeführt worden. Da wir DDR-Sportler als »Diplomaten im Trainingsanzug« galten, wollte man keine negative Presse riskieren. Es durfte nichts geben, was es offiziell nicht gab. Ich entschied: Meine Pickel hatten etwas mit meiner Pubertät zu tun, und als mir ein paar Monate später mein erster Freund – ebenfalls ein Schwimmer – erklärte, wie das mit den Vitaminen funktioniert und mich ermutigte, meinen Trainer direkt darauf anzusprechen, wiegelte ich ab. Ich wusste intuitiv, dass mir dazu der Mut fehlen würde.

Mit 18 Jahren hörte ich auf zu schwimmen. Dieses Ende ist genauso schwer zu erklären wie meine anfängliche Leidenschaft ausgerechnet fürs Schwimmen. Ich verlor sage und schreibe über Nacht jeden Ehrgeiz. Die Schwimmerei und ich hatten uns ausgeliebt. Es war nichts mehr übrig vom Goldmedaillentraum, nichts wollte ich weniger, als mich weiter dafür zu quälen. Allein der Geruch von Chlorwasser ließ mich erschauern.

Nachdem ich meine Laufbahn offiziell beendet hatte, platzte ich aus allen Nähten. Mein Po wurde rund und runder, meine Brüste wollten nicht aufhören zu wachsen. Für ein Mädchen wie mich, welches bis zum 18. Geburtstag flach war wie ein Bügelbrett, fühlte sich diese explodierende Weiblichkeit an wie etwas Außerirdisches. Mein Körper hatte nichts mehr mit mir, Andrea, zu tun. Ich versteckte mich, versuchte, mich unsichtbar zu machen. Meine Schultern waren – ganz untypisch für eine Schwimmerin – nach vorn gezogen, damit mir niemand auf die Brüste starrte. Mein heiß geliebter Körper, der mir viele Jahre lang so treue Dienste geleistet hatte, und ich mussten uns erst wieder neu kennenlernen. Oder überhaupt kennenlernen. Bislang war alles an mir eher Werkzeug zum Erlangen eines großen Zieles gewesen. Der Traum von der olympischen Goldmedaille war in meinem Fall nicht in Stein, wohl aber in meine Bauchmuskulatur und die ranken, durchtrainierten Arme und Beine gemeißelt. Dass mein Körper, dass ich viel mehr bin als unermüdliches Trainieren, war mir neu.

Ich kann rasend schnell zunehmen, ich kann genauso schnell rappeldürr werden. Aber mich zu mögen, so wie ich bin, das hat lange Zeit gedauert. Dagegen sind vier Schwimmtrainingseinheiten am Tag wie ein Wellnessurlaub. So zu werden, wie ich gern sein möchte, ohne, dass mir jemand einen Trainingsplan und Vitamintabletten in die Hand drückt, war und ist der schwierigste Wettkampf in meinem Leben. Ich gewinne nicht jeden Tag die Goldmedaille. Aber immer springe ich voller Lust in das Schwimmbecken namens Leben. Jeden Tag höre ich die Hymne für mich. Und wenn sie kein anderer spielt, singe ich sie für mich selbst.

femme
féroce.

Von der Sowjetunion lernen, heißt siegen lernen
Banner an der Wand meiner Schwimmhalle,
Berlin-Hohenschönhausen

Sascha ist der einzige Mann in meinem Leben, der mich nackt sieht, ohne hinzuschauen.

Und er ist mit Sicherheit auch der Mann, der jeden einzelnen Zentimeter meines Körpers kennt, vor allem dessen Schwachstellen. Und davon gibt es reichlich. Sonst gäbe es Sascha nicht in meinem Leben. Sascha ist Masseur. Mein Masseur. Sascha ist der Luxus, den ich mir gönne. Was für andere Gucci, Prada, Markenuhren und teure Autos sind, ist für mich mein Masseur. Er kommt zu mir nach Hause. Er schleppt seine schwere Massageliege in den dritten Stock und verwandelt mein Schlafzimmer in eine Wellnessoase.

Ehrlicherweise schließen sich Wellness und Sascha definitiv aus. Saschas Heimat ist Russland. Dort lernte er das Massieren. Zuvor war er ein rebellischer Teenager, danach ein gehorsamer Soldat und später ein erfolgreicher Karatekämpfer. Ich vermute, dass Saschas Haut sehr hell ist, aber alles, was ich sehe, ist blau. Sascha ist ein wandelndes Tattoo. Muskeln und Tattoos. Und er hat das größte Herz, das ein Mensch haben kann. Zuzüglich jener russischen Seele, die in Gedichten und Romanen beschrieben und in Liedern besungen wird. Dabei lebt Sascha seit nunmehr 17 Jahren in Deutschland. Einige Tausend Kilometer entfernt von dem Ort, der ihn zu dem Mann machte, der er ist. Manchmal scheint es mir, dass Saschas Seele immer noch unterwegs ist. Sie geht zu Fuß. Oder es liegt daran, dass seine Mama dort noch lebt und auch nicht wegwill? Nicht nach Israel zum älteren Sohn. Und nicht nach Deutschland zu Sascha. »Mama bleibt zu Hause«, sagt Sascha auf Deutsch mit diesem wunderbaren russischen Akzent. Das »e« spricht er wie »ej«, die Vokale stets etwas zu lang, und dann dieses gerollte »r«. Köstlich. Wie Pelmeni (russische Teigtaschen, wahlweise süß gefüllt oder mit Gehacktem) und Borschtsch (eine Art Eintopf mit Rindfleisch) zusammen.

Nicht, dass ich mich beklage, Saschas Deutsch ist exzellent. Er kam als sogenannter »Kontingent-Jude« nach Deutschland und konnte außer »Hallo« (»Challo«) kein Wort. Er strandete irgendwo in Hessen, allein, seine jetzige Frau blieb in Russland, bis Sascha die Sache hier bei uns im Griff hatte. Im Griff seiner Massagehände. Aber zuerst nahm er jede Arbeit an und legte jeden Euro zur Seite. Er ernährte sich beinahe zwei Jahre lang ausschließlich von trockenem Brot mit Corned Beef aus der Dose. Sein einziger Luxus waren die allabendlichen Ferngespräche am Telefon mit der Frau, der er ein besseres Leben bieten wollte. Und die in Russland dafür betete und darauf wartete, dass Sascha erfolgreich sein würde. Für großes Gelächter sorgte Sascha bei seinen Mitbewohnern, als er im Brustton der Überzeugung verkündete: »Eines Tages werde ich in Frankfurt wohnen.«

Mittlerweile gehört Sascha schon fast zu meiner Familie. Mein Hund legt sich direkt neben die Massageliege, aus Saschas Musikbox spielt die immer gleiche Playlist, eine Mischung aus indischen Meditationsgesängen und Beruhigungsliedern ungeklärten Ursprungs. Damit ich nicht einschlafe, verwickle ich meinen Masseur in Gespräche. Ich quetsche ihn aus, während er das Gleiche mit meinen verspannten Muskeln macht.

»Au, Sascha, nicht so fest!«, schimpfe ich und ernte stets ein »Tschhh, ist gleich vorbei ...«.

Über Jahre hat sich Sascha einen festen Kundenkreis aufgebaut, der so etwas wie ein Querschnitt durch unsere – nennen wir sie – »gehobene Gesellschaft« sein könnte. Erfolgreiche Manager lassen sich von ihm die Schultern lockern, er arbeitet als Personal Coach mit Familien oder nimmt sich den schmerzenden Rücken einer Fernsehmoderatorin vor. Eine seiner Patientinnen ist eine hochbetagte Dame, die in ihrem Arbeitsleben eine sehr erfolgreiche Ärztin war. Selbst in den Wochen, in denen uns dieses Jahr durchwalkte wie tausend Saschas auf einmal, verzichtete die Frau nicht auf ihre Massagen.

»Ich war Ärztin«, erklärte sie Sascha, »ich kann einschätzen, was gut und was nicht gut für mich ist. Außerdem bin ich alt – ich will ja nicht ewig leben. Und bitte, nimm diese furchtbare Maske von deinem Mund, ich verstehe dich so schlecht, so kann ich mich nicht mit dir unterhalten.«

Und was erwidert mein Sascha, der Mann, der vor 17 Jahren mit nur einem einzigen deutschen Wort in der Tasche zu uns kam, der aussieht wie ein böser Bube und keiner Fliege etwas zuleide tun kann, der Krimis auf Deutsch liest und sowohl die *Tagesschau* als auch das *heute journal* schaut?

»Nein, werte Frau, ich nehme die Maske nicht ab. Nur durch meine Leiche.«

Ich wagte es weder beim ersten noch beim zweiten oder dritten Mal, denn natürlich sprach ich Sascha nur allzu gern immer wieder auf diese Anekdote an, ihn darauf hinzuweisen, dass es »Nur ÜBER meine Leiche« heißt. Irgendwann klärte ich ihn, so behutsam ich nur konnte, auf. Sascha lachte laut und antwortete: »Ach, ich weiß, aber bei uns in Russland kann man beides sagen.«

Danach sagte ich nichts mehr, ich biss die Zähne zusammen, weil sich Sascha diese Stelle neben meiner Wirbelsäule vornahm. Außer einem »Au!« hätte ich eh nichts rausbekommen.

Jetzt sind die guten alten Zeiten, nach denen wir uns in zehn Jahren zurücksehnen
Peter Ustinov

Erinnern Sie sich noch an die Zeit, als man nach der Uhrzeit fragte?

»Entschuldigen Sie, können Sie mir bitte sagen, wie spät es ist?«

Heute schauen wir aufs Handy. Unaufhörlich. Auch der Uhrzeit wegen.

Erinnern Sie sich noch daran, wie die Stewardess einem den Mantel abnahm, wenn man ein Flugzeug betrat? Es gab eine Garderobe im vorderen Flugzeugteil. Kinder durften während des Fluges die Piloten besuchen und sich von ihnen die vielen Knöpfe erklären lassen. Heute ist die Cockpittür durch einen Sicherheitscode verriegelt.

Erinnern Sie sich an das letzte Telegramm, welches Sie einst aufgaben? Am Telefon oder in der Post? Man konnte bei Glückwunschtelegrammen unter verschiedenen Motiven wählen. Der Text innen drinnen war irgendwie eingeklebt und kleingeschrieben. Oder groß? Ich habe es vergessen. Zu schade.

Menschen, die sich mit den Phänomenen der aktuellen Zeit beschäftigen, sagen, wir befänden uns seit geraumer Zeit in der »Selbstoptimierungsphase«. Was bedeutet das? Nun, dass wir ständig an uns rumbasteln, damit wir schöner, attraktiver, sexyer, noch sportlicher und dadurch erfolgreicher sind. Auch klüger? Ich bezweifle das, denn wäre auch das eines unserer Selbstoptimierungsziele, begriffen wir, dass wir uns ständig etwas vormachen. Den anderen übrigens auch. Und die sich auch. Der Antrieb, uns zu verbessern, kommt nicht selbstverständlich aus uns heraus, nein, dank der elektronischen Medien sind wir im Sekundentakt damit beschäftigt, uns zu vergleichen. DAS verursacht den Selbstoptimierungsdrang! Vor allem bei uns Frauen. Vergleichen, vergleichen, vergleichen! Wir sind regelrecht süchtig danach, uns ständig in Konkurrenz zu setzen – nicht mit echten Frauen im echten Leben, nein, mit Hochglanzkatalogen und bearbeiteten Bildern im Internet.

Erinnern Sie sich noch an die Zeit, als Poster in unseren Kinderzimmern hingen – bei mir waren es die Schwimmstars Mark Spitz, Roland Matthes und Kornelia Ender – von Idolen, die man bewunderte, weil sie etwas konnten, was man selbst (noch) nicht konnte? Aber weil man so sein wollte wie sie, plagte man sich, strengte sich an, mühte sich ab. Schwimmen sah ich meine Stars bestenfalls einmal im Jahr im Fernsehen bei großen Meisterschaften. Ich konnte nicht so aussehen wie sie, ich wusste nicht, welche Wimperntusche Kornelia Ender verwendete. Es war auch nicht wichtig. Ich musste, wenn ich so SEIN wollte wie sie, nur eines: schwimmen. Jeden Tag. Viele Kilometer.

Auch heute orientiere ich mich lieber an Menschen, die mich durch ihr Können beeindrucken und nicht durch ihr Aussehen. Manche davon sind sehr populär. Andere wiederum agieren im Hintergrund. Keines meiner Idole ist ein Star der Neuen Medien wegen, sondern in den Neuen Medien erfolgreich, weil sie/er ein Star ist. Alle verbindet eines: Haltung.

Es wird mir niemals gelingen, so auszusehen wie Kim Kardashian, aber ich finde es großartig, dass ich zu der Generation gehöre, die sowohl die Langsamkeit von damals als auch Lichtgeschwindigkeit von heute zu schätzen weiß. Es dauerte, bis aus unseren Familienurlauben Diaabende wurden. Erst musste fotografiert und dann der Film zum Entwickeln gebracht werden. Anschließend wurden die Negative zugeschnitten und gerahmt, bevor sie endlich in den Diaprojektor gesteckt werden konnten. Meine Eltern ließen sich Zeit. Zappelte ich rum, ermahnte mich mein Vater: »Wer es eilig hat, muss langsam machen.«

Heute stehe ich in Haifa am Strand, fotografiere mich und verschicke eine Sekunde später mein Foto via WhatsApp. Ich mache dabei keinen Schmollmund, ich verdrehe auch nicht mein Bein merkwürdig, damit es länger aussieht, ich trage keine gesponserten Sachen, ich bin kein Instagramstar, ich bin einfach nur ich. Meine Freunde mögen mich trotzdem. Und ich verschicke Ansichtskarten aus den Städten, in denen ich mich aufhalte. Auch etwas, was ich mir nicht abgewöhnt habe, sondern in dieser Welt der schnellen Kurznachrichten zelebriere. Gelegentlich ist es gar nicht so einfach, Briefmarken zu ergattern. Und erst recht nicht, einen Briefkasten zu finden. Aber die Freude der Freunde, wenn sie mein bunter Kartengruß erreicht, ist jede Mühe wert. Ich hebe alle Postkarten auf, die ich geschickt bekomme. Ob sich in zehn Jahren noch jemand die Twitter-Tweets von heute durchliest?

Kürzlich bekam ich einen Brief aus Luxemburg. Handgeschrieben, mit einer echten Briefmarke auf dem Umschlag. Ich war noch nie in Luxemburg. Ich weiß auch nicht, ob ich da jemals hinkomme. Ich gehöre zu denen, die sich, auch wenn sie nicht zu Hause sind, gern zu Hause fühlen. Weswegen ich stets an denselben Ort zurückkehre. Als sei ich von gestern. Oder als wäre ich meine Eltern. Die verbrachten jahrelang die deutschen Winter am sonnigen Mittelmeer, nicht nur im gleichen Hotel, nein, es war ihr größtes Glück, auch im immer selben Zimmer zu wohnen, jenem mit dem Balkon und dem wunderschönen Blick aufs Meer, ein bisschen abgelegen, aber nicht zu weit entfernt vom Aufzug.

In der neuen, jetzigen Zeit, in der alles so schnell und unübersichtlich ist oder wird oder beides, schätzen wir die Momente, in denen wir innehalten und Profis sein können, weil wir uns auskennen, mehr denn je. Vielleicht ist das einer der Gründe dafür, dass die Datsche ein Riesen-Comeback erlebt. Nur Menschen, die wie ich aus der ehemaligen DDR stammen, nennen die Datsche »Datsche« oder sehr russisch »Datscha«. Offiziell heißt sie natürlich »Laube«, und deren Bewohner »Laubenpieper«. Junge Familien oder solche, die es werden wollen, zieht es hinaus in die Kleingartenkolonien vor den Toren der Städte. Es gibt lange Wartelisten für eine Datsche, die ist nämlich so sehr von gestern, dass sie entweder vererbt oder per Warteliste weitergereicht wird. Gelingt es einem tatsächlich, ein winziges Grundstück mit Laube darauf zu ergattern, ist das wie der Sechser im Lotto. Ein Buddelkasten für die Kinder, Mama näht die Gardinen für das kleine Küchenfenster selbst, Papa legt Hochbeete an und macht sich schlau in Sachen Dünger und dem Rückschnitt von uralten Obstbäumen. Dass die Stadtautobahn deutlich hörbar und im Winter sogar sichtbar ist, stört die glücklichen Laubenpieper wenig, sie nutzen jede freie Minute, um ihr kleines Glück zu genießen. Denn auch ein kleines Glück wird einmal groß. Mich begeistert die neue deutsche Datschen-Welle außerordentlich. Wer mit seinen Händen schafft, wer an der frischen Luft arbeitet, wer sein Mobiltelefon weglegt, um zu Harke und Spaten zu greifen, der bekommt rote Wangen, gute Laune, Appetit auf Butterbrote und definitiv kein Burn-out. Die Datsche ist der beste Beweis dafür, dass sich Gestern und Heute nicht ausschließen müssen. Denn wo findet man die schönsten Schnappschüsse von Lauben, Gartenfesten und romantischen Holzbänken unter Apfelbäumen? In den sozialen Medien. Sie sind Fotoalbum und Do-it-yourself-Anregung zugleich. Gegen ein bisschen Kleingarten-Nabelschau ist wirklich nichts einzuwenden.

Wohl dem, der eine Laube hat. Wohl dem, der seine Familie und Freunde zu selbst gemachter Waldmeisterbowle beim Tanz in den Mai auf dem eigenen Rasen einladen kann. Manchmal ist man so weit hinten, dass man schon wieder vorn ist.

אנדראה קיוול
מתחילה
כל הכבוד!
ANDREA KIEWEL
Successfully completed the BEGINNERS
level Hebrew course

Bei der Stille kann man keinen klaren Gedanken fassen

Sarah Stricker

Mein Leben verläuft nun schon viel zu lange in viel zu geordneten Bahnen. Beispiel? Morgens begleite ich den Hund beim Weglaufen. Aber seit ich Käsewürfel dabeihabe, kommt er routiniert zurück, wenn ich ihn rufe. Spießer.

Auf dem Main dümpeln große Lastkähne – mit der Strömung. Langweilig.

Die Bäume, Wiesen und Felder sind so saftig grün, dass mir der Appetit vergeht.

Von neun bis elf habe ich Hebräisch-Unterricht. In meiner Fantasie stehe ich vor einer israelischen Fernsehkamera und erzähle einer Muttersprachlerin gleich in fließendem Hebräisch von Ereignissen, die es gar nicht gibt. Seit ich regelmäßig meine Hausaufgaben mache und brav Vokabeln und Grammatik lerne, ist es offiziell: Ich bin eine Streberin. Ich trenne den Müll, ich öle die Kette meines Fahrrads, ich gehe zu Fuß. Gutmensch.

Nicht mal in meiner Show verliere ich die Fassung, obwohl mich das coronabedingte Fernbleiben meiner sechstausend Zuschauer vor Ort unendlich gruselt. Aber meine Kolleginnen und Kollegen sind so aufmerksam und gut vorbereitet, dass es keine Sekunde gibt, in der ich mich gedanklich verabschieden kann, ich werde auf Händen (bildlich gesprochen) getragen. Vor, während und nach der Show. Betreutes Arbeiten.

Nachmittags renne ich. Abends lerne ich. Nachts schlafe ich. Geht's noch?

Ich kann mich nicht mehr daran erinnern, wann ich zum letzten Mal auf einer Tanzfläche meine Schuhe verloren habe. Aktuell tanze ich barfuß – durch meine Wohnung. Wie eintönig.

Ich bewundere Menschen, denen Routine Halt gibt. Mich beunruhigt sie. Ich brauche das ganze Orchester, nicht den Sologeiger. Ich liebe hohe Wellen, große Gefühle und knallbunte Anfänge. Wenn etwas passiert, mit dem ich nicht gerechnet habe. Auch nicht geplant oder gar herbeigesehnt. Einfach so ist er da, der Anfang von etwas, von dem ich nicht weiß, wohin die Reise geht. Aber ich nehme meinen Koffer und mein Herz in die Hand und laufe los. Die einzige Routine meines Lebens ist, keine zu haben. Und womöglich mein Aberglaube. Er gibt mir unerklärlicherweise Halt, stabilisiert mein Ungleichgewicht, diszipliniert meine nur wage vorhandene Impulskontrolle. Ich lege weder meine Füße auf den Tisch, noch laufe ich unter aufgestellten Leitern hindurch. Das bringt Unglück. Geht etwas schief in meinem Leben, stand garantiert irgendwo eine Leiter oder es war Freitag, der 13.! Von klein auf bläute mir mein Vater ein, dass aus Handtaschen, die auf dem Fußboden abgestellt werden, das Geld davonläuft. Ich hatte nur meinen Schulranzen und kein Geld, aber schon damals beherzigte ich Papas Rat. Ich klopfe mehrmals täglich dreimal auf Holz, spucke vor großen Auftritten Kollegen über die linke Schulter und bedanke mich nicht, wenn mir jemand Glück wünscht. Sonst bringt es kein Glück. Abergläubisch zu sein ist die einzige Regel in meinem Leben, die ich ohne Wenn und Aber befolge. Manchmal gebe ich mich meinen Träumen hin und stelle mir vor, ich wäre ein Mensch mit einem von neun bis siebzehn Uhr geregelten Tagesablauf. Diese Träume sind stets nur von sehr kurzer Dauer. Bei mir ist alles anders. Der Montag ist mein Sonntag. Ich ziehe gern um. Ich begebe mich gern auf Reisen ohne Ziel. Unterwegs zu sein, ist mein Ankommen. Für Züge auf eingefahrenen Gleisen löse ich kein Ticket. Ich bin gewiss nicht haltlos, aber mit Sicherheit rastlos.

Wir schreiben das Jahr 2020 und ich frage mich, ob ich mein Leben von 2019 zurückhaben möchte? Aber dann wüsste ich schon alles über mich, ich wäre ganz die Alte, was andererseits eine neue Erfahrung sein könnte.

Ich höre laut Musik. Die Nachbarn klopfen und bitten um Ruhe. Es ist halb acht Uhr abends. Sie stehen mit Hausschuhen vor meiner Tür. Ich habe gar keine Hausschuhe, aber High Heels, die mich tagtäglich fragend angucken. Meine Freunde erschrecken mich mit dem Bekenntnis, dass sie schon abends den Frühstückstisch für den nächsten Morgen decken. Was, wenn die Nacht niemals endet? Was, wenn der Plan nicht aufgeht?

Just you, the ocean and me
Atticus

Das Wasser und ich lieben uns nun schon ein Leben lang. Zuerst wusste ich nichts mit ihm anzufangen. Es war einfach da. Ich verliebte mich in seine Selbstverständlichkeit. Später kam ein Talentscout in unsere Schule und interessierte sich für große, dünne Kinder. Kinder wie ich eines war. Er fragte, ob ich schwimmen kann. Ich sagte »Ja«. Das war gelogen. Aber ich lernte es binnen Sekunden. Das war der Beweis: Das Wasser liebte mich auch.

Und es liebt mich immer noch, denn jedes Schwimmbecken scheint mich zu rufen: »Andrea, komm her, ziehe ein paar Bahnen, es wird dir guttun …«

Jedes Meer winkt mir zu. Ich liege nie am Strand. Ich bin immer im Wasser. Ich bade nicht. Ich schwimme. Schnell. Ich versuche, ein Delfin zu sein. Elegant, mit Hüftschwung, lächelnd. Ich dachte immer: Dafür ist das Wasser gemacht, um sich schnell darin zu bewegen. Je weniger Zeit ich für einhundert Meter benötige, umso besser ist es.

Ein Freund lehrt mich eines Besseren. Schon auf dem Weg zum Meer wird er langsamer als gewöhnlich. Und einsilbiger. Es ist, als würde er sich aufsparen. Aber wofür?

Der Freund taucht. Ohne Sauerstoffflasche. »Freediving« heißt seine große Liebe. Er kann minutenlang in 15 Metern Tiefe auf dem Meeresgrund sitzen und mit dem Ozean verschmelzen. Er hält die Luft an, und das Meer hält ihn. »Freediving«, auch bekannt als »Apnoetauchen«, ist eine Geisteshaltung. Man fährt alle Körperfunktionen herunter, um so wenig Sauerstoff wie möglich zu verbrauchen. Man verlangsamt sich – im wahrsten Sinne des Wortes.

Während ich mit schnellen Flossenschlägen versuche, auf den Meeresgrund zu gelangen, schwebt der Freund wie in Zeitlupe in die Tiefe. Alles ist reduziert: seine Bewegungen, seine Atmung, seine Gedanken. Als wolle er sich auflösen. Eins werden mit den Fischschwärmen und Schildkröten und Korallen. Der perfekte Unterwassermensch.

Ich bin mir nicht sicher, ob ich das jemals lernen werde. Mich auf ein Minimum zu reduzieren, fällt mir schwer. Wenn ich laufe, wackelt mein Po. Wenn ich schwimme, schlagen meine Beine. Wenn ich zum Meeresgrund sinke, rattert das Gedankenkarussell – und schon geht mir die Luft aus, was mich zur ungeeignetsten Apnoetaucherin der Welt macht. Andererseits: Ist es nicht herrlich, dass mich meine große Liebe, das Wasser, immer wieder überrascht und herausfordert? Es hält unsere Beziehung frisch. Wir lieben uns – wie am ersten Tag.

Mit der eigenen Elle kann man nicht die ganze Welt messen
Jüdisches Sprichwort

Mit den Rettungsschwimmern und mir ist das so eine Sache. Ich bewundere sie – und fürchte sie zugleich.

Zum einen, weil ich selbst am Strand auf Usedom für Sicherheit und Ordnung gesorgt habe, zum anderen, weil mich nichts mehr beeindruckt als durchtrainierte Frauen und Männer, die scheinbar teilnahmslos am Beckenrand entlangschlendern, die sich augenscheinlich für nichts interessieren, und dann springt eine Horde Siebenjähriger quer vom Beckenrand ins Wasser und – zack! – ist die Rettungsschwimmerin im »Boss-Modus« und macht eine klare Ansage: »So nicht, liebe Freunde! Noch einmal und ihr könnt nach Hause gehen!«

Noch nie habe ich erlebt, dass sich jemand mutwillig der Anordnung eines Rettungsschwimmers widersetzt, weder am Strand noch im Freibad. Und schon gar nicht in Tel Aviv. Die Durchsagen der Männer auf den unzähligen Rettungstürmchen am Strand klingen so barsch, dass ich sie auch kapiere, ohne zu verstehen, was sie befehlen. Sie brüllen auf Hebräisch, Russisch, Arabisch und Französisch in die Mikrofone, deren angeschlossene Lautsprecher das komplette Mittelmeer zu beschallen scheinen. Was immer die Rettungsschwimmer auch entscheiden, ich bleibe den winzigen Wellen im knietiefen Wasser fern, womöglich gibt es geheime Strömungen unter der Oberfläche, von denen nur die besorgten Männer in den israelischen Baywatch-T-Shirts wissen. Ich glaube, auf deren gebrülltes »Dawai, dawai!« gibt es keine andere Antwort als die bedingungslose Kapitulation am Meeresstrand.

Und auch am Beckenrand. Nur, dass die Rettungsschwimmer hier etwas diskreter agieren, schließlich wird im Schwimmbecken ja auch trainiert und nicht gespielt oder geplanscht.

Meine einst akribisch trainierte Freistiltechnik muss schuld daran sein, dass Rettungsschwimmer Ben mir anerkennend zunickt.

»Bist du Schwimmerin?«

Ich erkläre ihm, dass ich für einen Triathlon trainiere, der in meiner Fernsehshow ausgetragen wird, live und vor vielen TV-Kameras, und dass diese Show meine Show ist und ich mich deswegen auf keinen Fall blamieren will, darf, werde ...

Wir geraten ins Plaudern. Ben erzählt, dass er gerade seinen dreijährigen Armeedienst beendet hat. Bei den Seestreitkräften war er, weswegen er auch ein guter Schwimmer ist. Ich habe keinen Zweifel, sein Körper gleicht dem eines Schwimmolympiasiegers. Sixpack, breites Schwimmerkreuz, muskulöse Schultern, lange Arme, lange Beine und diese Muskeln im Lendenbereich, die man nur sieht, wenn Fett für den Körper ein Fremdwort ist.

Ben erzählt mir auch, dass die Soldaten ein sogenanntes »dog tag« um den Hals tragen, eine Erkennungsmarke an einer Kette, auf der Name und Personalnummer eingestanzt sind. Und dass man die Ecken des Kettenanhängers abbricht und sich während eines Einsatzes oder einer Mission jeweils links und rechts in den Stiefel steckt.

»Warum?«, will ich wissen.

»Damit einzelne Gliedmaßen, falls sie im Gefecht vom Körper des Soldaten abgetrennt werden, ihm oder aber seinen sterblichen Überresten zugeordnet werden können«, erklärt mir Ben seelenruhig, ohne dabei das Schwimmbecken aus den Augen zu lassen.

Ich wusste es schon zuvor: Die israelischen Rettungsschwimmer sind aus einem ganz besonderen Holz geschnitzt. Wenn sie dich bei gekräuselter Wasseroberfläche nicht ins Meer lassen, nimm es genügsam hin. Sie werden ihre Gründe dafür haben. Und wenn nicht, ist es auch ein Grund.

Ich springe noch einmal vom Startblock der Bahn für Schnellschwimmer, denn in meinem Lieblingsschwimmbecken in Tel Aviv sind die Bahnen nach Geschwindigkeit unterteilt. Langsam, mittel, schnell. An der Wahl der jeweiligen Schwimmbahn erkennt man sehr deutlich den Unterschied zwischen Selbstwahrnehmung und Fremdwahrnehmung. Keine Israelin, kein Israeli wird sich jemals aus freien Stücken für die langsame Bahn entscheiden. Alle sind mindestens mittelschnell. Am Anfang wies ich die lahmen Enten freundlich darauf hin, doch bitte eine andere Schwimmbahn zu benutzen, dann pöbelte ich, beschwerte mich beim Rettungsschwimmer – und resignierte. Noch größer als der Stolz, Israeli zu sein, ist das eigene Ego.

Also schwimme ich ganz früh. Beinahe noch vor Sonnenaufgang und bin dennoch nicht allein im Becken. Israel ist ein sportliches Land. Bis ins hohe Alter wird gejoggt, Fahrrad gefahren, gewalkt, geschwommen oder Matkot gespielt. Das ist diese Art Strandtennis mit zwei Holzschlägern, etwas größer als Tischtenniskellen, und einem Hartgummiball. Das typische Matkotgeräusch kennt jeder, der schon mal in Tel Aviv war: »Klock, klock, klock«. Nur scheinen die israelischen Matkotspieler zum Ziel zu haben, ihr Gegenüber mit dem Ball zu durchlöchern. Anders kann ich mir die Wucht und den Einsatz, mit dem sie auf den Ball einschlagen, nicht erklären.

Israel bewegt sich. Von sehr früh morgens bis tief in die Nacht. Es ist ein wahrer Augenschmaus, die schönen Frauen und Männer in der Dunkelheit bei Flutlicht am Strand zu beobachten, wenn sie beim Beachvolleyball oder Beachsoccer ihre athletischen Körper bewegen.

»Das kommt vom Armeedienst«, erklären mir Freunde. Wer einmal in Form war, will nie wieder unförmig sein.

Ich schwimme. Und lache unter Wasser über die Dame, die ich zum hundertsten Mal überhole, und die auch schon in der morgendlichen Dämmerung nicht nur einen Neoprenanzug trägt, der Arme und Beine bedeckt, sondern auch Handschuhe und lichtdichte weiße Creme fürs Gesicht benutzt, damit nicht der kleinste Sonnenstrahl ihrer Haut etwas anhaben kann. Natürlich schwimmt sie auf der Schnellschwimmerbahn, obwohl sie vor Langsamkeit beinahe untergeht. Mein fragender Blick zu Ben, dem Rettungsschwimmer am Beckenrand, findet keine Beachtung. Ich stoße mich von der Beckenwand ab. Einatmen, drei Armzüge, dabei unter Wasser ausatmen, wieder einatmen. Ich rege mich nicht mehr auf. Dazu bin ich mittlerweile viel zu israelisch. Ich überhole und schwimme Kurven. Mit Kurven kenne ich mich aus.

Freiheit ist immer Freiheit der Andersdenkenden
Rosa Luxemburg

Eine wie ich genügt, um eine komplette Gesellschaftsidee zu boykottieren.

Man packe mich zwischen zweihundert Frauen und Männer, alte und junge, Paare, Singles, Eltern und Großeltern, die eine Idee vereint, und ich werde es sein, die alles infrage stellt.

Ich bin nicht sozial sperrig. Ich bin aber auch nicht massenkompatibel. Vor allem bin ich eines nicht: sozialismus- oder gar kommunismustauglich.

Der Kibbuz »Ne'ot Semadar« liegt ganz im Süden Israels, in der Arava-Wüste, die aussieht, als könne man hier alle Filme drehen, in denen Marslandschaften vorkommen. Zumindest im Winter. Im Sommer glüht die Arava.

Genau hier hat sich eine Gruppe Menschen zusammengefunden, um in einem Kibbuz ihre Lebensideale zu teilen. Teilen ist eine gute Idee. Teilen ist das neue Haben. Und die, die sich einordnen können, sind zugleich die Bestimmer. Niemand sticht hervor, alles wird gemeinschaftlich beschlossen, verhandelt, durchgeführt und zu Ende gebracht. Per Handzeichen wird in »Ne'ot Semadar« entschieden. Alle gemeinsam. Alle füreinander. Jeder will nur so viel, wie er braucht. Jeder sorgt sich um das Wohl des anderen mindestens so sehr wie um das eigene.

Fällt Ihnen was auf, liebe Leserinnen und Leser? Ja, ich machte eine Zeitreise. Ich war noch mal in der DDR, die, gäbe es sie noch, womöglich heute so funktionieren würde. Sie ist an uns gescheitert, die DDR. An uns Menschen. Und an der Diktatur des

Proletariats. Die das Gegenteil von Demokratie ist. Denn wenn es einen Einzelnen oder eine Gruppe von Personen mit weitreichender bis unbeschränkter Macht braucht, ist eine Gesellschaft, sind deren Bewohner nicht frei in ihren Entscheidungen.

Bevor ich einige Tage in »Ne'ot Semadar« verbrachte, um herauszufinden, wie wenig sozialismustauglich ich bin, besuchte ich den allerersten Kibbuz Israels. Er heißt »Degania Alef« und wurde im Jahr 1910 von Einwanderern aus Weißrussland gegründet. 110 Jahre ist die Idee von größtmöglicher Gleichheit, gemeinsamem Besitz und basisdemokratischen Entscheidungen nun schon alt. Kein Auto, kein Kühlschrank, kein Fernseher, kein Privatjet hält so lange. Inzwischen hat sich das Lebensgefühl im Kibbuz »Degania A« verändert, so wie damals auf dem Campingplatz meiner Eltern im Süden von Berlin. Am Anfang waren wir alle gleich. Zelt, Campingstühle, grillen mit den Nachbarn, gemeinsame Sommerfeste mit von der Feuerwehr genehmigtem Feuerwerk. Gab es etwas zu entscheiden, ob etwa beispielsweise eine Duschanlage gebaut werden soll, wurden alle befragt. Das Abstimmungsergebnis lautete »Nein« – also gab es keine Dusche, stattdessen wurde das Wasser weiterhin an der Campingplatzpumpe in Kanister abgefüllt. Dann hielten die ersten Wohnwagen Einzug auf dem arglosen Campingplatz meiner Eltern. Als diese dann von noch moderneren Campingmobilen verdrängt wurden, war das das Ende von Friede, Freude, Eierkuchen. Ich war damals zwar noch ein Kind und vor allem mit mir selbst beschäftigt, aber ich bekam sehr wohl mit, wie auf einmal getuschelt und gelästert wurde, man anfing, einigen Campingplatzbewohnern aus dem Weg zu gehen, und sich kleine Grüppchen bildeten.

Funktioniert Gleichheit tatsächlich nur, wenn alle gleich sind? Trennt das Wohnmobil eines Einzelnen die bis dahin glücklich miteinander campenden Menschen von Zelt und Grill? Ist man nur so lange zufrieden mit sich und den anderen, solange alle gleich wenig haben? Stirbt die Idee der Gemeinsamkeit mit wachsendem Wohlstand und dem Ausleben individueller Interessen?

Im Kibbuz »Ne'ot Semadar« ist es unglaublich still. Das ist mir in Erinnerung geblieben. Und mit still meine ich, dass wenig gesprochen wird. Kein lautes Lachen, kein Kindergeschrei auf dem Spielplatz, kein Autogehupe auf der Kibbuzstraße. Kein Gestikulieren, kein Hantieren. Alle Häuser sehen gleich aus. Deren Bewohner auch. Ich kann nicht einschätzen, ob die Menschen dort ein glückliches Leben leben, ich hätte gern gefragt, sorgte mich jedoch, deren Stille zu stören. Aber sonnig ist es. Wüstensonnig.

Natürlich gefällt mir die Idee vom Teilen, vom Sichreduzieren, von einem größeren Gemeinschaftssinn und weniger Ungerechtigkeit.

Ich wünschte, ich könnte so sein. Ein Paar Shorts, drei T-Shirts, keine Wimperntusche oder andere Eitelkeiten. Die pure Andrea. Mir selbst genug sein. Ich wünschte, ich könnte im kleinen Kibbuz-Café arbeiten, ohne mich zu wundern, warum es drei junge Frauen braucht, um einen Espresso zuzubereiten. Ich bin anders. Ich würde sofort anfangen, die Zügel in die Hand nehmen zu wollen. Das Café zu optimieren. Ich würde Chefin sein wollen. So bin ich. Verzeihung, Kommunismus.

אה
בה

Ich denke an nichts, wenn ich male, ich sehe Farben
Paul Cézanne

Von allen Gerüchen in Tel Aviv ist mir der auf dem Rothschild-Boulevard am liebsten. Der Rothschild-Boulevard riecht nach Grün. Oder anders ausgedrückt: Wäre die Farbe Grün ein Geruch, röche sie nach der Magistrale, die einmal quer durch die weiße Stadt am Meer führt.

Niemand teilt meine Leidenschaft für das Rothschild-Grün. Meine Freunde mögen den Boulevard auch, aber dass es da gut riecht? Also wirklich! Gut riecht es am Strand. Am Mittelmeer.

Mich erstaunt es, wie sehr die Menschen eines Landes ihre Herkunft oder ihre »vererbte« Herkunft, das kollektive Gedächtnis vieler Generationen einer Familie, im Herzen behalten, ganz gleich, wie weit sie vom Ursprungsort entfernt sind. Davon mal abgesehen, dass viele meiner Freundinnen und Freunde Hebräisch mit diesen herrlich kehligen Gurgellauten sprechen, die aus tiefster Seele zu kommen scheinen, sind sie auch, anders als ich, absolut hitzebeständig mit einem Hang zum Frösteln statt zum Schwitzen. Es muss an der Heimat ihrer Eltern liegen. Marokko, Ägypten, Jemen, Irak. Wessen Großeltern oder Eltern einst aus diesen Ländern nach Israel kamen, der springt auch nicht bei 35 Grad im Schatten und 28 Grad Wassertemperatur ins Mittelmeer. Viel zu kalt.

»Andreja, sei nicht so russisch!«, belächeln mich meine Freunde, die meinen Namen aussprechen, als sei er ein Sahnetörtchen. »Russisch sein« ist weder gehässig noch abwertend gemeint, »russisch sein« beschreibt in Israel eher die Fähigkeit, den

November zum Schwimmen im Meer nicht zu kalt zu finden und spätestens im März wieder anbaden zu wollen. Für Netta, Oded, Nir, Boaz, Ori und Rona bin ich eine Russin, die sich im Eisbaden trainiert. Sie schwören Stein und Bein, dass Ostberlin in Sibirien liegen muss.

Israel ist meine Heimat geworden. Und: Israel ist meine Entscheidung. Gegen Pünktlichkeit, Ordnung und Bequemlichkeit. Für ein Lebensgefühl, welches unauslöschlich in meinem Herzen verwurzelt ist. Israel erinnert mich an die DDR. Jeden Tag. In guten und schlechten Zeiten. Wir sind wie ein altes Liebespaar, welches erst vor Kurzem zusammengekommen ist. Seit ich in Tel Aviv lebe, befinde ich mich in den Flitterwochen. Einige Jahre nun schon.

Die meisten Sommer meiner Kindheit verbrachte ich auf der Ostseeinsel Usedom. Meine Erinnerungen reichen zurück bis in die Siebzigerjahre, als mein Vater immer mittwochs wahnsinnig früh aufstand, zum etwas entfernten Kiosk lief, um sich in die Schlange der auf *Troll* und *Der Eulenspiegel* Wartenden einzureihen. Selten, ganz selten, ergatterte er auch noch eine *FF dabei* – in Momenten wie diesen war der Urlaub für meinen Papa perfekt. Strandkorb, rare Magazine, Wochenzeitungen, Rätsel und das DDR-Fernsehprogramm, obwohl es weder im Strandkorb noch im Ferienheim einen Fernseher gab – wer brauchte da die Südsee, Haifa oder Ibiza?

Ich brauche Tel Aviv. Auch der älteren Männer wegen, die mich an meinen jungen Vater erinnern. Sie sitzen in der größten Mittagshitze auf einer Parkbank und lesen Zeitung. War diese so schwer zu ergattern wie die Lektüre meines Papas damals? Zum ersten Mal in meinem Leben bin ich angekommen. Und im Gegensatz zu sonst erschreckt es mich nicht. Ich mache halt an einem Ort, an dem es von Menschen wimmelt, die von sehr weit herkommen. Marokko, Ägypten, Jemen, Russland. Und aus Ostberlin. Ich bin die Frau, die nicht nach Israel suchte und es trotzdem fand. Die auf Usedom heimlich Motorrad fahren lernte und als Rettungsschwimmerin arbeitete. Und die jetzt im israelischen Winter, der für mich wie ein deutscher Frühsommer ist, ins Mittelmeer hüpft und großmütig die spöttischen Kommentare all der Freunde, deren Familien eben nicht aus dem Osten, sondern aus dem Süden dieser Welt kamen, überhört. In Israel kann ich sein, wie ich bin. Auch russisch.

Tel Aviv ya habibi Tel Aviv
Lied von Omer Adam

In Israel liegt das Glück auf der Straße, denn man kann alles auf selbiger kaufen. Obst, Gemüse, Teppiche, Autos, Lampen, Fische, Fleisch, Bücher, Bekleidung, Besteck, Liebe. Ich kaufte mir zwei Betten. Eines für mich und eines für Gäste. Der Reihe nach.

Die Matratzen erstand ich zuerst. In einem richtigen Laden. Mit Tür, Neonlicht, Verkäuferin und Probeliegen. Ich entschied mich für das Modell »Rio«, welches so heißt, weil es für die Olympischen Spiele in Rio de Janeiro 2016 entwickelt worden war. Also für die Betten der israelischen Sportler im olympischen Dorf. Klingt irgendwie absurd. Womöglich habe ich die Verkäuferin falsch verstanden, mochte die Matratze aber und bezahlte umgerechnet sündhaft teure achthundert Euro, weswegen das Budget für die dazugehörenden Bettgestelle nur noch recht klein war. Es reichte gerade noch für eine sogenannte »Base«-Basis. Experten würden von einem Lattenrost auf fünf Beinen (vier an den Ecken, eines in der Mitte) sprechen, hinter vorgehaltener Hand raune ich Ihnen, verehrte Leserinnen und Leser, zu: Ich kaufte Sperrholz im Kostüm eines Bettgestells und fühlte mich nicht schuldig, weil ich wusste, dass meine Mama, käme sie mal zu Besuch, sowieso ein Hotel meiner Wohnung vorziehen würde. Sie hält meine »Liederlichkeit« nicht aus, worüber noch zu berichten sein wird.

DIE Straße für Dinge wie Sperrholzlattenroste in Tel Aviv ist die Florentin Street, und nein, der Name hält nicht, was er verspricht. »Florentin« klingt pompös, ist aber müllig, schäbig, laut und, wenn es regnet, sehr unansehnlich. Es regnete natürlich. Es goss. Ich stürmte in eine offene Garage voller Sperrmüll, um mich ein paar Minuten unterzustellen, und erkannte im schummrigen Halbdunkel: Ich war geradewegs im Bettgestellgeschäft angekommen. Es wurde gehandelt, gestikuliert, lamentiert, gefuchtelt, geklagt und schließlich gekauft. Der Verkäufer – mit Zigarettenstummel im Mundwinkel und Handy am Ohr, mehr Klischee geht gar nicht – nahm mein ganzes Bargeld und verschwand. Der Garagenladen war leer, mein Portemonnaie war leer, ich war es auch. Nur mein Kopf füllte sich mit unschönen Gedanken. Was, wenn der Mann nie wiederkommt? Wie würde ich ihn der Polizei, von der ich nicht wusste, wie man sie rufen kann, beschreiben? Außer der Zigarette im Mundwinkel hatte ich mir nichts gemerkt. Warum tappe ich in eine Touristenfalle, ohne Touristin zu sein?

15 Minuten später hielt ein Lieferwagen mitten auf der Straße. Er brachte für zehn Minuten den gesamten Verkehr zum Erliegen, denn so lange brauchten der Verkäufer, der immer noch mein Bündel Geldscheine in der Hand hielt, und ich, um meine Bettgestelle auf die Ladefläche des Autos zu verfrachten. Es gab keinen Helfer oder Möbelpacker. Meine Bettgestelle brauchten mich. Ohne mich keine Bettgestelle.

Letztendlich saß ich auf dem Beifahrersitz des Lieferwagens, der Bettgestellverkäufer strahlte mich an und ich lotste ihn wild gestikulierend, lamentierend, fuchtelnd und schreiend durch den abendlichen Berufsverkehr Tel Avivs zu meiner Wohnung. Und nun nahm die Geschichte einen sehr unschönen Verlauf, denn nachdem der Verkäufer checkte, dass der Aufzug zu klein und der fünfte Stock zu hoch für meine Bettgestelle waren, verabschiedete

Die Gefühle haben Schweigepflicht
Song von Andrea Berg

Was macht die Schmetterlinge im Bauch eigentlich flatterhafter? Die Sehnsucht nach der/dem Liebsten oder das Wiedersehen? Und in was sind wir mehr verliebt? In den Anfang einer neuen Beziehung oder in die Gewissheit, eine Beziehung zu haben?

Ich, Andrea, mag den Zauber, wenn etwas Neues beginnt, ganz egal, ob Liebe, Beziehung, Freundschaft, Job, Wohnung. Andere wiederum lieben die Routine, das Sichauskennen im eigenen Leben. Flatterhaft meets solide? So einfach ist das nicht zu sagen, denn wären wir alle gleich, wären wir alle gleich langweilig, oder, liebe Leserinnen und Leser?

Sagen wir mal so: Ich liebe Überraschungen. Meistens ist es ja so: Paare verlieben sich, heiraten, gründen eine Familie – und irgendwann ist die Luft raus. Meistens wird dann aus dem Zauber des Anfangs der Spuk des Endes. Wie oft reden Ex-Frau und Ex-Mann nicht mal mehr miteinander, führen Kämpfe, schlagen Schlachten, und am Ende stehen alle Beteiligten als Verlierer da.

Ich habe Freunde, die mich mit dem krassesten aller Gegenteile überraschten. Lange verheiratet, irgendwann getrennt, und dann kamen die jeweils neuen Partner ins Spiel. Anstatt einen großen Bogen umeinander zu machen, gibt es ein unzerrüttbares freundschaftliches Verhältnis, auch der gemeinsamen Kinder wegen. Und so kam es, dass wir alle gemeinsam an einem großen Tisch in einem lauten Restaurant saßen und miteinander redeten, aßen, scherzten, in Erinnerungen schwelgten, und keiner der Beteiligten fühlte sich irgendwie auf den Schlips getreten. Die

Ex-Frau erzählte mir von der Party anlässlich des zehnten Kennenlerntags mit dem neuen Mann. Alle freuten sich mit den beiden, bis der Ex-Mann auf die glorreiche Idee kam, eine Party anlässlich des zwanzigsten Jahrestags der Trennung zu feiern. Stille. Und dann die Frage: »Warum eigentlich nicht?« Es soll ja keine Feier unter dem Motto »Hurra, unsere Liebe hat nicht gehalten« werden. Es könnte vielmehr lauten: »Wir sind zwar nicht mehr miteinander verheiratet, werden einander aber trotzdem für immer nahe sein.«

Ich finde diese Idee überragend. Wir feiern immer nur Neuanfänge. Warum nicht auch mal ein Ende feiern, welchem ja herrliche Neuanfänge folgten? Das Leben ist viel zu kurz, um sich aus der Verantwortung der Vergangenheit zu stehlen. Und nur, weil etwas auf Dauer nicht funktioniert hat, war es ja nicht grundsätzlich schlecht.

Also werden wir feiern. Bald. Wir feiern eine wunderbare Ehe, die zwar auf dem Papier beendet ist, aber nicht im Herzen. Und alle werden dabei sein: das Ex-Paar, die jeweils neuen Partner, die gemeinsamen Kinder mit ihren Partnern, die Kinder der/des jeweils anderen, gemeinsame Freunde, neue Freunde.

Liebe und Frieden miteinander sind so viel erbaulicher als diese steten Kämpfe zwischen Ex-Partnern. Denn wo steht geschrieben, dass aus Liebe immer Hass werden muss? Nirgendwo! Es liegt an uns. Wir haben einen freien Willen. Wir können das alles entscheiden. Und es hilft sicherlich, mehr auf das weise Wispern des Herzens als auf das grobe Getöse gekränkter Eitelkeiten zu hören.

Sag es behutsam
Ratschlag meines Vaters

Allein die Bezeichnung ist einzigartig und beängstigend zugleich. Denn »Schluss machen« bezieht sich ausschließlich auf das Beenden einer Beziehung. Einer Liebesbeziehung. Und ist die Liebe einem oder allen Beteiligten abhandengekommen, dann macht man Schluss. Ein Arbeitsverhältnis beendet man, ein gebrauchtes Auto verkauft man, aus einer Wohnung, die man nicht mehr mag, zieht man aus, Freunde verliert man aus den Augen, Abonnements werden gekündigt, aber nur mit der oder dem Liebsten macht man Schluss. Und als sei das nicht schon tragisch genug, stellte sich die Frage: Wie nur, wie?

Für alles gibt es eine Bedienungsanleitung. Nur für das Beenden einer Liebesbeziehung nicht. Für das Beginnen allerdings auch nicht. Aber so selbstverständlich, wie ein kleines Kind laufen lernt, so betreten wir Schritt für Schritt eine neue Liebe. Manche von uns rennen. Andere wiederum springen. Ich mache beides. Ich liebe Anfänge. Und bin zum Schluss sprach- und atemlos, denn das Ich-muss-mit-dir-reden-Gespräch am Ende steht in keinem Zusammenhang zur Willst-du-mit-mir-gehen-Frage des Anfangs. Oftmals enden große Lieben ebenso stürmisch wie sie beginnen. Deswegen wurde das Wort »Rosenkrieg« erfunden. Jener aber beginnt, nachdem man nicht die richtigen Worte gefunden hat, um Schluss zu machen. Weil man sich gegenseitig Verletzungen zugefügt hat, die man in der Zeit, in der man sich noch mit verliebten Augen sah, für unmöglich gehalten hätte. Warum zeigen wir zu Beginn einer Beziehung eigentlich immer nur die beste

Version von uns? Würden wir sie oder ihn beim ersten Date gleich mit an die Klippe unserer Abgründe nehmen, kämen dann viele Liebesbeziehungen erst gar nicht zustande? Warum gilt »Ehrlich währt am längsten« nicht für das erste Date?

Ach, wie viele Tränen ich in den nicht sonnigen Zeiten meines Lebens weinte, weil ich/wir scheiterte/scheiterten an mir/ihm/uns. Es gab die unterschiedlichsten Gründe für eine überschaubare Anzahl von Versuchen, was aber alle vereint, ist die Tatsache, dass das Schlussmachen immer eine Katastrophe war. Manchmal war das Ende sogar noch erträglich, eine Befreiung, eine Erleichterung, das große Grausen kam danach. Stichwort »Rosenkrieg«. Ich habe alles, wirklich alles erlebt, was das Leben in die Schublade mit der Aufschrift »Was ich jemandem antun kann, den ich mal liebte« einsortiert hat. Alles! Menschliche Abgründe! Erst in Krisen zeigen die meisten Menschen ihr wahres Gesicht. Und den Satz »Hätte ich das doch vorher gewusst ...« habe ich auch mehr als einmal seufzend bemüht.

Das ist nun lange her, es fühlt sich inzwischen an, als hätte es nichts mit mir zu tun, weil ich aber niemals vergesse, wie unschön unschöne Enden sind, mache ich es dir, liebes Schlussmachen, nicht so einfach. Ich bevorzuge ein ehrliches Gespräch. Auch wenn das Schlussmachen mit der Wahrheit auf Kriegsfuß steht – es ist die einzig faire Lösung, denn weh tut es mir oder ihm oder uns sowieso, Worte spielen nur die zweite Geige, der Fakt, dass es vorbei ist, schmerzt ungeheuerlich.

Mir wurde auf sehr unterschiedliche Art und Weise die rote Liebes-Aus-Karte gezeigt. Sich einfach nicht mehr melden, per Kurznachricht auf dem Handy, per Sprachnachricht bei WhatsApp, via E-Mail, mich betrügen, mich belügen, hinhalten und mit mir reden. Am schlimmsten war es, wenn es mich aus heiterem Himmel traf, sozusagen unvorbereitet, aber kann man auf Trennungen überhaupt jemals vorbereitet sein?

Und natürlich bin ich Lichtjahre vom weltmeisterlichen Beenden einer Beziehung entfernt. Das letzte Trennungsgespräch begann ich mit den Worten »Ich sehe keine Zukunft für uns …«. Diese Worte kamen aus meinem Mund, ich hatte nächtelang darüber geschlafen, sie in meinem Kopf und in meinem Herzen hin- und herbewegt. Bis heute fällt mir nichts Besseres ein. Aber: Ich sagte sie am Telefon! Ich war zu feige, dem Mann in die Augen zu schauen. Ich hatte Angst vor seiner Trauer, seinem Kummer. Und ich hatte Angst vor mir. Dass ich einknicken, mich überreden lassen würde, mich einlassen würde auf etwas, was zum Scheitern verurteilt war.

Wissen Sie was, liebe Leserinnen und Leser, ich glaube an Schlussmach-Karma. Beendet man eine Beziehung wie ein Elefant im Porzellanladen, bekommt man es bei nächster Gelegenheit zurück. Ich bin der lebende Beweis dafür! So schlimm das Beenden von Beziehungen ist, so anstrengend das Finden der richtigen Worte auch sein mag, ich halte mich IMMER an den Rat meines Vaters: »Andrea, stelle dir einfach vor, es wäre andersherum!«

Ach, Papa, zu schade, dass wir uns diese Angelegenheit nicht teilen können. Ich mache die Anfänge, du übernimmst die Enden.

Liebes Schlussmachen, am liebsten wäre es mir, es gäbe dich gar nicht. Dann wären wir alle immerzu verliebt oder in Liebe und unsere Welt wäre voller glücklicher und sich respektierender Paare. Schlussmachen käme so oft vor wie Schnee in Tel Aviv und gebrochene Herzen wären vom Aussterben bedroht.

Liebes Schlussmachen, willst du bitte noch einmal darüber nachdenken?

Wer sich selbst treu bleiben will, kann
nicht immer anderen treu bleiben
Christian Morgenstern

Über Treue möchte ich mit Ihnen sprechen, liebe Leserinnen und Leser. Genauer gesagt über Untreue, denn Treue regt uns nicht auf, Untreue hingegen sehr. Wann hat die Treue angefangen, uns zu langweilen? Wann begannen wir, untreu zu sein als etwas Abenteuerliches, Verwegenes zu sehen?

Meine Freundin weint deswegen. Seit Tagen schon. Der Mann, dem sie ihr Herz schenkte, betrügt sie.

»Du hast nie gesagt, dass es dich stört, wenn ich mit einer anderen Frau schlafe«, beantwortet er die Frage meiner Freundin nach dem »Warum?«. Die Freundin wundert sich, denn wieso sollte sie einen Treueschwur einfordern von einem Mann, der ihr in jeder zweiten Kurznachricht versichert, wie viel sie ihm bedeutet, dass er sie vermisst und sie für ihn etwas ganz Besonderes ist? Was ist wichtiger: Worte oder Taten? Ist unbedeutender Sex wie Rotwein aus dem Tetrapack? Er macht betrunken, hat aber keinen Stil?

Einst verwickelte ich auf einem wackeligen Flug von Berlin nach Frankfurt die Dame neben mir in ein Gespräch. Es ging um die neuen Schönheitsideale junger Mädchen. Ich las heimlich mit in ihrem aufgeschlagenen Magazin und sprach sie an. Wir tauschten unsere Ansichten aus über herausstehende Beckenknochen, die Lücke zwischen den Oberschenkeln und die Linie, die vertikal über den Bauch läuft und die Trennung der Muskeln zeigt, wenn man kein Gramm Fett am Körper hat. Es muss Mädchen geben, die diese Eigenschaften vorweisen können, sonst gäbe es solche Fotos nicht und schon gar nicht andere Mädchen, die so aussehen wollen. Ich gestand der Frau, wie froh ich bin, keine Tochter zu haben. Sie sagte: »Ich habe vier!« Alle vom selben Vater, mit dem die Frau seit dreißig Jahren liiert ist. Ich jubelte, applaudierte, gratulierte. Wow. Vier erwachsene Töchter. Ein Vater. Ehrenfrau.

Es war bis zur Landung sehr still auf dem Sitz neben mir. Dann sagte die Dame urplötzlich: »Wir führen eine offene Beziehung.«

Die Art und Weise, wie sie mich in ihr Beziehungsgeheimnis einweihte, klang wie eine Beichte aus der Kategorie »Zum Frühstück esse ich gern Katzenbabys«. Am liebsten hätte ich geantwortet, dass es keinen Grund für irgendwelche Scham gibt, denn ich finde offene Beziehungen und was sie können oder nicht können mehr als spannend. Ich hatte bisher keine Gelegenheit, es auszuprobieren. Meine Beziehungen waren stets zu kurz, um sie in irgendeiner Weise zu öffnen, aber ich bin offen für neue Denkansätze. Beziehungen und ich sind wie ein nicht endendes Trainingslager. Immer, wenn ich denke, dass ich in bester Form bin, werden die Spielregeln geändert. Wie soll ich da jemals erfolgreich sein? So viele Paare trennen sich, womöglich sind offene Beziehungen die Rettungsringe im tosenden Ozean der Gefühle?

Die Dame neben mir im Flugzeug, Mutter von vier Töchtern und erfolgreiche Geschäftsfrau in Sachen Bücher, erzählte: »Ich liebe meinen Mann. Er liebt mich. Dreißig Jahre sind eine lange Zeit. Wir kamen an einen Punkt, an dem wir wussten, dass es nur zwei Optionen gab: Trennung oder etwas ändern. Wir entschieden uns fürs Ändern und öffneten unsere Beziehung. Wir erlauben uns, auch andere Menschen begehren zu dürfen, lieben zu dürfen. Dennoch verlieren wir nie unsere Basis. Ich lebte sogar ein paar Monate mit einem anderen Mann, meinen Mann liebte und liebe ich trotzdem.«

Ich wünschte, der Kurzstreckenflug von Berlin nach Frankfurt hätte umgeleitet werden müssen, am besten einmal rund um die Erdkugel. Ich wollte doch noch so viel fragen. Menschen interessieren sich für Menschen. Und Menschen mit Beziehungen, dazu auch noch ungewöhnliche, interessieren mich brennend.

Warum binden wir uns überhaupt, wenn doch schon lange wissenschaftlich erwiesen ist, dass es nach sieben, acht Jahren beschwerlich oder gar unmöglich wird? Weil wir denken, dass es bei uns anders sein wird? Warum rennen Paare auseinander, warum werden Kinder zu Scheidungskindern, wenn es doch die Möglichkeit der offenen Beziehung gibt? Nur selten missfällt einem alles am anderen. Oftmals sind es nur Kleinigkeiten, die sich aber im Laufe der Beziehungszeit zu einer handfesten Größe auswachsen. Also warum sich nicht gegenseitig freilassen, statt sich zu verlieren? Der Traum von der lebenslangen Monogamie ist doch in den allermeisten Fällen tatsächlich nur ein Traum. Ich finde, dass eine offene Beziehung, der beide Partner zustimmen, die ehrlichste Art von Treue ist, die es geben kann. In diesem Fall wird die »andere« Treue zum erlaubten Auslauf, aber ohne Leine.

Ich glaube, dass das alles einfacher klingt, als es ist, ich glaube, es muss wahnsinnig viel diskutiert, ausgehandelt und vereinbart werden. Aber es spricht unbedingt für menschliche Größe und moralischen Anstand und Selbstbewusstsein, wenn ich meiner Partnerin/meinem Partner Dinge zugestehe, die ich selbst, oder auch nicht, tun möchte. Mehr Vertrauen in die Liebe und in eine Beziehung kann es gar nicht geben.

Ich komme rein theoretisch mit offenen Beziehungen besser zurecht als mit Betrügen. Wenn man lügt, damit sich der andere in Sicherheit wähnt. Wenn man sich davonschleicht, ohne wirklich zu gehen. Die Erklärung für das Verb »betrügen« lautet: bewusst täuschen, irreführen, hintergehen. Alles keine schönen Eigenschaften.

So sehe ich das jedenfalls. Wurde ich schon mal betrogen? Aber ja, mehrfach. Tat es weh? Und wie! Was war das Schlimmste? Erst dachte ich, es seien die Bilder in meinem Kopf, die immer wieder aufklappten und meinen Freund mit einer anderen Frau beim Sex zeigten. Aber irgendwann stellte ich fest: Der Betrug, das Michhintergehen und -anlügen waren schlimmer als der eigentliche Akt. Ich war zu Hause, kochte, räumte auf, wartete auf meinen Freund, und er amüsierte sich währenddessen mit einer anderen.

Ging ich schon mal fremd in einer Beziehung? Nein. Gab es schon mal Überschneidungen? Beinahe, aber kurz zuvor zog ich immer die Reißleine und trennte mich. Es gibt, liebe Leserinnen und Leser, wenig im Leben, was noch exklusiv ist. Für mich gehört Treue unbedingt dazu. Außer, es ist etwas anderes vereinbart. Flirten, sich vergnügen, eine offene Beziehung führen. Solange beide davon wissen und zustimmen, ist dagegen doch überhaupt nichts einzuwenden. Die Betonung liegt auf beide. Ich weiß nämlich gar nicht, ob ich in der Lage wäre, eine offene Beziehung zu führen, bei der das Wort »offen« für mich UND ihn gilt. Für mich – unbedingt. Für meinen Liebsten? Ihm zugestehen, was mir gestattet ist? Da muss ich innerlich aber noch sehr reifen. Jung genug für eine Langzeitbeziehung mit offenem Ende bin ich. Es sei denn, die Spielregeln werden wieder mal geändert.

Mit dem Zweiten sieht man besser
ZDF Station-ID

Jeden Sonntag mache ich mich verdächtig. Meine gute Laune, meine Unbeschwertheit, mein Glücklichsein ist Menschen suspekt. Jedenfalls denen, deren Job es ist, über Fernsehshows und die entsprechenden Moderatoren und Moderatorinnen zu schreiben, ohne jemals selbst vor einer Kamera gestanden zu haben. Ich bekomme es immer ab. Und meine Sendung auch.

Den *ZDF-Fernsehgarten* gibt es seit 1986. Seit nun mehr 34 Jahren strömen viele Tausend Menschen von Mai bis September auf den Mainzer Lerchenberg, um bei der größten Live-Open-Air-Show Europas dabei zu sein. Und um zu sehen, wie Fernsehen gemacht wird. Es gibt Sitzplatz- und Flanierkarten. Die Sitzplatzkarten sind immer schon im Februar, zwei Stunden, nachdem man sie online erwerben kann, für die kommende Saison komplett ausverkauft. Manchmal stehen mehr als vierzig Reisebusse auf dem Parkplatz. Zuschauer verbringen ein Wochenende in Mainz inklusive Besuch des *ZDF-Fernsehgartens.*

Das Erfolgsrezept meiner Show ist sehr simpel: Wir lieben Menschen. Wir wollen sie glücklich machen. Es soll für jeden etwas dabei sein.

Kaum ist die Saison vorüber, beginnen wir mit der Planung der nächsten. 135 Minuten Show – live und Open Air – füllt man nicht so mir nichts, dir nichts mit links. Der *Fernsehgarten* des Sommers wird im Winter gemacht. So weit, so gut.

Warum sich einzelne Medien immer wieder an meiner Sendung, an mir und meinem Publikum abarbeiten, ist mir ein Rätsel.

Niemand zwingt die Zuschauer vor den TV-Geräten, sich am Sonntagmorgen für den *ZDF-Fernsehgarten* zu entscheiden. Es gibt zig andere Programme, und es gibt einen Aus-Knopf. Ich weiß nicht, wovor diese Kritiker und Feuilletonisten die Menschen beschützen wollen. Ist es gefährlich, wenn Künstlerinnen und Künstler aus allen Musikrichtungen im *Fernsehgarten* auftreten? Rock, Pop, Schlager, Chöre, deutsch, englisch, französisch, italienisch, türkisch, hebräisch. Kochen, backen, Mode, Artistik, Illusionisten, Gedächtnisweltmeister, Sportler, verrückte Aktionen – zwei Stunden und 15 Minuten das pralle Leben mit sechstausend Livezuschauern. Sähe ich das im Fernsehen, wäre ich gern dabei. Und ich bin gern dabei. Nichts mache ich lieber. Diese Show ist mein größtes Glück. Weil ich unsagbar viel Glück hatte. Ich kam zu ihr wie die Jungfrau zum Kinde.

Das Casting im Februar 2000 fand ohne einen einzigen Zuschauer statt. Ich hatte den *Fernsehgarten* noch nie zuvor im Fernsehen gesehen, wusste aber nach dreißig Sekunden Casting: Das ist es! Ungelogen. Es war Liebe auf den ersten Blick. Viel hat sich seitdem verändert, weil wir uns verändern. Wir, das sind meine Kolleginnen und Kollegen aus aller Welt. Wir sind sehr international, jung und alt. Wir feiern zusammen und trauern, bejubeln Babys, kämpfen gegen den Krebs, gewinnen, verlieren und gucken in Deutschlandtrikots die Spiele unserer Fußballnationalmannschaft. Im *Fernsehgarten* ist Public Viewing ein Lebensgefühl. Und mit meinem *Fernsehgarten*-Team fühle ich mich zu Hause.

Ich kann nicht erklären, woher dieses Urvertrauen kommt. Aber es ist da. Vielleicht liegt es daran, dass man sich nicht dauerhaft verstellen kann, wenn man 21 Wochen im Jahr bei Wind und

Wetter von früh bis spät zusammenarbeitet. So oft habe ich mich angelehnt an meine Kollegen, mich ausgeruht, mich von meinem Team tragen lassen, wenn mir die Beine versagten, ich vor Tränen nichts sehen und vor Schluchzen nichts sagen konnte. Ich wurde und werde immer aufgefangen. Und nicht nur ich.

Wenn eine E-Mail an das gesamte Team mit den Worten »Ihr Lieben, ich möchte, dass ihr wisst ...« beginnt und dann eine sehr private Angelegenheit dargelegt wird, dann bedeutet das: Vertrauen. Ich traue meinem Team zu, mit meiner Meinung, meiner Entscheidung umgehen zu können. Dazu muss man sich sehr sicher fühlen in seiner Umgebung. Ich tue das. Manchmal moderiere ich richtig schlecht. Also so richtig. Ich bin dann zu sprunghaft, hyperaktiv, stelle die falschen Fragen und bin unkonzentriert. Solche Sonntage gibt es. Oh, dann kann ich mir aber nach der Show etwas anhören. Nicht unmittelbar danach, aber am Dienstagmorgen, wenn wir beim Meeting die alte Sendung auswerten und die kommende vorbereiten. Manchmal falten mich meine Kollegen richtig zusammen. Sie dürfen das. Ich weiß selbst sofort, wenn mir etwas nicht gelungen ist, ich rede es nicht schön, manchmal verteidige ich mich ein wenig, suche nach Gründen, und dann gebe ich meinem Team doch recht. Genauso kritisiere ich, wenn einzelne Programmpunkte komplett für die Katz sind, anders ablaufen, als wir es besprochen haben. Gäste nicht eloquent und Musiken nicht stimmungsvoll genug sind. Das ist kein Streit. Wir sagen uns das, weil wir gut sein wollen. Und weil wir leidenschaftlich sind. Weil an jeder einzelnen Sendeminute unsere Herzen hängen. Wir haben eine wahnsinnig lustige interne Kommunikation, die gelegentlich nicht ganz jugendfrei ist. Das bleibt aber unter uns. Betriebsgeheimnis. Wir sind echte Menschen, die echtes Fernsehen machen. Alles, was man bei uns sehen kann, haben wir selbst initiiert. Wir halten nicht unsere Kameras auf etwas drauf, was ohnehin schon da ist. Ohne uns gäbe es da nichts zu sehen. Deshalb stelle ich mich immer wie eine Löwenmutter vor mein Team, meine Zuschauer, meine Show. Ich würde für sie durchs Feuer gehen. Und ich verstehe nicht, wieso manch einem Leidenschaft und Lebensfreude suspekt sind. Weil das keine typischen deutschen Charaktereigenschaften sind?

Wie schon gesagt, wir sind eine internationale Familie. Und wenn sich die blonde Moderatorin mit der Osher-(Hebräisch für »Glücklichsein«) Kette um den Hals mit dem dunkelbärtigen Studenten, der als Kabelhilfe bei uns arbeitet und afghanische Wurzeln hat, in einer kurzen Pause über die besten Rezepte für Falafel, Humus und Bulgur austauscht, dann ist unsere kleine Showwelt auf einmal der Mittelpunkt der Erde. Nirgendwo möchte ich lieber arbeiten. Nirgendwo ist die Welt mehr zu Gast bei Freunden als im *ZDF-Fernsehgarten*. Vor und hinter den Kulissen.

Inzwischen habe ich mehr weibliche Regisseurinnen als männliche. Das sind die größten Veränderungen der letzten fünf Jahre. Ich unterstütze Frauen, auch auf dem Regiestuhl. Ich kann nicht sicher sagen, ob weibliche Regisseurinnen besser mit einer weiblichen Moderatorin arbeiten. Es ist anders. Wie? Ich weiß es nicht. Aber ebenso wie ihre männlichen Kollegen nehmen sie kein Blatt vor den Mund, wenn ich etwas richtig vermasselt habe. Und ebenso vertrauen sie mir, wenn ich ihnen meines Bauchgefühles wegen rate, bestimmte Dinge anders zu machen. Wir vertrauen uns. Und liegen immer richtig.

Drei Regisseurinnen und zwei Regisseure, eine – bis auf ein Jahr – immer von Frauen moderierte Sendung. Wir sagen: die

Samstagabendshow am Sonntagmittag. In allen Bereichen arbeiten sowohl Frauen als auch Männer. Wir sind alle auf Augenhöhe.

Es gibt sechs ZDF-Mainzelmännchen: Anton, Berti, Conni, Det, Edi, Fritzchen. Alles Jungs. Alte Entwürfe für Mainzelmädchen schlummern seit geraumer Zeit im ZDF-Archiv. Darüber muss man mal nachdenken.

TO ISRAEL

Willst du das Leben leicht haben,
so bleibe immer bei der Herde
Friedrich Nietzsche

In Israel ist alles extrem. Es gibt kein gesundes Mittelmaß. Sind meine Freunde happy – dann flippen sie aus. Sind sie aber traurig – dann möchten sie sterben. Nicht wirklich, das Leben in Israel ist viel zu gefährlich, um an den Tod zu denken. Es ist nur alles schwarz oder weiß, himmelhoch jauchzend, zu Tode betrübt. Herrlich. Endlich sind alle so wie ich. Endlich bin ich zu Hause.

In Deutschland bin ich immer ein wenig Außenseiterin. Obwohl ich mich nicht allein fühle. Ich habe Freunde, bin in Gesellschaft, gehe aus, treffe Menschen, spreche, lache, tanze, esse. Aber bin ich in Berlin, Frankfurt oder Mainz, lebe ich ein wenig mit angezogener Handbremse. Dieter Thomas Heck, der Mann, der die *ZDF-Hitparade* zur bedeutendsten Musikshow im deutschen Fernsehen machte, sagte mal: »Wenn ich aus der Haustür trete, bin ich im On.« Im »On«-Sein bedeutet für uns Moderatorinnen und Moderatoren »Achtung! Rotlicht!«. Wir sind auf Sendung. Und so benehmen wir uns. Anständig. Der Situation angemessen. In Deutschland bin ich immer ein wenig auf der Hut, mein wahres Ich, die echte Andrea zu zeigen, aus Angst davor, unangenehm aufzufallen, Schlagzeilen zu provozieren, die ich nicht über mich lesen möchte und meine Familie und Freunde zu verschrecken.

In Tel Aviv erlaube ich mir, so zu sein, wie ich wirklich bin. Ich habe keine Impulskontrolle. Ich trage mein Herz auf der Zunge und tanze am helllichten Tag auf der Straße, wenn ich gute Musik höre. Ich singe laut beim Fahrradfahren, streichle fremde Hunde, spiele mit den Kindern anderer Leute, verwickle Menschen, die ich gar nicht kenne, in Gespräche, ich weine bei traurigen Filmen, schreie Taxifahrer an und habe auch schon mal lauthals gestritten. Aber das zu erläutern ginge zu weit.

Am Anfang dachte ich, vielleicht ist dieses Immer-einhundert-Prozent nur auf den Straßen in Tel Aviv so. Nicht umsonst wird meiner Heimatstadt stets bescheinigt, eine Blase im Heiligen Land zu sein. Aber dann fing ich an, israelisches Fernsehen zu schauen, und dachte: Halleluja, ich irre mich nicht. Ein Käfig voller Narren. Und ich bin mittendrin. Die ganze Bandbreite an Emotionen – in jedem Einzelnen vereint.

Meine Lieblingsshow im TV läuft auf Kanal zwölf. Sie heißt übersetzt: *Hochzeit auf den ersten Blick*. In Deutschland strahlte Sat.1 einige Staffeln dieser Kuppelshow aus, mit recht guten Quotenerfolgen. In Israel ist die Sendung ein Straßenfeger, die Protagonisten sind Stars. Dabei machen sie nichts anderes, als sie selbst zu sein. Und das ist? Extrem.

Bei *Hochzeit auf den ersten Blick* bewerben sich Singlefrauen und Singlemänner darum, von drei Experten an die oder den Richtige(n) vermittelt zu werden. Die Kandidaten durchlaufen etliche Tests, die alle beim Finden der Liebe eine Rolle spielen. So müssen sie zum Beispiel an T-Shirts der anderen Bewerber riechen und sagen, welcher Körpergeruch ihnen behagt. Liebe geht durch die Nase. Und dann matcht das Expertenteam – zwei Frauen und ein Mann – die Paare. Sie entscheiden aufgrund der wissenschaftlichen Auswertungen, der Interviews und der Persönlichkeitstests, wer am besten zu wem passt. Frau und Mann bekommen das getrennt voneinander mitgeteilt, in Form einer Einladung.

Darauf stehen Ort und Datum und – Hochzeit. Man trifft sich zum allerersten Mal unter der Chuppa, dem Hochzeitsbaldachin. Wenn die Braut die Bühne betritt, weiß der Bräutigam noch nicht mal ihren Namen.

Ich schildere hier die absolute Kurzfassung der Ereignisse, denn die Wirklichkeit ist so spektakulär, dass ich einzelne Folgen mehrfach schaue. Der Moment, wenn die Braut in spe ihren Eltern mitteilt, dass sie im Rahmen einer »blind wedding« heiraten wird, also Ja sagt zu einem Mann, den sie noch nie zuvor gesehen hat, und die Mutter der jungen Frau vor laufender Kamera beinahe den Verstand verliert. Da wird geschrien, geschimpft, gezetert, geweint, rausgerannt, zurückgekommen, alles ungeschnitten und ungekürzt.

Ich liebe die Israelis für ihre Achterbahnfahrten der Gefühle. Und dafür, dass sie keine Scheu haben, sie zu zeigen. Es ist im israelischen Fernsehen so lebendig wie im echten Leben, wie auf den Straßen von Tel Aviv, Rehovot oder Ashdod – nur mit Fernsehkameras.

Als Moderatorin erlebe ich immer wieder, dass ich manchen meiner Gäste die Scheu vor der Kamera nehmen muss. Ich mache das, indem ich mich mit meinen Gästen verbünde. Ich gebe ihnen das Gefühl, als würden wir uns schon eine Weile kennen und außer uns sei niemand da. Keine Kameras. Keine Zuschauer. Es ist wie ein One-Night-Stand für einen guten Zweck. Fünf Minuten Liebe. Oder solange das Gespräch eben dauert. Oftmals funktioniert es. Gelegentlich aber auch nicht.

Ich glaube, die Produzenten israelischer TV-Shows müssen ihre Mitwirkenden eher bremsen als anfeuern. Es ist eine Frage des Temperaments. In Deutschland fühlt sich das Leben wie eine gesunde Raumtemperatur an. Dagegen ist überhaupt nichts einzuwenden. Aber für Heißblütige wie mich ist es schwierig, nicht zu erfrieren bei dem Versuch, mich anzupassen, nicht aufzufallen und vor allem zu gefallen. Das Verrückte ist: Es war vom ersten Moment an so. Als ich vor vielen Jahren in Tel Aviv ankam, wusste ich, dass ich angekommen bin. Um mich herum war es laut und hektisch, und ich wurde ganz ruhig. Ich lächelte in mich hinein und dachte: Willkommen im Klub. Bis heute hat sich das nicht geändert.

Hochzeit auf den ersten Blick
Israelische TV-Show

Wohl Hunderte Male habe ich mich gefragt, ob ich bei dieser TV-Show mitmachen würde. Die Antwort lautet: »Ja, ich will!«

Ich muss lachen. Über mich selbst. Denn noch absurder als bei *Hochzeit auf den ersten Blick* kann ein Beziehungsstart gar nicht sein. Es passt zu mir. Die ewige Liebe und ich sind uns noch nie begegnet, also warum nicht mal um eine neue Kurve auf der Ich-habe-da-jemand-kennengelernt-Rennstrecke fahren? Am meisten interessiert es mich, ob die Partnerschaftsexperten unter all den mitwirkenden Singlemännern einen für mich finden würden. Bin ich vermittelbar? Oder sind meine Handicaps namens »Wunsch nach Unabhängigkeit« und »nicht zu bändigen« unüberwindbare Hindernisse? Gibt es einen Hafen für mich? Oder bleibe ich stets und immer auf hoher See?

Ich stelle mir diese Fragen nie. Nur, wenn ich *Hochzeit auf den ersten Blick* sehe. Es interessiert mich brennend, ob der Mann, den andere für mich aussuchen würden, meinem »Beuteschema« entspräche. Wäre ich vorher schlimm aufgeregt? Wie würde ich meiner Familie beibringen, dass ich mich auf etwas einlasse, ohne zu wissen, worauf? Ist das nicht herrlich?! Ein richtiges Abenteuer. Allerdings – sollte Heirat nicht etwas bedeuten? Oder wird unser Leben sowieso immer mehr wie Tinder? Links, rechts, mag ich, mag ich nicht, heute ja, morgen nein?

Ich würde mir ein schönes Kleid kaufen. Lang. Puderfarben. Am Rücken tief ausgeschnitten. Vorn hochgeschlossen. Kein

Schleier. Flache Schuhe. Oder barfuß. Hoffentlich ist der Mann, der unter der Chuppa auf mich wartet, dunkelhaarig. Mit schwarzen Augen. Gern ein bisschen unrasiert und größer als ich. Alles Äußerlichkeiten. Ich klinge wie eine 13-Jährige, die zu viele Disneyfilme geschaut hat. Aber die Optik wäre das Erste, was ich von meinem Ehemann mitbekommen würde. Noch vor seinem Namen, seinem Alter, seinem Beruf. So funktioniert *Hochzeit auf den ersten Blick*. Und in keiner der beiden Staffeln, die ich bisher im israelischen TV sah, sprang jemand vor der Trauung ab. Danach? Alle. Es gibt keine offiziellen Zahlen, aber ich recherchierte und weiß aus sicherer Quelle: Keines der Paare, welches den Schritt ins Rampenlicht und unter die Chuppa gewagt hat, ist noch zusammen. Das wird natürlich offiziell nicht kundgetan, es entsteht ja sonst der Eindruck, die Show sei zum Scheitern verurteilt. Stattdessen bewerben sich viele, viele Singlefrauen und -männer.

Zu heiraten und eine Familie zu gründen steht in Israel definitiv auf Platz eins der Wenn-ich-mir-was-wünschen-dürfte-Liste. Noch vor Geld und Erfolg. Deswegen befindet sich das Kuppelgen in der DNA jüdischer Frauen gleich neben den Mein-Sohn-ist-der-Schönste-Tollste-Beste- und Kein-Mädchen-ist-gut-genug-für-meinen-Goldjungen-Genen. Ich habe bisher dreimal erfolgreich gekuppelt und es gab unzählige gescheiterte Versuche, mich zu verkuppeln. Ich bin nicht vermittelbar. Wenn ich mitbekomme, dass da jemand versucht, für mich Amor zu spielen, bin ich eh sofort raus. Weswegen der Überraschungsbräutigam einer der erfolgreichsten israelischen TV-Shows wie gemacht für mich ist.

Nach der Trauung gibt es ein großes Fest, das von der Produktionsfirma organisiert wird. Danach verabschiedet sich das Paar zur Hochzeitsnacht in die Hotelsuite, wo es zuvor seine Eheringe findet, und erfährt, wohin die Hochzeitsreise geht. Spätestens dann wette ich mit mir selbst, wie rosig die Erfolgsaussichten für sie und ihn sind. Manchmal erkenne ich es schon am ersten Blick des Bräutigams. Diese Zehntelsekunde, wenn er die Braut erblickt, in der eine Augenbraue hochgezogen wird, das Lächeln gefriert und innerlich alles zusammenfällt. Dieser Zustand hat vier Buchstaben: F, U, C, K.

Die Bräute hingegen strahlen immer. Ich weiß nicht, woran das liegt, denn der Anteil der Männer auf dem Hochzeitspodium, die nicht den klassischen Vorstellungen von attraktiv und sexy entsprechen, ist mindestens so hoch wie der der Frauen. Aber diese strahlen alles weg. Es muss am Brautkleid liegen. Der seidige Spitzenstoff und die Farbe Weiß verknüpfen irgendwelche Synapsen in unserem Gehirn, und jede einzelne Körperzelle scheint zu jubilieren: »Freude schöner Götterfunken!« Wir können gar nichts dagegen tun. Eine Frau in einem Brautkleid ist wehrlos. Sie hat keine Chance gegen das Gefühl, eine Märchenprinzessin zu sein, die von nun an – und wenn sie nicht gestorben ist – glücklich und zufrieden leben wird.

Auf der Hochzeitsreise beginnen die ersten Dramen. Denn sie und er fangen an, sich kennenzulernen. Die Ehen, die bei *Hochzeit auf den ersten Blick* geschlossen werden, laufen in der umgekehrten Reihenfolge ab. Drum ewig binde, wer sich prüfe. Ich finde das ein großartiges Beziehungsexperiment. Ich bin auch schon mit einem Mann zusammengezogen, obwohl ich ihn gerade mal drei Wochen kannte. Nun, wir sind nicht mehr zusammen, aber es war eine wilde Zeit. Ich lernte mich richtig gut kennen und weiß seitdem, was mir wichtig ist im Leben.

Das Besondere für mich als Fernsehfrau ist, neben der Tatsache, dass in dieser Show ein wenig herumgedoktert wird mit Gefühlen und Versprechen, ganz sicher die Erkenntnis, dass israelische Frauen und Männer vor TV-Kameras agieren, als gäbe es diese gar nicht. Diese Realityshow ist mit nichts zu vergleichen, was ich aus der deutschen Fernsehlandschaft kenne. Man nehme drei charismatische Experten, eine Braut, einen Bräutigam, deren Familien und Freunde und vermische das mit großen Hoffnungen, Träumen, Vorstellungen und der Realität – und heraus kommt das leckerste Beziehungsmenü, das man sich vorstellen kann. Zumindest für die Fernsehzuschauer.

Ich ergötze mich an den Dramen anderer und bin doch sehr reflektiert. Was erwarte ich eigentlich von einer Partnerschaft? Wie müsste er sein, der Mister Big meines Herzens? Ich glaube – die Betonung liegt ganz eindeutig auf »glaube« –, dass es von Vorteil ist, wenn man auf Augenhöhe ist. Das bedeutet, dass man durchaus unterschiedliche Interessen haben kann, es muss aber ein Mindestmaß an Neugier auf die Gedanken und Vorlieben des Partners geben. Es ist sicherlich von Vorteil, wenn man den Gesprächen über die Herausforderungen unseres beruflichen Lebens folgen und sogar Ratschläge erteilen kann. Ich stelle es mir schwierig vor, einem Lokführer meinen verrückten Job zu erklären und verstünde von seinem auch nur wenig bis gar nichts. Aber noch wichtiger ist es, dass man sich gegenseitig aufheitert, zum Lachen bringt, begeistert, überrascht, mitreißt, verehrt, begehrt, liebt. Das ist ein Fulltime-Job. Deswegen sagen meine verheirateten Freunde stets: »Andrea, Beziehung ist Arbeit.«

Ich glaube, ich bin aus dem Zustand der verträumten 13-jährigen Prinzessin nie herausgekommen, weswegen ich auf den

Anruf der Produzenten von *Hochzeit auf den ersten Blick* warte. Zuvor muss mein Hebräisch besser werden, was in zehn bis zwanzig Jahren der Fall sein wird. Bis dahin schaue ich einfach den anderen beim Finden der Liebe zu. Auch wenn diese manchmal nur für eine Folge von *Hochzeit auf den ersten Blick* reicht. Was ist schon für immer?

Mit dem Zweiten sieht ma

Know your numbers
Thorsten Michalik

»Wer bin ich?« Auf diese Frage habe ich immer noch keine endgültige Antwort. Aber wenn Yuval Harari recht hat, dann lassen die meisten erfolgreichen Geschichten das Ende offen. Ich habe ja noch Zeit, mich zu finden oder zu erfinden. Die ergänzende Frage von Richard David Precht »und wenn ja, wie viele?« hingegen kann ich getrost mit »unzählige« beantworten. Aktuell arbeite ich daran, die unsichere Andrea sicherer zu machen.

Wie den allermeisten Frauen fällt es mir nicht leicht, im Berufsleben für mich einzustehen, weswegen ich wahnsinnig schlecht im Aushandeln neuer Verträge und im Verhandeln von Honoraren bin. Ich hatte etliche schlechte Manager und eine gute Managerin und entschied mich dennoch vor circa zehn Jahren, die Zügel meiner Berufskutsche selbst in die Hand zu nehmen. Warum sollte ein Außenstehender besser wissen als ich, was gut und richtig für mich ist? Aber ich habe ein Problem: Ich will gefallen. Und nicht auffallen. Frauen, die knallhart ihre Preise nennen und klare Vorstellungen davon haben, wie der neue Vertrag aussehen soll und damit nicht hinterm Berg halten, gelten immer noch als Männer in Frauenkleidern. Zumindest denken wir Frauen das. Oder nur ich? Meine Eltern haben mir nicht beigebracht, brav und zurückhaltend zu sein. Ich kann ihnen nicht die Schuld dafür geben. Weder in der Schule noch im Sport hieß es: »Du bist ein Mädchen, tritt zurück in die zweite Reihe und gib dich mit dem zufrieden, was wir dir anbieten.«

Es liegt an meinem Mindset. Also an meiner Geisteshaltung, an meiner Mentalität, weswegen meine Reaktionen immer gleich ausfallen. Gleich schlecht. Oder besser gesagt: gleich nicht optimal. Es ist ganz einfach erklärt: Ich bin so begeistert von meiner Arbeit, so verliebt in meinen Job, dass ich für mich weiß, dass ich auch mit vierzig Fieber und ohne Bezahlung antanzen würde. Das bedeutet nicht, dass ich nicht weiß, dass ich meine Sache sehr gut mache. Fernsehshows zu moderieren ist ja immer so ein bisschen wie die B-Note im Eiskunstlauf. Ein künstlerischer Gesamteindruck, der den Zuschauern sehr, ein wenig oder gar nicht gefällt. Mein *ZDF-Fernsehgarten* und ich gefallen uns sehr. Wir wurden nicht füreinander erfunden, sind aber wie füreinander gemacht. Das spüren die Zuschauer. Ich verberge meine Liebe für diese sonntägliche Sendung nicht. Ich lebe sie. Ich verstelle mich nicht. Ich bin die Fernsehgärtnerin, aus vollem Herzen. Natürlich rette ich keine Leben, ich verändere auch nicht die Welt, aber ich glaube, dass meine Show, mein Team und ich die Menschen, die uns gern sehen, fröhlich machen und manchmal sogar glücklich. Ich habe, um es mal im Business-Sprech zu sagen, ein Alleinstellungsmerkmal. Deshalb verstehe ich nicht, warum ich bei Verhandlungen eher schüchtern als selbstbewusst auftrete. Mein Kollege Kurt Lutz coachte mich einst und empfahl mir, die andere Vertragspartei ihre Vorstellungen zuerst formulieren zu lassen. Das betrifft in meinem Fall vor allem Auftritte in anderen Sendungen, wenn ich »nur« Gast bin. Es sind meine liebsten Jobs. Ich spotte immer: »Heute muss ich einfach nur schön sein.« Als Gast in einer Sendung oder Quizshow lehnt man sich zurück oder rätselt, man braucht die Sendung aber nicht zu stemmen. Ich beobachte meine Kollegen gern bei der Arbeit. Kai Pflaume, Elton,

Bernhard Hoëcker, Oli Geissen und Johannes B. Kerner sind die Champions League des Unterhaltungsfernsehens. Natürlich können auch sie nicht allen gefallen, aber ihre Arbeit als Moderatoren ist erstklassig.

Merken Sie etwas, liebe Leserinnen und Leser? Ich zählte nur Männer auf. Warum? Weil es im deutschen Fernsehen im Hauptprogramm fast nur männliche Moderatoren gibt. Carmen Nebel und Barbara Schöneberger sind die rühmlichen Ausnahmen von der Regel. Woran das liegt? Ich habe keine Ahnung. Womöglich wollen wir Frauen, wenn wir abends, in Jogginghose und T-Shirt, mit der Fernbedienung in der Hand auf dem Sofa sitzen, keine toll geschminkten und gut angezogenen Frauen in unserem Wohnzimmer haben, die unserem Mann vor Augen führen, wie es sein könnte. Es ist nur eine Idee, es gibt keinerlei wissenschaftliche Beweise oder gar Umfragen dazu. Es kann nicht an Mangelerscheinungen liegen, denn talentierte Moderatorinnen haben wir in Deutschland wie der Schwarzwald Bäume.

Im Laufe der Jahre stellte ich fest, dass unterschiedliche Gäste unterschiedlich bezahlt werden. So wie auch Moderatoren unterschiedlich honoriert werden. Ich kann wirklich viel. Ich kann improvisieren, viele Dinge gleichzeitig machen, für andere da sein und mich um mich selbst als Letztes kümmern, aber ich kann keine Vertragsverhandlungen führen. Ich habe immer schon ein mulmiges Gefühl im Bauch, wenn ich weiß, dass ich dieses Telefonat tätigen muss. Ein Freund erklärte mir, dass es daran liegt, dass Frauen Vertragsverhandlungen wie ein Beziehungsgespräch angehen. Wir wollen verstehen, wir haken nach, sind verständnisvoll, nehmen selten das Zepter in die Hand und finden am Ende, dass unser Gegenüber uns natürlich nicht das Gehalt zahlen muss, für das wir eigentlich angetreten waren. Dieser Freund ist ein Mann und geht ganz selbstverständlich mit breiter Brust in solche Gespräche. Er weiß, was er kann und was er will. Der Rest ist Verhandlungssache und hat nichts, rein gar nichts, mit irgendeiner Beziehung und dem Wunsch, dem Gegenüber ein gutes Gefühl geben zu wollen, zu tun. Ich hingegen frage meinen Verhandlungspartner erst mal nach dessen Familie, ob alle gesund sind und druckse mir einen ab, wenn wir auf das Thema Geld zu sprechen kommen. Inzwischen bin ich mir meines Fehlverhaltens immerhin bewusst. Ich kann einen Schritt aus mir heraus machen und mich selbst dabei beobachten, wie ich zwar weiß, was ich wert bin, es aber nicht in Zahlen ausdrücken kann. Ich will nicht, dass mein Gesprächspartner, egal, ob weiblich oder männlich, denkt: Na, die ist ja wohl übergeschnappt.

Meinem Freund Thorsten gestand ich diesen genetischen Defekt. Oder ist es eine moralische Fehlfunktion? Wieso habe ich Bammel, das zu fordern, was ich möchte? Die oder der Vertragspartner bezahlt mein Honorar ja nicht aus der eigenen Tasche. Im Gegenteil. Sie oder er freut sich, wenn Frau Kiewel ein deutlich geringeres Honorar verlangt, als man erwartet hatte. Prima. Wieder etwas gespart.

Thorsten sagte den weisen Satz: »Know your numbers.« Ganz salopp ausgedrückt bedeutet es, dass ich weiß, was man üblicherweise zu zahlen bereit ist und entsprechend verhandle. Nicht den anderen kommen lassen. Denn dachte ich an fünfhundert Euro und man bietet mir zweihundert, in welcher Mitte soll man sich da treffen? Und ist ein Kompromiss dann wirklich zufriedenstellend?

Ich weiß auch von Freundinnen, dass wir Frauen schlechter verhandeln. Wir stellen unser Licht unter den Scheffel. Und wir denken, es käme mehr auf Leistung als aufs Geld an. Für unsere männlichen Kollegen sind Gehalt oder Gage auch immer ein wenig Selbstdarstellung. Ich verdiene viel, also bin ich wer. Ich pauschalisiere. Ich übertreibe. Aber unterm Strich halten wir fest, dass Frauen und Männer in identischen Aufgabenbereichen allzu oft unterschiedlich bezahlt werden.

Ich kann nicht behaupten, dass ich mich großartig verbessert habe in Sachen Gehaltsverhandlungen. Aber immerhin stelle ich schon mal fest, dass ich längst nicht so selbstbewusst auftrete, wie ich könnte. Auf YouTube und Instagram gibt es Millionen Videos für Frauen. Die meisten drehen sich ums Aussehen.

»So gelingt dir der perfekte Lidstrich.«

»Wie schminke ich künstlich verlängerte Wimpern?«

»Sexy Hintern mit dem zweiwöchigen Booty-Training.«

»Frisuren, Locken, Pony selbst schneiden.«

»Welche Haarfarbe steht mir wirklich?«

Ich wünschte, es gäbe im gleichen Ausmaß Anleitungen, die uns Frauen stark oder stärker machen. Trainings für Vertragsverhandlungen. Coachings für selbstbewusstes Auftreten, ohne herrisch oder zickig zu wirken. Emanzipation ist zwar nichts zum Essen, macht aber satt. Nämlich dann, wenn wir Frauen unseren Arbeitgebern das gleiche Geld wert sind wie unsere männlichen Kollegen. Emanzipiert kann man sich auch fühlen, wenn die selbst produzierten Sixpack-Videoclips millionenfach geklickt werden. Ich trainiere auch. Mein Bauch ist gut in Form. Mein Selbstbewusstsein ist noch im Trainingslager.

PEACE
+
LOVE
IN TELAVIV!

Die Frauenseele ist für mich ein offenes Buch –
geschrieben in einer unverständlichen Sprache
Ephraim Kishon

Der Mond liegt auf dem Rücken in Israel.

Während er in Deutschland beim Zu- und Abnehmen aufrecht preußisch marschiert, lehnt er sich viertausend Kilometer weiter südlich entspannt zurück und genießt den Blick in die Sterne. Aber auf seinem Weg vom Neu- zum Vollmond und wieder zurück ist er ebenso pünktlich und zuverlässig und gewissenhaft wie in Berlin, München oder Leipzig.

Das sind aber auch die einzigen deutschen Tugenden, die der israelische Mond vorzuweisen hat. Hier ist alles anders, selbst das Anderssein ist anders und dennoch vertraut. Wenn ein Freund will, dass ich von seinem Drink probiere, fragt er mich: »Rotza Schluck?« – »Möchtest du einen Schluck?«

»Meschugge« nennt man auch in Israel Menschen, die ein wenig verrückt sind. Wenn ich in Frankfurt von meiner »Mischpoke«, Familie, erzähle, verstehen dieses Wort auch meine Freunde in Tel Aviv. »Strudel« allerdings hat hier nichts mit Kuchen zu tun, sondern ist die Bezeichnung für das @ in einer E-Mail-Adresse. Am meisten jubele ich aber, wenn dieses kleine Pferdefuhrwerk durch die Straßen meiner weißen Heimatstadt am Mittelmeer rollt und der Kutscher ruft: »Alte Sachen, alte Sachen!« Er sammelt Trödel und Schrott ein, Dinge, die niemand mehr braucht. Es scheint so, als seien schon lange vor mir deutsche Wörter ausgewandert, was wissenschaftlich betrachtet natürlich

Humbug ist, denn die Herkunft von »meschugge« und »Mischpoke« ist jiddisch.

Früher antwortete ich auf die Frage, woher ich komme, immer mit »Berlin«. Ich war mir nicht sicher, wie gut »Deutschland« in Israel ankommen würde, inzwischen weiß ich, dass viele Israelis Deutschland und seine Menschen schätzen, wenn nicht sogar lieben. Bayern München hat hier eine große Fangemeinde, ebenso Günther Jauch mit *Wer wird Millionär*. Nicht wenige Israelis wünschen sich eine Regierungschefin vom Format Angela Merkels, und wer einen Opel fährt, der hat es geschafft. Familiennamen wie Huberman, Sinsheim, Oppenheimer, Kaufman, Silberberg oder Gesundheit stellen mich immer wieder vor die Frage, wie es heute in Deutschland wäre, hätte es die Nazis nicht gegeben. Würden unsere Kinder in der Schule im Musikunterricht Gassenhauer der Comedian Harmonists lernen? Gingen wir ganz selbstverständlich in jüdische Feinkostgeschäfte, um Bagel, Challa (Hefezopf) und Latkes (Kartoffelpuffer) zu kaufen? Wären die Leuchter zum Chanukkafest ebenso selbstverständlich wie Adventskränze? Warum vermissen wir in Deutschland jüdische Kultur, Literatur, Musik und den legendären Humor so wenig? Sie gehören doch ebenso zu unseren Wurzeln wie das christliche Weihnachtsfest und Schweinebraten. Nicht selten höre ich Kollegen das Wort »unorthodox« verwenden im Zusammenhang mit der Tatsache, dass wir etwas nicht wie üblich angehen. Ich freue mich darüber. Und ich habe noch nie ein Geheimnis daraus gemacht, dass ich in Tel Aviv lebe, warum sollte ich auch?

Freitagmorgens laufe ich immer zur Markthalle am neuen Hafen in Tel Aviv und kaufe mir Hering. Es ist der einzige Moment der Woche, an dem ich nicht Vegetarierin bin. Ich lasse mir den Hering in kleine Stücke schneiden und auf ein Baguette legen. Damit sitze ich in der Sonne und denke an meinen Vater, der früher auch immer freitags Hering kaufte. Es gab neben der Kaufhalle in unserem Wohngebiet in Ostberlin ein kleines Fischgeschäft. Die Heringe wurden in Zeitungspapier gepackt, weshalb mein Vater mich noch viele Jahre später, wenn ich schlechter Schlagzeilen wegen traurig war, mit den Worten tröstete: »Wen schert's? Morgen ist die Zeitung gerade noch gut genug, um Fisch darin einzuwickeln.«

Ich erinnere mich auch, dass mein Vater von diesem winzigen Stückchen Fleisch hinter den Kiemen der Fische schwärmte. Ich konnte mich weder dafür begeistern, noch verstand ich seine Leidenschaft für Kalbsleber. Und nun sitze ich am Hafen in Tel Aviv und esse, bevor die Stadt zur Ruhe kommt und der Shabbat beginnt, eingelegten Hering. Alles ist anders und doch vertraut.

Inzwischen habe ich mich auch halbwegs an die israelische Unzuverlässigkeit gewöhnt. Nur weil man einen Termin mit einem Handwerker vereinbart hat, bedeutet das noch lange nicht, dass dieser auch tatsächlich kommt. Wenn ich Glück habe, ruft er mich dreißig Minuten zu spät an, um mir mitzuteilen, dass er sich ein winziges bisschen verspäten wird. Meistens kommt er dann doch nicht und bleibt für die nächsten zwei Tagen wie vom Erdboden verschwunden, um dann unangemeldet plötzlich vor der Tür zu stehen. Die Taxifahrer empfinden mich bis heute als notwendiges Übel, weswegen sie sich bei ihren lautstarken Telefonaten nicht durch meine Anwesenheit aus der Ruhe bringen lassen. Dass dabei auch der Taxifunk und das Radio aus allen Lautsprechern dröhnen, stört nur mich, ebenso wie riskante Überholmanöver und unaufhörliches Gehupe. Wer in Israel zuerst bremst, verliert. Und hier wollen alle Gewinner sein.

Natürlich bin ich überpünktlich, wenn ich zu einem Interviewtermin erscheine, ich zahle meine Einkäufe immer komplett in *one payment*, ich räume die Häufchen meines Hundes weg und benehme mich so, als sei ich zu Hause. Weswegen ich auffalle und immer wieder die Frage nach meiner Herkunft beantworten muss. Inzwischen drehe ich den Spieß um und frage zurück: »Was meinen Sie?« Ukraine, Holland, Russland, Schweden, Australien – nein, ich bin aus Deutschland. Ich wurde in Berlin geboren, ich arbeite in Mainz und wohne in Frankfurt und in Tel Aviv.

Einmal verhielt ich mich israelisch, als ich ganz früh am Morgen mein Deutschsein im Bett vergaß und mit dem Hund am Strand joggen ging. Es war niemand da außer uns. Ich rannte, Carter rannte, und dann rannte ein Mann hinter uns her. Der Ordnungshüter der Stadt schnauzte mich an, dass ich den Hund gefälligst anzuleinen habe.

Er erwischte mich auf meinem israelischen Fuß und ich diskutierte: »Wieso? Es ist sechs Uhr, schauen Sie sich um, es ist niemand hier.«

Der Mann war fassungslos ob meines Widerspruches und schlug mich mit seiner Antwort k. o.: »Und wenn Sie jemanden umbringen und keiner sieht's, ist es dann kein Verbrechen? *Just keep the law*. Halten Sie sich gefälligst ans Gesetz.«

Ich leinte Carter an und wusste, dass wir uns schnellstens verkrümeln sollten, denn wenn man in Israel gesiezt wird, ist es ernst. Hier sind alle per Du, weswegen ich den Schriftverkehr meiner Freunde an deutsche Businesspartner oftmals korrigiere. Natürlich kann man mit »Hallo, Frank« beginnen, aber danach heißt es definitiv nicht: »Ich hoffe, es geht dir gut«. Nein, wir verwenden ein höfliches »Ihnen«, vor allem dann, wenn es das Anschreiben an einen Big Boss ist, den man noch nie zuvor persönlich traf und der einem auch nicht das Du angeboten hat. *Just keep the law.*

Dem Mann wurden vielfache Beziehungen immer gestattet. Man wird sie auch der Frau zugestehen müssen.
Anaïs Nin

Sex.

Ich habe vieles nicht erlebt.

Es fehlt das Wörtchen »noch«, welches klein daherkommt, aber stünde es im ersten Satz, wäre dieser nicht nur ein Satz. Er wäre ein Plan. Ich mache selten bis nie Pläne. Und in Sachen Sex schon gar nicht. Außer, dass ich ihn liebe und nicht auf ihn verzichten möchte. Wieder kein »noch«. Das hier ist schließlich kein Abgesang, sondern eine Bestandsaufnahme.

Wie oft habe ich schon gehört, dass wir Ostfrauen in Sachen Sex aufgeschlossener und hemmungsloser seien als Westfrauen. Schließlich sind wir doch alle ständig am FKK-Strand gewesen, was eindeutig auf ein ordentliches Maß an Freizügigkeit hinweist. Ich war nie am FKK-Strand, ich habe meinen Vater nie nackt gesehen, die Sexualität meiner Eltern war für mich tabu, ich wurde in der ersten Klasse mithilfe des Buches *Denkst du schon an Liebe?* aufgeklärt und alles andere war und ist Kür.

In Tel Aviv sind die Frauen sehr schön und sehr sexy. Die Männer sind es auch. Auf den Straßen sieht man hier deutlich mehr nackte Haut als anderswo, was mit der Hitze, aber auch mit einer Riesenportion Selbstbewusstsein zu tun hat. Im Restaurant bediente mich eine junge Frau mit großen Brüsten. Sie beugte sich über meine Speisekarte, von der ich nur noch wenig sah, denn sie wurde von einem Busen ohne BH in den Schatten gestellt. Ich konnte nicht wegschauen. Und ich bin eine Frau. Wie mag es da Männern gehen?

Die Luft ist hier in den langen Sommermonaten sehr feucht und sehr sexy. Ich glaube, es ist in Tel Aviv leichter als anderswo, die Nacht nicht allein zu verbringen, selbst wenn man Single ist.

Ich falle hier auf, weil ich groß und blond bin. Und weil ich auch nach vielen Jahren in Tel Aviv meine ostdeutsche Kinderstube nicht abgelegt habe. Zu den wichtigen erzieherischen Grundsätzen meiner Eltern zählten:

1. Man spricht nicht mit vollem Mund.
2. Die Ellenbogen gehören nicht auf den Tisch.
3. Man zeigt nicht mit nacktem Finger auf angezogene Menschen.

1. und 3. gelingen mir nur gelegentlich, aber meine Ellenbogen berühren beim Essen nie den Tisch. Ebenso sitze ich nicht im Schneidersitz oder mit angewinkelten Beinen auf dem Stuhl in einem Restaurant, so wie es die Israelinnen tun. Ich halte mich aufrecht und schlage vornehm die Beine übereinander, weswegen ich auffalle und schnell mit Menschen (»Woher bist du?«) ins Gespräch komme. Auch mit Männern.

Einer erzählte mir ungefragt von seinen Beziehungsproblemen und davon, dass er nach drei Monaten immer das Interesse an seiner jeweiligen Partnerin verliert. Deswegen führe er aktuell eine offene Beziehung. Seine Freundin sei gerade bei einem anderen Mann, weswegen er eifersüchtig und scharf zugleich sei. Als er mich fragte, was ich noch so vorhätte, stand ich auf und ging nach Hause. Kein FKK-Strand. Kein Seelenstriptease, bitte.

Am Strand hier sind die Bikinis sehr knapp, aber immerhin gibt es welche. Als ich in diesem Sommer ein paar Urlaubstage auf Mallorca verbrachte, war ich umgeben von nackten Brüsten. Es war, als hätte jemand ein geheimes Kommando gegeben: »Achtung, Frauen: Strand, Brüste raus!« Ich habe per se nichts gegen Nacktsein, komme aber dennoch nicht umhin, mich zu fragen, wie die Reaktion von uns Frauen wäre, würden die Männer alle ohne Badehose rumlaufen. Am Textilstrand auf Mallorca.

Bis heute weiß ich nicht, ob es in der DDR Sexspielzeug gab. Ich habe alle Schubladen meiner Eltern durchstöbert. Ich stieß dabei auf Familiengeheimnisse, Fotos, Briefe. Sex kam darin nicht vor. Eine Bekannte schickte mir neulich ein Foto von einer Sextoyparty. Es gab einen langen Tisch vollgepackt mit Spielzeug aller Art. Für sie. Für ihn. Für beide. 98 Prozent der Dinge, die dort ausgelegt waren, hatte ich noch nie zuvor gesehen. Aber alles sah wundervoll ästhetisch aus. Seit es auch in dieser Branche Firmenchefinnen gibt, sind die Zeiten von fleischfarbenen Dingen, die nur allzu gern im Halbdunkel verkauft werden, glücklicherweise vorbei. Ich bin sehr stolz auf mich, weil ich mich traute, die Bekannte zu fragen, was es mit einem eiförmigen Gegenstand auf sich hat. Die Antwort: Frau kann sich dieses Spielzeug einführen, die Fernbedienung, die via Bluetooth mit dem Gerät verbunden ist, bleibt aber bei der Partnerin/dem Partner, sodass es, wenn wir in der Schlange im Supermarkt stehen, tief in uns zu vibrieren beginnen kann. Vorspiel an der Käsetheke. Sex ist verrückt.

Auch der Mann, den ich vor langer Zeit mal kurzfristig in mein Leben und mein Bett ließ, war definitiv verrückt. Groß, hübsch, Ex-Soldat, geschieden, drei Kinder. Sein Geld verdient er mit der Reparatur elektrischer Leitungen. Ich stand augenblicklich unter Hochspannung. Bis er anfing, mit mir seine Pornofilme nachspielen zu wollen. Bei Sätzen wie: »Du musst jetzt schreien!« flog mir die Sicherung raus. Mein zaghaftes »Hallo, ich bin's« wurde überhört und stattdessen handfest auf meinen Po gehauen. Vielleicht behaupten Experten deshalb, dass übermäßiger Pornokonsum unsere Sicht auf gesunden Sex ruiniert. Wenn man tagtäglich im Internet sieht, dass Sex ausschließlich zu mehreren und immer nur deftig stattfindet, glaubt man das womöglich irgendwann.

Ich hingegen glaube an herrliche Zufälle. Und Augenblicke, die alles verändern. Jedenfalls für den Moment. Ich war müde und erschöpft, als ich mich vor einiger Zeit ins Flugzeug setzte, um nach Hause nach Tel Aviv zu fliegen. Im Gang auf dem Weg zu meinem Platz hörte ich plötzlich eine Stimme: *»Do you want to change yourrrr seat?«*, »Wollen Sie Ihren Platz tauschen?« Oh bitte, dachte ich, lass mich bloß in Ruhe, Mister rote Turnschuhe. Die sah ich nämlich trotz meines gesenkten Kopfes. Und dann sah ich ihn. Den Mann, den ich für einen Russen hielt, der aber aus Brasilien kam. Drei Stunden und vierzig Minuten lang schwieg ich ihn an, dann wackelte das Flugzeug bedenklich und der Brasilianer wusste, was zu tun war. Er fing an, mich in ein Gespräch zu verwickeln, am Ende gab ich ihm meine Handynummer, nahm am nächsten Abend mein Herz in die Hand und erlebte einige Wochen lang die Copacabana am Mittelmeer. Leckerer Sex geht auch ohne Liebe. Aber mit Begehren und Respekt. Noch heute leuchten meine Augen, wenn es um Brasilien geht. Und ja, es gibt Wichtigeres im Leben als Sex. Aber es gibt auch kein legaleres Dopingmittel als Sex. Dieses Schweben. Diese Leichtigkeit.

Beziehungen, Partnerschaften, Ehen funktionieren definitiv besser mit als ohne Sex. Natürlich kann ich auch mit halb leerem Tank Auto fahren. Ich trete dann das Gaspedal nicht voll durch und komme dennoch ans Ziel. Sex ist wie »Einmal volltanken, bitte«.

Jüdische Illustrierte
FRAUEN

Man soll die anderen so nehmen, wie sie sind,
und sich selbst so, wie man sein könnte
Catherine Deneuve

Macht die Liebe satt oder hungrig? Teilt man sie sich ein oder verlangt man Nachschlag? Ist mit jemandem zusammenzuziehen der Anfang oder das Ende der Romantik?

Ich hatte mal einen festen Freund, und dieser feste Freund wollte unsere Festigkeit in den Stein namens gemeinsame Wohnung gießen. Ich war nicht prinzipiell dagegen, aber zögerlich, weil ich mir a) nicht sicher bin, ob ich zum Zusammenleben tauge, und es b) erwiesenermaßen leider schon mehrmals gründlich schiefging. Ich bin nun gewiss keine Expertin in Sachen Paarsein, glaube aber, dass allein zu leben zumindest technisch gesehen deutlich einfacher ist. Viele haben Angst vor dem Alleinleben. Es liegt daran, dass wir allein mit einsam gleichsetzen. Aber allein und einsam haben so viel gemeinsam wie Sandaletten und Winterstiefel. Beides trägt man an den Füßen, aber niemals zur selben Zeit.

Allein zu leben bedeutet, alle Entscheidungen in Sachen Möbel, Geschirr, Fernsehprogramm, Musikauswahl, Esseneinkäufe und Kocherei allein mit sich auszumachen. Meistens jedenfalls. Einsam bedeutet, es gibt überhaupt niemanden, für den man kochen könnte, weder Freunde noch Familie noch eine Liebste oder einen Liebsten. Ich habe mir das Alleinwohnen nicht ausgesucht, aber ich habe es auch nicht verhindert. Es war sehr friedlich an meiner persönlichen Wohnungsfront, bis eben der feste Freund von einst anfing, vom Zusammenziehen zu sprechen. Er hat in Gedanken meine Möbel umgestellt, seine Bilder an meinen Wänden aufgehängt und mir vorgeschwärmt, was wir alles zusammen kochen werden. Ich bekam allein seiner Tagträume wegen eiskalte Füße. Mit jemandem zusammen zu sein ist Bundesliga, zusammen zu leben hingegen ist Champions League. Ich sagte dem Freund ab. Nicht aber der Liebe. Nur dem Zusammenziehen. Ich liebte den Freund, aber ich liebe mich ein winziges bisschen mehr und weiß, was ich brauche, um die Andrea zu sein, die ich gern bin, mit der ich tauschen und der ich hinterherschauen würde, begegnete ich ihr auf der Straße.

Manchmal muss man Nein sagen, wenn man Ja meint. Zumindest ist dies das Ergebnis eines Abends, an dem ich mir den Kopf über Erwartungen zerbrach. Meine eigenen und die der anderen. Ich bezweifle, dass ich nur allein leben kann. Würde ich dieses Abenteuer noch einmal wagen, dann zöge ich weder zu ihm noch er zu mir. Neuanfänge brauchen Neustarts. Jedenfalls dann, wenn es nicht der erste Neuanfang ist. Also gemeinsam eine Wohnung suchen, Zimmer auf- und Sachen verteilen. Hoffentlich hat mein Mitbewohnerfreund Bücher. Je mehr, desto besser. Ich kann auf einen vollen Kühlschrank verzichten, ich brauche keine *Rainfall*-Dusche, Dachterrasse oder sich automatisch an- und ausschaltende Wohnungsbeleuchtung. Bestünde die Möglichkeit, würde ich in einem Buchladen wohnen, allein, zu zweit, zu vielen. So bedauere ich es auch sehr, dass bisher niemand das Zusammenlesen erfunden hat. Es gibt Zusammenleben und Zusammenlegen, aber kein Zusammenlesen.

Zusammenleben kann schön sein, muss aber nicht. Zusammenlegen ist schön, muss man aber nicht. Zusammen liest man weniger allein. Aber keiner macht's. Selbst in den guten, alten Buchklubs las man zwar das gleiche Buch, aber immer jeder für sich.

Wie liest man eigentlich zusammen? In meiner Fantasie liegt ein sehr glückliches Pärchen in einem sehr gemütlichen Bett und liest zusammen – schweigend – Seite für Seite ein Buch. Hoffentlich lesen beide gleich schnell, sonst endet diese Geschichte nicht gut. In einer anderen Fantasie liest sich dieses glückliche Pärchen auf einem gemütlichen Sofa gegenseitig laut vor. Eine Seite sie. Eine Seite er. Hoffentlich gefällt ihm ihre Art, vorzulesen. Sonst lesen die beiden das Buch nie zu Ende. In meiner besten Fantasie lese ich laut vor und die andere Person in meinem glücklichen Leben hört wahrhaftig interessiert zu und krault mich währenddessen.

Ich vermute, dass sowohl meine Fantasien als auch die Idee des gemeinsamen Lesens Hirngespinste sind, weswegen immer mehr Menschen, die sich zur selben Zeit am selben Ort befinden, weder miteinander sprechen noch miteinander lesen oder gar einander vorlesen.

Wie bedauerlich. Ich gehöre zu den Menschen, die echte Bücher der elektronischen Variante vorziehen. Dieser Duft von bedrucktem Papier, das Rascheln der Seiten beim Umblättern, der Sicherheitsblick, bevor ich meine Wohnung verlasse: Habe ich auch ja das Buch eingepackt? Ich finde Bücher kaufen, lesen, besitzen sinnlich. Es ist Erotik für den Kopf und die Seele. Ich lese zwar allein, aber ich spreche über meine Bücher. Und manchmal sogar mit ihnen. Dem Buch *Die Galerie am Potsdamer Platz* gestand ich schwärmerisch, wie schön es aussieht. Und meinen beiden neu erstandenen Erich Kästners versprach ich, dass sie natürlich zu den anderen Kästners in meinem Bücherregal kommen.

Bräche in meiner Wohnung ein Feuer aus, ich würde als Erstes versuchen, meine Bücher zu retten. Was unmöglich ist, denn es sind zu viele. Aber ohne die Johannes-R.-Becher-Erstausgabe, Jurek Beckers *Lieber Johnny* und den opulenten Bildband über Konrad Wolf würde ich nicht aus dem brennenden Haus rennen. Im Konrad-Wolf-Buch ist das beste aller Pelmeni-Rezepte niedergeschrieben. Außerdem bewunderte mein Vater Konrad Wolf, die beiden verband ein großer Respekt füreinander.

Die Gründe, warum man ein Buch mit auf die einsame Insel nehmen würde, sind so vielfältig, wie es Geschichten gibt auf dieser Welt. Aber immer ist es eine Herzensangelegenheit. Geheimnis und Offenbarung zugleich. Trost. Liebe. Licht. Bücher haben eine Stimme. Und einen Geruch. Mit einem guten Buch schlafe ich ein. Ein exzellentes Buch lässt mich davonfliegen. An einen Ort, der nicht existiert. Und im Gegensatz zu sonst habe ich bei diesem Flug keine Angst.

Es gibt Samen, denen reicht schon
ein Krümel Erde, um zu keimen.
David Grossman

Jawohl. Ich gebe mich geschlagen. Ich werfe das Handtuch, streiche die Segel. Alle anderen haben recht – Hörbücher sind großartig. Basta! Jahrelang habe ich mich regelrecht verweigert, habe abgewunken, Grimassen geschnitten, mir die Ohren zugehalten.

»Wer Hörbücher hört, ist nur zu faul zum Lesen«, lamentierte ich besserwisserisch. Bis der nächste turbulente Flug mich dermaßen in der Seele erschütterte, dass ich dem klugen Rat meiner noch klügeren Freundin nichts mehr entgegenzusetzen hatte und anfing, es zu hören – mein erstes Hörbuch. *Die Attentäterin* von Daniel Silva. Vorgelesen von Axel Wostry.

Im Internet findet man folgenden Eintrag: »Axel Wostry arbeitet als Sprecher, Hörfunk-Regisseur und Lehrer für künstlerisches Sprechen sowie mediale Präsentation.« Das Wort »Vorlese-Gott« vermisse ich in der Beschreibung von Axel Wostry, denn, verehrte Leserinnen und Leser, wenn Axel Wostry neben mir im Bett liegt oder vor mir auf der Crossmaschine befestigt ist, wenn er mir während Start und Landung ins Ohr flüstert, dann singt der Vorlesehimmel »Halleluja«.

Diese Stimme. Dieser Wohlklang. Dieses komplette Fehlen jeglichen Akzentes und Dialektes. Das purste Hochdeutsch ever. Was ich auf eine einsame Insel mitnehmen würde? Die Stimme von Axel Wostry. Und ja, auch das Buch *Die Attentäterin* ist großartig. Spannend, mehr als aktuell, Paris, Israel, Amerika, der IS und Terror weltweit. Aber zum ersten Mal verschlinge ich einen Bestseller nicht selbst, sondern er wird mir kredenzt von einem professionellen Vorleser, den ich mittels Download jederzeit aus meinem Mobiltelefon in mein Leben lassen kann. Endlich verstehe ich, warum es so viele Menschen gibt, die mir in Sachen Hörbücher so weit voraus sind. Meine Güte, war ich dumm und ignorant! Was habe ich all die Jahre verpasst?! Viel früher hätte ich mich in die Stimme meines Vorlesers verlieben können. Noch nie erschien mir mein nächtliches Schlafzimmer so luxuriös, denn mein Telefon liegt neben mir, ich drücke »Play« und sanft, aber auch kraftvoll wird mir das nächste Kapitel vorgelesen. Schlafe ich dabei regelmäßig ein? Aber natürlich. Ich bemerke es erst, wenn ich am nächsten Tag auf der Crossmaschine wieder »Play« drücke und mir nichts von dem, was ich höre, bekannt vorkommt. Dann weiß ich, dass ich die letzten fünf Kapitel verschlief und den Anschluss verloren habe. Dass es tatsächlich Menschen gibt, die die Gabe haben, mich in den Schlaf zu lesen, war mir nicht bewusst.

»Schuld« daran, dass ich länger renne als nötig. Aber stoppe ich das Laufband, stoppe ich auch meinen Vorleser. Mich zu gedulden war noch nie meine Stärke. Nur mein Auto ist immer noch hörbuchfrei. Denn wie wahrscheinlich ist es, dass die Polizei mir mein Über-Rot-Fahren verzeiht, weil ich gerade in meinem Parallelvorleseuniversum in Washington bin, um gefährlichen Terroristen das Handwerk zu legen? Eben!

Meine vormals ablehnende Haltung gegenüber Vorlesern, Podcasts und Hörspielen ist wirklich nur mit Alterssturheit zu erklären. Als kleines Mädchen liebte ich alles, was aus dem Radio kam. Stimmen, Gespräche, Interviews, Nachrichten, Lieder. Ich erinnere mich an endlose Sonntagvormittage in der Badewanne, in der ich lag, bis meine Haut an den Fingern und Füßen schrumpelig und aufgeweicht war. Meine Eltern hatten ein kleines Radio ins Bad gestellt, damit ich das Kinderprogramm im DDR-Hörfunk verfolgen konnte. Ich hörte dort *Das Butzemannhaus* mit Protagonisten wie dem kleinen Pfennig. So hieß der wirklich. Es ist das Einzige, was mir dazu noch einfällt, und natürlich, wie glücklich ich war, weil mir meine Eltern erlaubten, mich diesem Hörgenuss hinzugeben, während ich in der Badewanne lag.

Meine Mutter und mein Vater wiederum genossen die Sendepause ihrer kleinen Tochter, die schon damals mehr Worte und Fragen zur Verfügung hatte als andere Kinder in diesem Alter.

Meine Eltern haben mir immer Gutenachtgeschichten vorgelesen. Sie nahmen sich dafür Zeit, saßen auf dem Stuhl neben meinem Kinderbett und machten mich glücklich. Jemandem vorzulesen ist wie etwas zu verschenken. Eine tolle Geschichte und Zeit, die ich mir nehme, um mit einem anderen Menschen eine Fantasiereise anzutreten. Man braucht dafür weder Gepäck noch eine Hotelbuchung, ein gutes Buch ist der All-inclusive-Urlaub für 15 Minuten. Das Gutenachtgeschichtenvorlesen behielten meine Eltern bei, auch nachdem ich schon selbst lesen konnte, aber dafür erwarteten sie von mir, dass ich sie am Sonntag gefälligst ausschlafen ließ.

Kein iPhone, iPad, Computer oder gar TV-Programm war damals verfügbar, was macht also ein kleines Mädchen, das schon mit sechs Jahren lesen kann? Es liest. Diese Kinderbücher (ABC-Bücher), deren Schrift besonders groß gedruckt war. *Brüderchen Vierbein* gehörte definitiv zu meinen liebsten Büchern dieser Reihe. Gern verschenke ich die anrührende Geschichte, die Eva Strittmatter einst erdachte, an die Kinder im Freundes- und

Bekanntenkreis. Jedes Mal wird mein Herz ein wenig schwer, weil ich mich daran erinnere, wie sehr ich der kleinen Hauptdarstellerin wünschte, doch endlich jemanden zu finden, damit sie nicht mehr so allein ist. Manchmal fühlt man sich als Kind am Sonntagmorgen mit einem Buch im Bett auch sehr allein, vielleicht machen diese Erfahrung aber auch nur Einzelkinder wie ich.

Die Reise nach Sundevit fand ich abenteuerlich, den Autor Benno Pludra vergötterte ich. *Heiner und seine Hähnchen* lehrte mich, Wort zu halten, mich zu kümmern, wenn ich es verspreche. Bei *Hirsch Heinrich* wurde es immer so schön weihnachtlich, auch mitten im Sommer, mein kleines Bücherregal voll mit DDR-Kinderliteratur war ganzjährig geöffnet. Ich konnte auch *Die Weihnachtsgans Auguste* im Juli lesen, ohne mir merkwürdig vorzukommen. Ich liebte zusammen mit Peterle und seinen Schwestern die gerupfte Weihnachtsgans Auguste, während meine Eltern am Sonntagmorgen ausschliefen, dem einzigen freien Morgen der Woche, denn ich ging auch samstags zur Schule, und meine Eltern standen immer mit mir auf, um mir ein Frühstück und die Brotbüchse für die Schule zuzubereiten.

Im DDR-Deutschunterricht wurde immerzu gelesen. Entweder im Lesebuch oder eine sogenannte Lektüre. Fette Schinken waren dabei. Durch *Die Mutter* des russischen Schriftstellers Maxim Gorki musste ich mich regelrecht kämpfen. Aber bis heute lege ich kein Buch unvollendet zurück. Selbst bei wirklich unlesbaren Büchern hoffe ich bis zur letzten Seite, dass sich das Blatt noch wendet und ich auf diesen einen unbeschreiblichen Satz stoße, weswegen das Buch jede Mühe wert war. Da ich Anfänge nicht nur im wahren Leben, sondern eben auch in der Welt der Bücher liebe, begeistern mich erste Sätze, erste Seiten. Manchmal stelle ich mir vor, wie sich all die ersten Sätze aus meinen vielen Büchern nachts miteinander unterhalten, um sich gegenseitig zu verraten, wie lange ihre Autorin/ihr Autor über sie nachdachte. Ergeben all diese Sätze hintereinander gelesen eigentlich das perfekte Buch?

Ich verrate Ihnen, liebe Leserinnen und Leser, ein Geheimnis: Ich habe meine Bücher noch nie gezählt. Auch nicht grob überschlagen. 16-mal sind sie bisher mit mir umgezogen. Sie wohnten in Berlin, am Ammersee, an der Bergstraße, in Mainz und Frankfurt. Geschirr ging zu Bruch, Bekleidung verloren, Sofas wurden ver- und Sessel gekauft. Allein meine Bücher sind mir treu. Es sind einige Hundert, da bin ich mir sicher. Ich ordne sie nach einem nur mir verständlichen System. Nach Autorin/Autor, nach Genre, nach alt und neu, nach aufrecht stehend oder liegend. Alle englischsprachigen Bücher stehen zusammen. Und ganz rechts außen befinden sich ungelesene Bücher, die nicht selten noch originalverpackt sind.

Irgendwann werde ich meine Schätze zählen. Wenn ich sie alle bei mir in Tel Aviv habe. Und dann werden sie israelische Autoren wie Meir Shalev und David Grossman kennenlernen, die ich nur auf Deutsch lesen kann. Aber es wird der Tag kommen, in diesem oder nächstem oder übernächstem Leben, da wird mein Hebräisch gut genug sein, um einzutauchen in die Welt der Bücher des Landes, welches mein Zuhause wurde. Schon heute nimmt ein Freund ein Buch aus meinem Regal, lässt die Seiten durch seine Finger gleiten, ich sage »Stopp!«, und er liest mir vor. *Der kleine Prinz* auf Hebräisch – ich verstehe nichts und doch jedes Wort. Geschichten, die man kennt, brauchen keine Übersetzung. Man erinnert sich mit dem Herzen, das genügt.

Mein seltsamstes Buch ist eine Geschichte über die Liebe und deren Scheitern in Form eines Auktionskatalogs. *Das Wolkenschaf* ist und bleibt mein liebstes DDR-Kinderbuch. Es beginnt so: »Christine ist ein kleines Mädchen mit blauen Augen und blonden Haaren.«

So simpel. So liebevoll. So wunderschön. Würde ich im Lotto gewinnen, ließe ich all meine Bücher immer wieder neu verlegen und vielleicht sogar verfilmen. Um den Kindern von heute zu zeigen, wie herrlich einfach die Kindheit ihrer Eltern war. Und um die Eltern von heute daran zu erinnern, dass kein Computerspiel jemals ein Kinderbuch ersetzen kann. Ich spiele kein Lotto, halte mich aber dennoch für eine glückliche Gewinnerin (dreimal Holz!), weswegen ich dankbar bin, dass die Bücher meiner Kindheit immer noch erhältlich sind. Es wäre doch zu schade, ginge das kleine Trompeterbuch *Die Suche nach dem wunderbunten Vögelchen* verloren. Denn Kinder, die lesen, erleben dank ihrer Fantasie die tollsten Abenteuer. Und aus fantasievollen Kindern werden aufrechte, mutige Erwachsene. Ich kann das nicht beweisen, aber ich glaube daran. Ganz fest.

Lass dich nicht unterkriegen, sei frech
und wild und wunderbar!
Astrid Lindgren

Hummer müssen zukünftig betäubt werden, bevor man sie in kochendes Wasser wirft. Jedenfalls in der Schweiz, die nicht gerade bekannt ist für Innovation und Tatendrang, eher für Akribie und Genauigkeit. Uhren. Hustenbonbons. Schokolade. Schellen-Ursli. Banken. Wer hat's erfunden? Nun also eine Vollnarkose für Hummer. Auf den ersten Blick liest sich das wie eine lebenserhaltende Maßnahme für schwer erkrankte Hummer. In Wirklichkeit ist es betreutes Sterben. Betäubtes Töten. Bislang werden Hummer in den Küchen dieser Welt einfach ins kochende Wasser geworfen, aus Grau wird Apricotrosa. Aus einem gewöhnlichen Meerestier wird eine Delikatesse.

Ich weiß nicht, ob es uns gemeinsam gelingt, liebe Leserinnen und Leser, uns vorzustellen, wie das ist, wenn wir in eine Badewanne mit hundert Grad heißem Wasser geworfen werden. Es schmerzt schon, wenn ein Tropfen kochendes Wasser versehentlich unsere Haut berührt.

Ich esse seit nunmehr zehn Jahren keine Tiere mehr. Am 30. Juni 2010 starb mein Golden Retriever Milo. Ganz friedlich. Ganz ruhig. Ich begrub ihn und wäre niemals auf die Idee gekommen, ihn zu essen. Ich höre Ihren Protest: »Hunde und Katzen kann man doch nicht vergleichen mit Schweinen und Hühnern.« Warum nicht? Es sind Tiere. Mein Hund starb eines natürlichen Todes, seine Artgenossen werden getötet, damit wir sie essen können. Und glauben Sie mir bitte, jedes Schwein, jedes

Rind, jeder Lachs aus einem unnatürlichen Aufzuchtbecken und jede Pute leidet beim Sterben ganz genauso wie der Hummer im kochenden Wasser. Es gibt genügend Filme über die Arbeit der Schlachthöfe. Man hört die Tiere schreien. Vor Angst. Vor Schmerzen. Sie leiden. Ich glaube nicht, dass es dringend notwendig ist, Tiere zu essen. Und wenn man auf sein Steak und die Currywurst schon nicht verzichten kann, dann ist wenigstens Obacht geboten. Man kann nämlich sehr wohl beim Kauf von Fleisch darauf achten, unter welchen Umständen die Tiere gelebt haben und gestorben sind. Ich finde, es hat etwas mit Haltung zu tun, sich nicht jedes Billigschnitzel andrehen zu lassen.

Noch mal zum Nachsprechen: Die betäuben den Hummer nicht, damit ihm eine medizinische Behandlung keine Schmerzen bereitet, nein, sie betäuben ihn, bevor er auf eine äußerst fragwürdige Art und Weise getötet wird. Ganz schlechtes Karma.

Auch beim Essen bin ich nicht geradlinig, ich esse in Kurven. Ich mache Ausnahmen. Ich bin keine vegetarische Extremistin. Die Shabbat-Festtafel meiner marokkanischen Freunde in Ramat Gan, einem Vorort von Tel Aviv, biegt sich unter der Last der Fisch- und Fleischgerichte. An hohen Feiertagen gibt es Fleisch gefüllt mit Fleisch. Ich übertreibe, esse aber alles mit großer Begeisterung mit. Nicht weil sich das so gehört, nein, weil es mir Freude bereitet und schmeckt.

Zweimal im Jahr bin ich zu Gast im Keton, einem Restaurant in Tel Aviv, welches seit 1945 Gerichte serviert, deren Rezepte die Juden aus Osteuropa mitbrachten. Hier in Israel sagt man einfach: aschkenasisches Essen. Gefillte Fisch, gehackte Leber, Schnitzel und Mohnstrudel. Wenn ich die Augen schließe, höre ich meinen Vater an unserem Herd hantieren. Er machte

Bonbons selbst. Und Baiser. Hering. Hühnersuppe. Ach, wäre ich doch schon damals so eine gute Esserin gewesen, wie ich es heute bin. Meine Eltern hätten sich deutlich weniger Sorgen machen müssen, dass ihr einziges Kind eines Hungertods sterben wird, weil es partout nichts essen will.

Manchmal nasche ich auch am Gulasch, den ein Freund vorbeibringt, weil er weiß, dass ich schreibe und weder zum Einkaufen noch zum Ausgehen Zeit habe. Das sind Ausnahmen meiner persönlichen Ich-esse-keine-Tiere-Regel. Ich finde an jedem Tisch, ob bei Freunden oder im Restaurant, immer vegetarische Alternativen. Bei jedem Bäcker gibt es mittlerweile vegetarisch belegte Brötchen. Es ist so leicht geworden, zumindest essenstechnisch, seinen Grundsätzen treu zu bleiben. Und ja, so wie alle Neuvegetarier versuchte ich am Anfang, Familie und Freunde und Mitmenschen von der Richtigkeit meiner Entscheidung zu überzeugen und zum Nachahmen zu bewegen. Es gab Streit beim Einkaufen, Kochen, Essen. Ich beendete meine Missionierungsversuche genauso plötzlich, wie ich sie begonnen hatte. Aber wer auch immer für mich kocht, fragt mich, ob ich anstelle der Roulade lieber etwas ohne Fleisch haben möchte. Meine Antwort lautet: »Ja«. Es sei denn, es ist schon wieder einer dieser Feiertage. Ausnahmen machen Regeln lebbar. Jedenfalls in meinem sonnigen Leben.

Es ist der absolute Luxus, Leidenschaft mit Leistung zu kombinieren. Und es ist der wahre Weg zum Glück.
Sheryl Sandberg

Traditionell ist jeden Sonntag eine überragende Stimmung im *Fernsehgarten*. Wenn rund sechstausend Menschen zusammenkommen, um etwas in bester Absicht gemeinsam zu erleben, dann kann nicht mal schlechtes Wetter die gemeinschaftliche Laune vermiesen. Traditionell ist es immer sonnig im *Fernsehgarten*. Außer dieses eine Mal im Sommer 2019. Das Thema der Sendung war »Mallorca«. Wohin das Auge reichte: glückliche, unbeschwerte Menschen, die fröhlich Ballermann-Hits wie *Schatzi, schenk mir ein Foto* oder *Inselkind* mitsangen. Der *Fernsehgarten*-Pool mit seinem blauen Wasser sah aus wie das Mittelmeer voller Glück. Und dann begann es zu regnen. Regen können wir im *Fernsehgarten*. Gewitter nicht. Weil Blitze für Zuschauer und Kollegen gefährlich sind, mussten sechstausend Menschen das *Fernsehgarten*-Gelände zügig verlassen. Das amtsdeutsche Wort dafür lautet »Entfluchtung«. Es ist wie betreutes Wegrennen ohne Panik. Weil der *Fernsehgarten* aber eine Liveshow ist und man nicht einfach so vom Sender gehen kann, nur, weil es gewittert, verzog ich mich mit einigen Künstlern und ein bisschen Kameratechnik in unser Notfallstudio, welches eigentlich nur ein Raum über dem *Fernsehgarten*-Bootshaus ist. Dort hingen ein paar Scheinwerfer, es gab ein Sofa, der Rest war Improvisation.

So viele Kurven bin ich noch nie in meiner Show gefahren. Eigentlich war es ein nicht endender Kreisverkehr guter Laune und überschwänglicher Lebenslust. Ich vergaß, dass das wirklich live war und uns Menschen an ihren Fernsehgeräten zusahen. Später schrieb die Presse, es sei der beste *Fernsehgarten* aller Zeiten gewesen. Sagen wir so: Es war ein besonderer *Fernsehgarten*.

Heute, ein Jahr später, denke ich, es war ein Omen für das, was uns im Sommer 2020 beschäftigen sollte: Improvisieren. Klein statt groß. Abstand statt Nähe. 99 Zuschauer statt ausverkaufter Show. Die fehlenden Zuschauer machten mir in diesem Sommer am meisten zu schaffen. Es war, als hätte mich mein Glück verlassen, denn diese strahlenden Gesichter von Menschen, die ich eigentlich nicht kenne, zu denen ich aber für zwei Stunden und 15 Minuten Nähe aufbaue, weil sie es mir erlauben und wir uns gegenseitig wertschätzen, bedeuten mir mehr, als ich beschreiben kann. Es ist eine Liebesbeziehung. Ein Geben und Nehmen. Ein Fragen und Antworten. Ein »Zu dir oder zu mir?«. Ein »Darf ich bitten?« – einfach alles, was mein Herz fühlen und erleben kann, ohne Gefahr zu laufen, vor Glück zu zerspringen.

Manchmal gesellt sich zu der überragenden Stimmung noch ein besonderes Gefühl hinzu. Ich nenne es für mich selbst: Liebesglück. Es ist der Moment, in dem alles stimmt, in dem alles perfekt ist. In dem Herz und Gehirn gemeinschaftlich rufen: »JETZT!«.

Solche Momente gibt es in meinem *Fernsehgarten*. Ich erkenne sie sofort, obwohl sie für das Auge unsichtbar bleiben. Wie ein Windhauch wehen dann Liebe und Glück über den Lerchenberg, im perfekten Augenblick. Es liegt an Künstlern wie Adel Tawil oder Scooter. Zwei Musiker, die unterschiedlicher nicht sein könnten. Adel, der Liedtexte schreibt, als hätte er ein lebenslanges Abonnement bei einer Dame namens Muse. Und H. P. Baxxter, der Musik produziert, die treibend und mitreißend und definitiv mit einer Familienpackung Adrenalin angereichert ist.

In solchen Momenten, wenn in meinem *Fernsehgarten* Künstler singen, deren Auftritte in dieser Kombination nicht selbstverständlich sind, schaue ich mich um und sehe in den Gesichtern meiner Zuschauer und meines Teams nichts als pures Glück. Weil man dabei ist, weil man so etwas Besonderes erleben darf, weil laute Musik, weil prosaische Texte eben glücklich machen. Und da sich Glück vermehrt, wenn man es teilt, erleben sechstausend Zuschauer plus ein großes ZDF-Team Glücksgefühle pur, laut und deutlich, still und leise.

Wir sind eine Familie, die vielen Tausend Besucher, die jeden Sonntag mit Kind und Kegel auf den Mainzer Lerchenberg strömen, jung und alt, Junggesellenabschiede, Chöre, Kegelvereine, Familien mit Kinderwagen, rüstige Rentner mit Wanderschuhen und Achtzigjährige mit Rollatoren. Alle sind willkommen im *Fernsehgarten*. Alle kommen freiwillig und zahlen Eintritt dafür, ein Teil der Show zu sein. Sie sind ein Abbild unserer Gesellschaft. Die, wenn sie zusammenhält, stark ist und ein gesundes Empfinden für Recht und Unrecht hat. Und die mit dem wunderbaren Adel Tawil zusammen singt und mit dem überragenden Scooter hüpft und springt.

Der Sommer 2020 war keiner von uns. Er machte etwas, womit niemand gerechnet hatte: Er separierte uns von uns selbst. Als Gesellschaft und als Individuen. Natürlich kann der Sommer überhaupt nichts dafür. Aber er machte, dass ich mir vorkam wie eine Praktikantin, eine Auszubildende in meiner Show, die ich seit zwanzig Jahren erfolgreich präsentiere. Ich dachte, der *Fernsehgarten* sei ein Teil von mir. Nach mehr als dreihundert Sendungen ist er mir in Fleisch und Blut übergegangen. Ich überrasche ihn – nicht umgekehrt. Und dann kam der Mai 2020 und mit ihm eine völlig neue Situation. Es war, als hätten wir für unser erprobtes leckeres Drei-Gänge-Menü die wichtigste aller Zutaten eingebüßt: die Zuschauer vor Ort.

Immer samstags um 16 Uhr ist Generalprobe. Sie wird von einigen Zuschauergruppen besucht, die zuvor an einer Führung durchs ZDF teilnehmen. Schulklassen, Studenten, Besucher der Stadt Mainz. Immer sind Menschen bei uns, die uns beim Arbeiten zusehen. Die schauen, wie Fernsehen gemacht wird. Die erstaunt sind, wenn sie sehen, wie schwerfällig und dennoch präzise die beiden großen Kamerakräne bewegt werden, wie schnell meine beiden Steadicam-Operator übers Gelände rennen und wie wenig Zeit meine Kollegen von Bühne und Requisiten haben, um einzelne Takes vorzubereiten. Sie beobachten, wie die Aufnahmeleiter die Künstlerinnen und Künstler zu ihren jeweiligen Auftritten bringen und von dort wieder abholen. Wie meine Visagistin meinen Lippenstift nachzieht und meine Stylistin an mir rumzupft. In einer Liveshow passiert alles parallel – vor und hinter der Kamera. Und den Zuschauern vor Ort entgeht nichts.

In der *Fernsehgarten*-Saison 2020 war es vor allem eins: still. Während der Generalprobe. Und während der Sendung. Am Anfang gab es überhaupt keine Zuschauer. Wir sendeten vom Pool. Die sogenannte Spielfläche mit zwei Bühnen, Glasdach und Plätzen für circa zweitausend Gäste blieb ungenutzt. Vögel bauten sich Nester in den großen Lautsprechermasten, Eichhörnchen okkupierten das Glasdach, Wespen wunderten sich, dass es niemanden zum Stechen gab. Ich war sehr verunsichert. Und unglücklich. Und nicht stabil. Ich wollte partout mein gewohntes *Fernsehgarten*-Leben zurück. Ich kämpfte, stritt, schimpfte, widersetzte mich, lamentierte, weinte – und akzeptierte irgendwann, dass es

Situationen im Leben gibt, die ich nicht ändern kann. Es stand nicht in meiner Macht, die Dinge wiedergutzumachen für mein Team, die Zuschauer und mich. Ich gab klein bei. Und wurde von meinen Kollegen aufgefangen und aufgeheitert. Wir fingen an, uns als Fernsehmacher und zugleich als Fernsehzuschauer zu verstehen. Wir nahmen Rücksicht aufeinander. Wir hielten uns akribisch an die Vorschriften. Als Freiberufler, und das sind die meisten von uns, waren wir dankbar, dass wir arbeiten durften. Kein *Fernsehgarten* – kein Einkommen. Ich weiß nicht, ob jemals der Moment kommen wird, an dem wir lachend an den Sommer 2020 zurückdenken werden. Normalerweise spendiere ich bei einer Einschaltquote von mehr als zwei Millionen TV-Zuschauern Eisbecher fürs ganze Team. Der Sommer 2019 war in dieser Hinsicht teurer. Wir waren wahnsinnig erfolgreich. Im Sommer 2020 bestellte ich nur zweimal den Eismann, statt opulenter Eisbecher gab es hygienisch einwandfrei eingeschweißtes Eis am Stiel. Die 99 wurde zur magischen Zahl. Nicht der von Nena besungenen Luftballons wegen, sondern weil am Ende tatsächlich 99 Zuschauerinnen und Zuschauer live beim Fernsehgarten 2020 dabei sein durften. Sie mussten sich vorab anmelden, wurden zum Platz gebracht, durften nicht aufstehen und rumlaufen und mussten Abstand halten. Fanfotos gab es nur aus der Ferne. Aber es gab wieder Applaus für unsere Künstler. Richtigen Applaus. Von echten Menschen. Für echte Menschen.

Ich wuchs in einem Land auf, in dem andere meinten, besser als ich zu wissen, was für mich gut ist. Ich war umgeben von unüberwindbaren Grenzen, an denen man sich auch nicht scheute, auf Andersdenkende zu schießen. Freiheit ist meine Religion. Mich in meinen Entscheidungen frei zu fühlen, ist mein persönlicher Frieden. Angst zu haben, macht unfrei. Meine Eltern erzogen mich zu einer Frau, die lieber hinterfragt, als alles stillschweigend hinzunehmen. Lieber ecke ich an, als dem Herdentrieb zu unterliegen. Ich trennte mich in diesem Jahr von einigen Bekannten oder die sich von mir, weil unsere Vorstellungen von Leben und Selbstbestimmtheit nicht kompatibel waren. Aber ich verlor nicht eine einzige Kollegin und auch keinen Kollegen. Manchmal diskutierten wir, gestritten haben wir uns nie. Dazu war das Eis, auf dem wir alle gemeinsam stehen durften, viel zu dünn. Wir begrüßten uns mit Ellbogen, wir trugen Masken, ich schaute zum ersten Mal in meinem Leben nicht nur in diesen kleinen schwarzen Bildschirm namens Kamera, ich schaute auch in vermummte Gesichter. Noch nie war ich stolzer auf mein Team als nach der *Fernsehgarten*-Saison 2020. Und noch nie war ich unseren Zuschauern dankbarer. Sich treu zu bleiben, wenn man eine Fernbeziehung hat, ist kein Kinderspiel. Was da auch noch kommen mag: Der Sommer 2021 wird sehr sonnig.

Verrückt zu werden, war keine Option
Tamar Artzi

Anna und Tamar kennen sich nicht. Sie sind sich noch nie begegnet, die eine weiß nichts von der anderen. Was sie vereint, ist meine Liebe und Bewunderung für die beiden Frauen. In schwierigen Situationen frage ich sie um Rat. Innerlich. Oder rufe mir ins Gedächtnis, wie sie sich verhalten würden, wenn es darauf ankommt, nicht die Nerven zu verlieren. Im Nervenverlieren bin ich richtig gut, im Nervenbehalten wäre ich gern besser. Daran arbeite ich. Jeden Tag.

Als ich Tamar traf, kannte ich bereits ihre Geschichte, aber davon wusste sie nichts. Ich hatte vor allem den merkwürdigen Namen gehört, mit dem ihr Mann Michel sie beschreibt: »Die Frau, die in unserer Wohnung herumläuft.«

Tamar und Michel sind nicht miteinander verheiratet. Sie leben seit zwanzig Jahren oder mehr zusammen, Daniel und Thalia heißen die gemeinsamen Kinder. Lange kannte Michel die Geschichte der Frau, die auch ohne Ehering die seine ist und die in der gemeinsamen Wohnung umherläuft, auch nicht. Tamar ist nicht die Art Frau, die sich und ihr Leben auf dem Silbertablett präsentiert. Tamar ist still. Selbst, als es in ihrem Leben wahnsinnig laut wurde, war es leise in ihr. Tamar überlebte eine Flugzeugentführung. Ein Terrorist schoss ihr ins Gesicht und in den Rücken. Sie lag stundenlang bei Regen und Kälte unter einem Flugzeug. Und überlebte dennoch. Viele andere Passagiere des Fluges nicht.

Menschen, die etwas Einzigartiges erlebt oder getan haben, als Vorbilder zu bezeichnen, ist einfach. Deswegen hat Tamar nicht diese besondere Stellung in meinem Leben inne. Nein, es ist die Frau Tamar, die mir so gefasst und jedes Wort mit Bedacht wählend ihre Geschichte erzählte, dass ich gar nicht anders konnte, als sie zu bewundern. Aber so ist Tamar. Sie ist stabil. Nicht wie ein Fels, aber es scheint, als habe sie ein sehr solides Fundament. Im Gegensatz zu Tamar bin ich fragil. Ich kann auch stark sein, und ich gebe nicht so schnell auf, aber es ist relativ einfach, mich aus der Ruhe zu bringen. Ich weiß nicht, ob Tamar schon immer so gefestigt war oder ob sie es wurde, weil sie in der größten Ausnahmesituation ihres Lebens keine andere Wahl hatte. Als die Angst sie zwang, ruhig zu bleiben, hörte sie auf ihrem Walkman immer und immer wieder dasselbe Lied. Als ihr Überlebenswille sie anwies, einen Ausweg zu finden, sagte sich Tamar im Geiste: »Ich muss hier weg.« Es war wie ein Memo an sie selbst. Und es funktionierte.

Tamar hat nichts Heldenhaftes an sich, sie ist warm und weich, sie tanzt gern folkloristische Tänze und bittet den Kellner im Restaurant immer als Erstes, die Klimaanlage etwas weniger kalt einzustellen. Sie trinkt nur gelegentlich Alkohol und macht mir stets Komplimente meiner blonden Haare wegen. Sie ahnt nicht, dass ich viel lieber wäre wie sie. Und dass ich sie für mein Frauenmagazin interviewte, weil meine Leserinnen unbedingt von ihr erfahren mussten und ich sehr egoistisch hoffe, dass ihr Mut und ihre Besonnenheit eines Tages auf mich abfärben. Tamar ist im herrlich altmodischen Sinne mein Vorbild. Sie ist keine Influencerin. Nein, es ist nicht wichtig für mich, Dinge zu haben oder zu tun, als wäre ich eine zweite Tamar. Ihre Haltung hat es mir angetan. Ihre Sicht auf das Leben ist sehr menschlich, sehr vorbildlich. Die Frau, die in der Wohnung meines Freundes Michel herumläuft, sagt beinahe nebenbei Sätze, über die ich wochenlang nachdenken muss.

»Soll ich Gott nun böse sein, weil er mich in diese Situation brachte oder dankbar, weil ich überlebte?«

Es ist die Seelen-Mischung, die mich Tamar bewundern lässt. Auf der einen Seite ist sie gelassen, cool, regt sich nicht so schnell auf, ist sogar ein wenig kess. Auf der anderen Seite gestand sie mir, dass sie immer, wenn ihr Sohn zum Spielen bei anderen Kindern war, vor dem Hauseingang wartete, bis er ihr vom Fenster aus zuwinkte. Erst dann fuhr Tamar beruhigt nach Hause. Sie hat bis heute nicht vergessen, dass hinter jeder Tür Gefahr lauern kann.

Anna hingegen sucht regelrecht die Gefahr. Dieser Eindruck könnte zumindest entstehen, wenn man in Anna nur das sieht, was sie auf den ersten Blick von sich preisgibt: eine wahnsinnig schöne, sehr schlanke, sportliche Amazone. Anna von Boetticher ist eine der besten Apnoetaucherinnen der Welt. Sie hält die Luft an und taucht ab – bis auf den Meeresgrund. Oder sie taucht durch Schluchten, Höhlen, Gänge. Alles ohne Sauerstoffflasche. Mit nur einem einzigen Atemzug. Anna kam in meine Show, um mir das Luftanhalten beizubringen. Man muss sich das mal vorstellen: Eine Sportlerin, die 175 Meter tief taucht, versucht einem Showsternchen – also mir – beizubringen, so lange wie möglich nicht zu atmen. Ich wollte das unbedingt. Ich habe Anna herbeigesehnt. Nicht umgekehrt. Sie hatte noch nie von mir gehört. Ich wusste alles über Anna, was man als glühende Verehrerin über sie wissen kann. Inzwischen weiß ich mehr, vor allem, dass es nicht genug Worte gibt, die meine Bewunderung für Anna von

Boetticher zum Ausdruck bringen können. Diese Frau trainiert mit Rettungstauchern, in Krisensituationen unter Wasser gelassen zu bleiben und entsprechend zu reagieren. Wie ein Flugsimulator, in den Piloten regelmäßig müssen, um in Form zu bleiben. Das macht Anna unter anderem mit Rettungstauchern der Bundeswehr, nur, dass sie der Simulator ist. Sie coacht, wie man dem Drang, unbedingt atmen zu wollen, nicht nachgibt, um genug Sauerstoff zu haben und sich so aus heiklen Situationen befreien zu können. Sie weiß das. Sie war selbst schon in einigen.

Ich bin keine Nachläuferin. Ich gehöre auch ungern zu einer Herde, in der alle gleich aussehen und das Gleiche machen. Aber in die Schar der Verehrer von Anna von Boetticher reihe ich mich gern ein. Anna redete mit mir, als würden wir uns schon ewig kennen, denn sie erkannte im Bruchteil einer Sekunde meine Aufgeregtheit gepaart mit Anspannung und dem Drang, meisterlich sein zu wollen, sie wusste, wo sie ansetzen muss, um mich von mir selbst unabhängig zu machen. Darauf kommt es beim Apnoetauchen an: nicht auf das Gedankenkarussell aufzuspringen, welches sich ab dem Moment, in dem man aufhört, zu atmen, im Kopf zu drehen beginnt, und das rasant Fahrt aufnimmt, je länger man die Luft anhält. Anna hatte mich auf die Kontraktionen meines Zwerchfelles vorbereitet, ebenso wie auf die Warnrufe in meinem Kopf: »Los! Luft holen!«

Sie erklärte mir physiologische Zusammenhänge, stand neben mir im Pool, hielt mich am Arm, sagte Zeiten an und lobte mich, obwohl ich nichts anderes machte, als nichts zu machen. Anna von Boetticher ist eine geborene Leaderin. Hätte ich eine Firma, würde ich Anna zur Vorstandsvorsitzenden machen. Anna kann führen, mitreißen, behutsam korrigieren und würde einen Teufel tun, zur Schau zu tragen, dass sie weiß, wie es um uns steht. Sie ist kein Wolf im Schafspelz. Sie ist eine Athletin, die in Schönheit badet. Innerlich und äußerlich Neoprenanzug, blonde Haare, weiße Zähne, strahlende Augen. Gutes Aussehen und Können schließen sich nicht aus. Weder über noch unter Wasser.

Anna und Tamar kennen sich nicht. Ich verehre sie beide. Es wird der Tag kommen, an dem ich all meine tollen Frauen, Vorbilder aus den unterschiedlichsten Gründen und Weggefährtinnen, an einem Tisch versammeln werde. Damit sie sich kennenlernen können. Und nicht immer nur von mir hören, wie großartig die jeweils andere ist.

Es steht 65 zu 35 in meinem Leben. 65 Prozent der Menschen, die mich bereichern, inspirieren, klüger und stärker machen, sind Frauen. Frauen wie Tamar und Anna, Sarah, Sabrina, Simone, Yael, Kati und Kiki. Ich bin so unendlich dankbar dafür, diese Frauen zu haben. Ich kann nicht so sein wie sie. Aber ihnen dabei zuzuschauen, wie sie sind, wie sie leben, ihre Entscheidungen zu beobachten, sie um Rat fragen zu können, sind mit die schönsten Geschenke, die das Leben mir machen kann.

sexy
סקסישופ
shop
03-5231796

Ich werde mich nicht bemogeln lassen. Ich werde raffiniert lieben und küssen ohne Ende!
Romy Schneider

Sex ist wie Radfahren. Man verlernt es nicht. Aber Räder und Verkehrsregeln ändern sich ständig. Und erst diese Helmpflicht! Bedeutet sie, dass ich mich beim Sex in Acht nehmen muss?

Ich schreibe seit 15 Jahren eine wöchentliche Kolumne für die Zeitschrift SUPER*illu*. Viele Millionen Leserinnen und Leser erfahren jede Woche so einiges über mich und von mir. Die Male, die ich über Sex im ganz Allgemeinen schrieb, kann man an einer Hand abzählen. Und das nicht der Über-Religion-und-Sex-spricht-man-nicht-Regel wegen, nein, allzu oft benutzen andere Illustrierte und Wochenblätter meine Kolumne, um daraus Schlagzeilen über mich zu konstruieren. Wenn die Lügen zu dreist werden, bitte ich meinen Anwalt, dagegen vorzugehen, dann ist für eine Weile Ruhe, bis es von vorn losgeht.

Meine Familie fragte mich, ob sie untertauchen muss, wenn ich in meinem Buch über Sex schreibe. Mütter haben keinen Sex. Sie schmieren Pausenbrote, fischen Essensreste aus dem Abfluss des Spülbeckens und überweisen Notgroschen, wenn das Konto leer ist.

Ich liebe Sex. Ich begann spät. Und hörte seitdem nie wieder auf. Es stimmt nicht, dass wir Frauen über alles miteinander sprechen. Auf Sex und entsprechende Erfahrungen muss ich meine Freundinnen und Bekannten konkret ansprechen. Dabei stelle ich fest, wie jungfräulich ich immer noch bin. Die am solidesten daherkommenden Frauen berichten von den größten

Abenteuern. Wo war ich, als da draußen die Post abging? Ich kann all meine Liebhaber beim Namen nennen. Ich bin kein Mädchen für eine Nacht. Dennoch frage ich mich, ob einfach nur Sexhaben der beste Sex überhaupt ist? Die Erzählungen im Freundeskreis lassen mich das gelegentlich glauben. Und auch das Geständnis einer Bekannten: »Wenn man mit dem Mann unaufhörlich die Familie organisieren muss, Kinder, Einkauf, Alltag, dann sagt der nachts im Bett keine dreckigen Worte zu dir. Und der Sex ist eher einvernehmlich. Mein Mann schläft mit der Mutter seiner Kinder, nicht mit dem sexy Mädchen von der Bar.«

Dabei hören doch unsere Lust, unsere Fantasie, unser Verlangen danach, uns gehen zu lassen, nicht in dem Moment auf, in dem wir unseren Status von Partnerin zu Mutter ändern. Also ich jedenfalls bin ganz viele Andreas in mir drin. Es kommt auf die Tagesform an, auf die Hitze der Nacht. Und ich will mir bitte erlauben dürfen, all das zu leben. Zu erleben. Mich gehen zu lassen. Mich zu verlieren. Ich gehöre zu der Generation von Frauen, die weiß, was sie will und gut findet, auch im Bett. Es kostet uns womöglich Überwindung, immer und sofort unsere Wünsche, Vorstellungen zum Ausdruck zu bringen, aber was nutzt es, sich alle Möglichkeiten immer nur im Geiste auszumalen?

In der TV-Serie *Sex and the City* philosophieren die Hauptdarstellerinnen darüber, wie viel Sex wichtig ist. Carrie, dargestellt von Sarah Jessica Parker, antwortet keck und einhundert Prozent jugendfrei: »Also, wenn Mr. Big ausmalt, dann malt er immer über den Rand.« Wenn Carrie in der Serie Sex mit ihrem Liebsten hat, dann ist es immer umwerfend.

Ich finde, es kann gar nicht genug guten Sex geben. Wie er sich und mit wem auch immer darstellt. Guter Sex ist hot. Heiß.

Ein bisschen wie davonfliegen. Alles um einen herum vergessen. Spielen. Sich alles erlauben. Auch das Neinsagen. Den Akku aufladen. Sich spüren. So, wie es nur Sex kann.

Ich gebe unnötig viel Geld für Dessous aus. Ich trage sie, weil ich mich ungeheuer weiblich fühle in Spitzenhöschen mit wenig Stoff. Ich laufe damenhafter. Ich bewege mich anders. Niemand weiß, was ich drunter habe, außer, ich teile es mit dem Liebsten. Oh ja, Erotik ist auch Sex. Und was für einer. Ich glaube ja, wenn Paare klagen, dass ihnen der Sex abhandengekommen ist, ist die Erotik zuvor gestorben. Es hat mit Selbstwertgefühl zu tun. Und meinen Freund/Mann/Liebsten zwischendrin immer mal wieder in den Genuss kommen zu lassen, sich an meinem »Drunter« zu erfreuen, ist definitiv gut für ein erfülltes Sexleben. Mir kann keiner weismachen, dass »Licht aus!« und »Schnell, schnell, die Kinder schlafen!« wahnsinnig verführerisch sind. Aber praktisch. Nur – Sex hat eben nichts auf unserer täglichen To-do-Liste zu suchen.

Weshalb die tollsten Geschichten immer die Frauen erzählen, die nicht schon lange verheiratet sind. Sex im Waschraum der Deutschen Bahn. Einfach so, nach Augenkontakt. Sex mit vielen gleichzeitig. Wobei Frauen lieber mit mehreren Männern und Männer lieber mit mehreren Frauen gleichzeitig schlafen. So erzählt man es mir jedenfalls. Und dann Tinder. Die App gegen die Trockenheit in der Wüste. Ein Dauerregen an Lustgefühlen und Erektionen. Warum nicht?

Sex ist so wichtig für alles in uns. An schlechtem Sex muss man arbeiten oder ihn lassen. Aber von ekstatischem Sex zehrt man noch Tage danach. Bis er wieder schreibt: »Was hast du heute unterm Kleid?«

Mehr als die Vergangenheit interessiert mich die Zukunft, denn in ihr gedenke ich zu leben
Albert Einstein

Wussten Sie, liebe Leserinnen und Leser, dass sich ein winziges Symbol an der Tankanzeige Ihres Autos befindet? Es ist ein Pfeil, der zeigt, wo sich der Tankdeckel befindet – auf der Fahrer- oder der Beifahrerseite. Ich lernte es erst neulich, weil ich andauernd kurz vor der Zapfsäule checken musste, wo ich das Auto zum Tanken parke. Ein Freund zeigte es mir. Und wenn man so wie ich ständig mit anderen Typen – sprich Mietwagen – unterwegs ist, dann erleichtert einen diese neue Erkenntnis ungeheuer und sorgt für weniger Ärger mit anderen Tankstellenbesuchern.

Milla, die kleine Tochter meines Masseurs Sascha, besucht eine internationale Schule. Millas Eltern kamen im Jahr 2003 aus Weißrussland nach Deutschland. Zu Hause wird Russisch gesprochen. An der internationalen Schule lernt Milla Englisch und Spanisch. Sie übt leidenschaftlich gern das Klavierspielen. Aber ihr großer Traum ist es, eines Tages auf der Rockgitarre musizieren zu können wie die Musiker von AC/DC. Milla ist eine Neunjährige, die für Rockmusik schwärmt. Wenn sie mit ihrem Papa im Auto sitzt, bittet sie ihn, ihre Musik anzumachen. AC/DC. Aktuell hat Milla keine Zeit zum Gitarrelernen. Sie plagt sich mit der Mathematik herum. Auf Deutsch.

»Welche Aufgabe des kleinen Einmaleins verbirgt sich in hundertfünfzig?«

Die Familie ist ratlos und fragt mich.

»Die Drei und die Fünf verbergen sich darin, liebe Milla. Denn fünfzigmal die Drei und dreißigmal die Fünf ergeben jeweils hundertfünfzig.«

Wer nicht fragt, bleibt dumm.

Meine neueste Errungenschaft in Sachen dazulernen heißt Apnoetauchen. Also so lange wie möglich unter Wasser die Luft anhalten. »Schuld« daran ist Anna von Boetticher, eine der besten Apnoetaucherinnen der Welt. Anna ist Inhaberin einiger Rekorde, ich sah Reportagen über sie und Talkshows mit ihr. Ich las Zeitungsartikel, verschlang Annas Buch und überlegte, wie und wo ich Anna von Boetticher treffen könnte. Und irgendwann war mir klar: Ich musste das lernen, in dem Anna meisterhaft ist – das Luftanhalten.

»Kiwi taucht ab« hieß die Aktion dann in meiner ZDF-Show. Wobei nur mein Gesicht unter Wasser war, alles andere schwebte, so, wie Anna es mich lehrte. Zumindest versuchte ich, den Anweisungen meiner Weltklassetrainerin Folge zu leisten, denn obwohl ich mich im *Fernsehgarten*-Pool so munter fühle wie ein Fisch im Wasser, ist so lange wie möglich nicht zu atmen nur schwer zu erlernen. Man holt ein-, zweimal ganz tief Luft und hält sie dann an. Dabei versucht man, sich komplett zu entspannen. Arme, Beine, Kopf, alles schwebt im Wasser, schwerelos und atemlos. Irgendwann fangen die Gedanken an, sich nur noch um das eine zu drehen: Ich will atmen. Anna von Boetticher sagt, dass das nur ein natürlicher Reflex ist, dem man nicht folgen muss, weil noch sehr viel Sauerstoff übrig ist in unserem Körper, in den Organen, im Blut.

Hektisch wurde ich, als mein Zwerchfell anfing, zu kontrahieren. Es fühlte sich an wie ein innerliches Glucksen. Ein noch nie zuvor da gewesener Schluckauf, der mich wahnsinnig erschreckte. Dem ersten innerlichen Beben hielt ich noch stand, aber bei der zweiten Erschütterung tauchte ich auf. Und wusste doch sofort, dass ich die Luft viel länger als eine Minute und 42 Sekunden hätte anhalten können. Da ist noch viel Luft nach oben. Mal eine Weile nicht zu atmen, will gelernt sein. Sonst wäre es ja kinderleicht, so zu sein wie Anna von Boetticher, die sowohl Taucher der Bundeswehr als auch die der Feuerwehr und der Polizei ausbildet. Anna ist eine Frau in sehr männlichen Gefilden. So zu werden wie Anna von Boetticher kann ich nicht lernen. Aber dass sie mich trainierte, war und ist mir eine große Ehre. Ich lerne gern Neues.

Meine deutlich ältere Mama, die sich neuen Kommunikationstechniken gegenüber bislang verweigert hatte, hat inzwischen die Waffen gestreckt und ist nun endlich bereit, die Bedienung ihres iPhones zu erlernen. Gefühlte tausend Mal erklärte ich ihr WhatsApp. Gefühlte zweitausend Mal zeigte ich ihr, wie man Nachrichten liest und beantwortet. Gefühlte eine Million Mal verstand es meine Mutter nicht. Bis eine Freundin auf die Idee kam, ihr alles aufzumalen. Wie ein Bilderbuch. Mit allen Symbolen. Und Schritt für Schritt. Und siehe da – Mama kapiert es. Nicht jedes Mal, aber jedes zweite Mal. Der Tag wird kommen, an dem meine Mutter mit riesigen Gangsta-Rapper-Kopfhörern zum Supermarkt läuft, um auf dem Weg dahin ein Hörbuch zu hören. Nur muss ihr jemand beibringen, wie man es auf Spotify runterlädt.

Könnten Sie mich kurz küssen?
Fettes Brot

Man ist immer so lange ganz selbstverständlich gesund, bis man krank wird. Zumeist gibt es eine Diagnose, verkündet von einer sachlichen Ärztin oder einem ernst schauenden Arzt, und die Welt steht augenblicklich still. Und wenn sie wieder anfängt, sich zu drehen, dann in die entgegengesetzte Richtung. Nichts ist mehr, wie es war. Nichts wird jemals wieder so sein, wie es mal war.

Es fällt mir schwer, über Krankheiten und Kranksein zu schreiben, denn am liebsten bin ich gesund. Wenn aber die Einschläge um einen herum sehr nahe sind, dann ist man irgendwie mit verwundet. Jedenfalls geht es mir so, und das nicht nur, weil ich eine Hypochonderin bin.

Avraham ist siebzig Jahre alt. Er sieht aus wie das blühende Leben. Seine Haut ist sonnengebräunt. Seine Zähne sind weiß, sein Lachen ist strahlend. Avraham ist ein schöner Mann. Vier seiner fünf Kinder haben bereits selbst Kinder. 13 an der Zahl. Nichts davon weiß Avraham. Besser gesagt, Avraham weiß es nicht mehr. Seine Krankheit hat ihn sogar das Liebste vergessen lassen. Alzheimer löscht alles aus, am Ende sogar sich selbst.

Sagte ich es nicht, liebe Leserinnen und Leser? Man spürt den Einschlag, auch wenn man nicht unmittelbar betroffen ist. Avraham ist der Vater eines Freundes. Jeden Tag fährt der Freund in die Klinik für Alzheimerpatienten, in der sein Vater nun lebt. Dieser lächelt, wenn sein Sohn »Shalom Aba«, »Hallo, Papa«, sagt.

»Papa, weißt du, wer ich bin? Wie heiße ich?«

Aber Papas Gehirn schwimmt weit raus in seine eigene Welt, die Augen verlieren den Blickkontakt, und wenig später hat der Freund seinen Vater verloren, obwohl er noch da ist. Zumindest körperlich. Er sitzt im Rollstuhl, weil Alzheimer vor nichts haltmacht, auch nicht vor der Motorik der Patienten. Und er trägt Windeln, weil er Pipi und Kacka macht wie ein Baby. Einfach so. In die Hosen. Mit siebzig.

Als meine Eltern siebzig waren, wohnten wir alle zusammen in Bayern am Ammersee. Wir machten Bergwanderungen, ruderten in kleinen Booten über den See, und meine Eltern begannen, zu reisen. Mit dem Flugzeug natürlich. Und allein. Mit siebzig macht man sich nicht in die Hose. Mit siebzig fängt das Leben erst an. Die Kinder sind aus dem Haus. Die Arbeit ist getan. Man bekommt eine Rente oder Pension. Alle Dinge sind geregelt. Ab jetzt geht es in unserem Leben endlich nur um uns. So denken wir. Und so tritt es ja zum Glück auch meistens ein.

Aber für 1,7 Millionen Menschen allein in Deutschland ist es anders. Sie leiden an Demenz, zu der auch Alzheimer gehört. Eine Statistik besagt, dass alle einhundert Sekunden jemand an Demenz erkrankt. Während Sie also von Avraham lesen, erwischt es zwei von uns.

Avrahams Frau Miri ist 68 Jahre jung. Sie verliert gerade ihren Mann, obwohl dieser direkt neben ihr sitzt. Sie verliert ihn an diese verflixten und sich ständig vermehrenden Eiweißablagerungen in seinem Gehirn. Seit knapp fünfzig Jahren ist er ihr Ehemann, und nun wechselt sie seine Windeln und füttert ihn wie einst die gemeinsamen Kinder.

Ich reiße mich in Anbetracht von Krankheiten immer sehr zusammen. Mein Rettungsschwimmermodus rettet mich. Aber später, wenn ich allein mit mir bin, möchte ich all den Kummer und den Schmerz von mir abschütteln, wie ein Hund es tut, wenn er aus dem Wasser kommt.

Ich weiß noch, wie ich meinem Sohn die schlimmste aller schlimmen Nachrichten überbringen musste. Ich weinte nicht. Nicht vor ihm. Ich war im Rettungsschwimmermodus, um für mein Kind stark zu sein. Aber noch heute, wenn ich daran zurückdenke, möchte ich mich schütteln. Das Unaussprechliche abschütteln. Ich kann mich nicht daran erinnern, wie wir die ersten Tage überlebten. Ich rettete uns von Stunde zu Stunde. Dann von Mahlzeit zu Mahlzeit. Alle Routine stabilisierte uns. Ich schnürte mich in ein Korsett aus Gewohnheiten, um nicht aus der Kurve zu fliegen. Viele Tränen vergoss ich, meistens nachts. Ohne Augen- und Ohrenzeugen weint es sich leichter. Aus Tagen wurden Wochen, Monate, Jahre. Ein Freund, der mir einst sagte, dass man gar nicht weiß, wie stark man ist, bis man es sein muss, hat recht. Wir waren und sind bärenstark. Gigantisch. Ich bin stolz auf den kleinen Jungen von einst. Es gibt nicht genug Worte, die das ausdrücken können.

Ich liebe mein Leben so sehr. Und ich bin unendlich dankbar dafür, dass es sich die allermeiste Zeit an die Regeln hält und die Reihenfolge beim Krankwerden und Sterben einhält. Ich möchte auch nichts ungeschehen machen. Aber manchmal wünsche ich mir Super-Power-Kräfte, um andere Menschen, deren Leben gerade nicht sonnig ist, davon zu überzeugen, dass der Moment wiederkommt, an dem man keinen Regenschirm mehr braucht. Denn das ist neben den Verlustängsten das schlimmste aller Gefühle. Man denkt, von nun an ist es immer nur noch beschwerlich und grau. Man kann sich nicht vorstellen, jemals wieder herzhaft zu lachen. Aber das passiert. Genau dann, wenn man es am wenigsten erwartet. Erst wird es etwas weniger beschwerlich. Es kommt einem so vor, als hätte man gelernt, mit dem Kummer zu leben. Und eines Morgens wacht man auf, und es ist schon hell draußen, heller als sonst. Richtig sonnig. Ich verspreche es. Ich war dabei. Ich hab's gesehen.

Man muss schon etwas wissen, um verbergen zu können, dass man nichts weiß
Marie von Ebner-Eschenbach

Seine Eltern lieb zu haben, ist für die meisten Menschen das Selbstverständlichste der Welt. Für mich auch. Ich habe gute Eltern. Wir kennen uns nun schon eine Weile, dennoch überraschen sie mich immer wieder. Meine Mutter beispielsweise, wenn sie mir vom Mobiltelefon meines Vaters eine Kurznachricht sendet. Zumindest kündigt mein Vater die Neuigkeiten stets mit den Worten »Von deiner Mama« an, und Eltern sind immer ehrlich, nicht wahr?

Mein Papa hingegen haut gelegentlich so eine geballte Ladung Allgemeinwissen raus, dass mir Hören und Sehen vergehen. Er hat es noch nie geschafft, mir Sprachnachrichten zu schicken, obwohl diese viel bequemer zu verfassen und zu versenden sind als das elendige Geschreibe. Ich sehe, wenn er sich abmüht, mit seinen runden Fingerkuppen die winzigen Buchstaben auf der Tastatur zu erwischen. »*Schreibt* …« steht da – und fünf Minuten später kommt dann seine Nachricht: »Wann landest du morgen?« Vier Worte in fünf Minuten, bei einem Stenografiewettbewerb wäre mein Vater definitiv chancenlos gewesen.

Aber ginge es bei Günther Jauch um Mozart, oh, da wäre mein Papa der beste aller Telefonjoker. »Komm, lieber Mai, und mache …« schrieb er mir einmal am ersten Mai. Es ist der Beginn eines wunderbar sehnsüchtigen Frühlingsliedes mit der Musik von Wolfgang Amadeus Mozart und dem Text von Christian Adolph Overbeck:

Komm, lieber Mai, und mache die Bäume wieder grün,
und lass mir an dem Bache die kleinen Veilchen blüh'n!
Wie möcht' ich doch so gerne ein Veilchen wieder seh'n.
Ach, lieber Mai, wie gerne einmal spazieren geh'n.

Ich fragte alle Freunde, ob sie das Lied kennen. Ich sang es vor, wippte im Takt – große Ratlosigkeit. Wieso kennt keiner mehr das Liedchen vom Mai? Weil wir bald keine Veilchen mehr haben, wenn wir so weitermachen mit unserer Natur? Weil wir Brokkoli einzeln eingeschweißt in Plastik kaufen? Weil wir statt aufs Rad lieber ins Auto steigen? Auch bei kurzen Strecken? Weil wir das Wasser laufen und das Licht brennen lassen, als wären unsere Energieressourcen unerschöpflich?

Oder kommt Mozart nachhaltig aus der Mode, weil er keinen Account in den sozialen Medien wie Instagram und Facebook hat? Wissen all die Stars und Sternchen und deren Follower, wer Mozart und Beethoven und Goethe und da Vinci waren? Leonardo da Vincis Gemälde *Salvator mundi* ist vor einiger Zeit für vierhundertfünfzig Millionen Dollar verkauft worden. Wenn die Geschichte stimmt, entdeckte man das Bildnis Jesu Christi mit einem Bleikristall in der Hand (der Katalog wies den Maler als unbekannt aus) im Flur eines Hauses in England. Man kaufte das Gemälde, dessen Zustand bemitleidenswert war, für kleines Geld, begann, es zu restaurieren, und wunderte sich über das Können des unbekannten Malers. Schließlich zog man eine Expertin hinzu, alles Weitere ist Geschichte. Nun ist das Bild im Besitz eines saudi-arabischen Prinzen und soll eigentlich im Ableger des Louvre in Abu Dhabi ausgestellt werden. Im Rahmen einer Leonardo-Ausstellung in Paris wäre es 2019 außerdem fast zu einem Tête-à-Tête von *Salvator mundi* mit der *Mona Lisa* gekommen. Die ist übrigens auch nicht bei Facebook. Ihretwegen kommen aber täglich Hunderttausende Besucher in den Louvre. Echte Menschen. Die sich ein echtes Gemälde angucken.

Danke, Leonardo da Vinci. Und Mozart. Und Papa.

Ich treffe dich in meinen Träumen
Shahar

Du bist ein Astronaut. Da, wo der Himmel am meisten schweigt, schwebst du. Irgendwo da draußen, weit, weit weg von mir. Das letzte Mal küsste ich dich vor drei Monaten. Es werden wohl noch ein paar Monate dazukommen. Ein Virus stiehlt mir deine Küsse. Es raubt mir den Schlaf und alle körperliche Nähe.

Niemand beklagt sich darüber, wie das ist, wenn einem keiner mehr die Haare hinters Ohr schiebt. Keinen kümmert's, wenn im Kühlschrank nur Sojasoße und Sportcreme fürs Knie sind, weil allein essen einsam macht. Ich verabrede mich und denke nur an dich. Ich unterhalte mich, und verstehe kein Wort. Ich bin einsam, ohne allein zu sein. Ich liebe einen Mann, der von einem anderen Stern ist. Man nennt es Fernbeziehung.

Wir schauen uns gemeinsam einen Sonnenuntergang an. Du nimmst mich mit ans Meer. Ich höre es rauschen und die Sonne zischen, wenn sie die Wasseroberfläche berührt. Spürst du das auch? Oder gibt es das nur in meinem Universum?

Wir schreiben uns viele Tausend Nachrichten. Ich singe deutsche Schlager für dich. Du sprichst Gedichte für mich. Auf Hebräisch. Wir sind zusammen in Rom, Paris, wir machen Camping am Strand, du nimmst mich mit in den Norden deines Landes, und ich zeige dir mein Berlin. Wir leben ein Messenger-Leben. Es heißt WhatsApp.

Ich kann dich sehen, weil wir Telefone haben, die es möglich machen, dass wir gemeinsam nach deiner Arbeit im Auto nach Hause fahren. Du sitzt am Lenkrad in Israel und ich auf den

Treppenstufen eines verlassenen Cafés in Frankfurt. Es ist Sommer. Die Steine der Hauswand sind warm wie ein Backofen. Ich fühle mich wie ein Brötchen vom Vortag: übrig geblieben.

Du erklärst mir die Maschine, die du heute entwickelt hast. Ich bewundere dich. Du hast ein richtiges Tagwerk. Und zwischendurch schickst du mir Kunst und viele Küsse.

Du fragst mich, wie meine Show war. Ich kann mich nicht erinnern. Die Zeit steht still, seit du davongeflogen bist. Oder war ich es? Manchmal sorge ich mich, dass du dich an das Ohne-mich-Sein gewöhnst, es sogar genießt, mich nicht mehr willst und für immer fortbleibst. Dann werden wir die Dinge, die wir zusammen machen wollen, niemals erleben. Ich würde dir gern noch so viel sagen. Wir leben in verschiedenen Welten. Wir sprechen nicht mal dieselbe Sprache. Du erzählst von Dingen, die mir ein Rätsel sind. Ich verrate dir Geheimnisse, von deren Existenz du nichts wusstest. Wir sind uns an einer Straßenecke begegnet, und da stehen wir immer noch. Es nutzt sich nichts ab, wir nutzen uns nicht ab. Wir sind wie neu.

Zum ersten Mal in meinem Leben kann ich mir vorstellen, mit einem Mann den Tag zu beginnen und mein Leben zu beenden. Es heißt: zusammen alt werden. Ich denke: zusammen alt lieben. Ich werde mich nicht noch einmal so verlieben können.

Du bist so lebendig. Sogar wenn du still am Tisch sitzt, bist du in Bewegung. Ich schau dich so gern an. Ich sehe dir so gern zu. Aber am liebsten höre ich dich. Ich wusste nicht, dass fremde Sprachen die Stimme verfremden. Du klingst viel weicher, wenn du sagst: »Schemesch scheli – meine Sonne.« Die hebräischen Worte geben deiner Stimme einen anderen Klang. Tiefer. Wärmer. Gefährlicher. Am Telefon sagst du »Aha.« Und »Ai Ai Ai.«

Ich kann dich hören. Ich kann dein ICH hören. Wir lachen viel. Weil uns zum Weinen ist.

Ein Virus hält uns voneinander entfernt. Etwas, das wir weder sehen noch riechen können. Und wir können es auch nicht ändern. Vor allem dürfen wir uns nicht ändern. Es soll alles so bleiben, wie es ist. Nur mit anfassen. Und küssen.

Bitte sage deinem Raumschiff, dass du nicht ohne mich sein willst. Komm zurück zu mir. Houston, wir haben ein Problem.

Danksagung

Ich bedanke mich bei meiner Verlegerin Jennifer Kroll. Ich bin so froh, dass du nicht lockergelassen hast.

Danke an Juliane Noßack, Marion Nielsen, Susanne Röltgen, Birgit Dannenberg und Marcus Höhn.

Sarah, danke für deine Geduld mit und Liebe zu mir.

Dieses Buch widme ich meinem Vater. Bestimmt hätte er verwundert gesagt: »Was du alles schreibst …«

Impressum

Andrea Kiewel
Meist sonnig
Eine Liebeserklärung an das Leben
ISBN: 978-3-95910-304-6

Eden Books
Ein Verlag der Edel Germany GmbH

www.edenbooks.de | www.edel.com
1. Auflage 2020

Einige der Personen im Text sind aus Gründen des Persönlichkeitsschutzes anonymisiert.

Projektkoordination: Juliane Noßack
Vermittlung: Stephan Strauß, 31Media GmbH
Lektorat: Susanne Röltgen
Umschlaggestaltung: Bianca Domula, affaire populaire
Covermotiv und Autorinnenporträts: © Marcus Höhn
Bilder Innenteil: alle © privat, außer S. 10, 240, 246 und 254 © Marcus Höhn
Layout und Satz: Datagrafix GSP GmbH, Berlin | www.datagrafix.com
Druck und Bindung: optimal media GmbH, Glienholzweg 7, 17207 Röbel/Müritz

Printed in Germany

Dieses Buch ist auch als E-Book erhältlich.

PARTNER
Naturpark
Nossentiner/Schwinzer Heide
www.optimal-media.com/naturschutzprojekt-001

Partner des Naturparks
Nossentiner / Schwinzer Heide

Eden Books unterstützt bei der Produktion dieses Buches das Projekt »Junge Riesen für die nächsten 100 Jahre«. Damit wird ein Anteil der unvermeidbaren CO_2-Emmissionen im direkten Umfeld des Produktionsstandortes kompensiert.

EDEL
FAMILY MEMBER

FSC
www.fsc.org
MIX
Papier aus verantwortungsvollen Quellen
FSC® C108521

Göbel / Hucko / Wrobel

Von der Stimme aus den Wolken zum Bundesgesetzblatt

Heiteres und Nachdenkliches für Vorschriftengeber und ihre Kunden

Bundesanzeiger

CIP-Kurztitelaufnahme der Deutschen Bibliothek

Göbel, Ludwig
Von der Stimme aus den Wolken zum Bundesgesetzblatt; Heiteres und Nachdenkliches für Vorschriftengeber und ihre Kunden / Göbel; Hucko; Wrobel. – Köln; Bundesanzeiger, 1983.
ISBN 3-88784-039-9
NE: Hucko, Matthias; Wrobel, Hans;
Bundesanzeiger-Verlagsgesellschaft [Köln]

Karikaturen: Arnold Faust, Köln
Satz: Fotosatz Froitzheim KG, Bonn
Druck: druckhaus rudolf müller, Köln
Printed in Germany
ISBN 3-88784-039-9

Vorwort

Die vorliegende kleine Schrift geht auf eine Festgabe zurück, die der Verlag aus Anlaß der 35jährigen Wiederkehr des Tages, an dem der Bundesanzeiger zum erstenmal erschienen ist, herausgegeben hat.

Zu unserer freudigen Überraschung hat diese Festgabe ein großes und überaus freundliches Echo gefunden. Diese gute Aufnahme in der Öffentlichkeit hat uns Mut gemacht, die Schrift in einem neuen Kleid herauszubringen.

Wo das Leben und die Zeitläufe eher ernste Züge tragen, bieten wir die Abhandlungen als Hilfestellung für Juristen und Nichtjuristen an, sich in der Ironie Erleichterung zu verschaffen.

Wir sind sicher, daß die Karikaturen von Arnold Faust viel Erquickliches dazu beitragen werden.

Bonn/Köln, im August 1983

Florian Messerer Helmut Pfaff

BGBL

Inhalt

ADAM U. EVA

Von der Stimme aus den Wolken zum Bundesgesetzblatt

Ein Beitrag zur Phänomenologie des Verkündungswesens

Von Dr. Matthias Hucko

Adam und Eva

Das Verkündungswesen ist so alt wie die Menschheit oder, um der wissenschaftlichen Redlichkeit willen, eigentlich noch älter. Den Begriff Menschheit wird man nämlich erst ab dem Vorhandensein von wenigstens zwei Menschen verwenden dürfen. Verkündung fand indes nach den uns vorliegenden Erkenntnissen schon zu einem Zeitpunkt statt, als es erst einen einzigen Menschen gab. In dem berühmten und aus verlegerischer Sicht so überaus erfolgreichen Verkündungsblatt „Die Bibel" heißt es hierzu wörtlich:

> Und Gott der Herr gebot dem Menschen und sprach: Du sollst essen von allerlei Bäumen im Garten; aber von dem Baum der Erkenntnis des Guten und Bösen sollst du nicht essen; denn welchen Tages du davon issest, wirst du des Todes sterben.

Erst nachdem Gottvater diesen frühen Akt der Verkündung vollzogen hatte, ging er nach der uns vorliegenden Quelle daran, den zweiten Menschen zu schaffen, Eva.

Dieser erste uns nachgewiesene Fall einer Verkündung kleidete sich in die Form des gesprochenen Wortes. Am Anfang war wirklich das Wort, das edictum. Und diese Form der Verkündung beherrschte nicht nur den Anfang unseres Rechtslebens, sondern viele Jahrtausende danach. Die Vorteile dieser Form der Verkündung liegen auf der Hand, und es verwundert nicht, daß die Verkündungswissenschaft diese Zeit als die paradiesische bezeichnet. Die römische Verkündungswissenschaft spricht von der aetas aurea edicti.

Der Gesetz- und Verordnungsgeber spricht hier noch selbst mit seinem Adressaten, ohne Mittler. Gesetzgebung und Verkündung liegen hier noch in einer Hand oder besser gesagt: in einem Munde. Dies gereicht beiden zum Vorteil, dem Rechtsschöpfer wie dem Rechtsunterworfenen.

Auf den Schöpfer des Rechts wirkt die Pflicht zur eigenmündigen Verkündung zunächst positiv im Sinne der Kürze und Konzentration auf das Wesentliche. Ein Gesetzgeber, der weiß, daß er seine Erzeugnisse gleich anschließend den Menschen draußen im Lande Wort für Wort vortragen muß, wird schon im wohlverstandenen Eigeninteresse keine Normenflut aufkommen lassen. Das heutzutage vielbeklagte Übermaß an Vorschriften ist somit vor allem eine Folge der Arbeitsteilung und zunehmenden Entfremdung zwischen Gesetzgeber und Verkündung. Müßten die Abgeordneten des Deutschen Bundestages alles, was sie in Bonn beschließen, in ihren Wahlkreisen jeweils vollständig vortragen, so würde sie dies für die Dauer der sitzungsfreien Wochen vollständig in Anspruch nehmen. Die Normenflut wäre recht bald gebannt.

Ein weiterer Vorteil der Einheit von Rechtsetzung und Verkündung liegt in der persönlichen Begegnung mit dem Menschen. Der selbstverkündende Gesetzgeber erlebt die Spontanreaktion auf seine Werke und erhält damit eine unschätzbare Erfolgskontrolle. Klatschen ihm die bei der Verkündung anwesenden Bürger begeistert Beifall, kann der Gesetzgeber mit sich zufrieden sein. Kommt es indes zu Mißfallenskundgebungen oder gar Ausschreitungen gegen den vortragenden Gesetzgeber, wird ihm dies vielleicht ein Anlaß sein, sein Recht noch einmal zu überdenken.

Wie leicht es bei der Unmittelbarverkündung auch zu gewissen Peinlichkeiten kommen kann, belegt uns ein Beispiel unserer frühen Quelle: Als der damalige Gesetzgeber dem 99jährigen Abraham und seiner nicht viel jüngeren Ehegattin Sara, der „es nicht mehr ging nach der Weiber Weise", die Geburt eines Sohnes verkündet, erleidet diese, hinter der Zeltwand lauschend, einen solchen Lachkrampf, daß es den verkündenden Herrn arg verdrießt und er sie unwirsch zur Rede stellt:

> Darum lachte sie bei sich selbst und sprach: Nun ich alt bin, soll ich noch Wollust pflegen, und mein Herr ist auch alt!?
> Da sprach der Herr zu Abraham: Warum lacht Sara …
> Da leugnete Sara und sprach: Ich habe nicht gelacht; denn sie fürchtete sich. Aber er sprach:
> Es ist nicht also: du hast gelacht.

Auch die Durchsetzung des Rechts müßte, so sollte man meinen, von der Ganzheitsmethode bei Gesetzgebung und Verkündung profitieren. Denn einen Gesetzgeber, dem er Auge in Auge gegenüber gestanden ist, sollte der Mensch weniger zu enttäuschen trachten als den heutigen anonymen und mehr papierenen. Zumal dann, wenn man bedenkt, daß diese früheren Gesetzgeber dem Auge in Auge der Verkündung entsprechend ein Zahn um Zahn als Folge bei Gesetzesverstößen androhten. Und doch: es zeigt sich bereits an unserem obengenannten frühen Verkündungsbeispiel, welchen Undank die Verkünder von Anfang an zu verkraften hatten. Nebenbei zeigt unser Beispiel auch einen frühen Beleg für die Wirkungslosigkeit und dogmatische Problematik der Androhung der Todesstrafe.

Auf der anderen Seite war die Verkündung durch das gesprochene Wort von vorneherein auch nicht ganz problemfrei, wenn man sie – was zugegebenermaßen etwas anachronistisch ist – an unseren heutigen rechtsstaatlichen Maßstäben mißt. Wesentliche Voraussetzung für die Wirksamkeit und Wirkung des Rechts ist danach seine Bekanntheit im Sinne der Möglichkeit zuverlässiger Kenntnisnahme. Der Mensch muß wissen, daß er etwas nicht darf, damit eine entsprechende Zuwiderhandlung strafwürdig wird und bei ihm den Reiz der Sünde auslöst. (Hier sei die Annahme erlaubt: Hätten Adam und Eva nichts davon gewußt, daß man von dem einen Baum unter den vielen anderen nicht essen dürfe, sie hätten wohl bis auf den heutigen Tag vom Baume der Erkenntnis nicht gegessen.) Nun ist aber das gesprochene Wort flüchtig und vergänglich und, soll es im Bewußtsein haften bleiben, der ständigen Wiederholung bedürftig. Unterzieht sich der Gesetzgeber der Mühe der ständigen Wiederholung nicht, so läuft er Gefahr, daß sein Recht vergessen oder durch inkompetentes mündliches Weitersagen verfälscht oder gar in Zweifel gezogen wird. Schon im Ausgangsbeispiel können wir nach unserer Quelle davon ausgehen, daß der zweite Mensch, Eva, nicht vom Gesetzgeber selbst, sondern von ihrem Mitmenschen Adam auf die früher verkündete Verbotsnorm aufmerksam gemacht worden ist. In diesen Verkündungsmangel sät die Schlange ihren Zweifel an der Wirksamkeit des Verbots:

> Und die Schlange war listiger denn alle Tiere auf dem Felde, die Gott der Herr gemacht hatte, und sprach zu dem Weibe: Ja, sollte Gott gesagt haben: Ihr sollt nicht essen von allerlei Bäumen im Garten?

Im Lichte dieses Verkündungsmangels erscheint uns auch die Zuwiderhandlung der Eva in einem ganz neuen Licht, wesentlich weniger schwerwiegend, als sie bisher stets bewertet worden ist. Wußte nämlich Eva nur durch die Erzählung des Adam von dem verkündeten Verbot, so bleibt die Frage offen, ob sie das Verbot im Rechtssinne wirklich kannte und ernst nehmen mußte. Zugute zu halten ist ihr zumindest die im nachhinein empirisch untermauerte Feststellung, daß Frauen ihren Männern grundsätzlich wenig Glauben schenken und dafür gelegentlich auch gute Gründe haben. Die Feder sträubt sich, diesen Gedanken noch weiter zu vertiefen. Sollte der Verlust des Paradieses für die Menschheit auf einen Verkündungsmangel zurückzuführen sein? Ein fürchterlicher, aber am Jubiläumstage eines Verkündungsblattes zugleich auch erhebender und beflügelnder Gedanke.

Es ließe sich zur Phänomenologie des Verkündungswesens in biblischer Zeit noch so manche sinnreiche Bemerkung anführen: Zum Beispiel über den Einfluß der Verhältnisse eines Volkes auf die Formen der Verkündung. Reichte es bis zur Zeit Abrahams etwa noch aus, daß der Herr seine Normen in eigener Person materiell publizierte, so können wir, als das Volk Israels sich anschickte, so zahlreich wie der Sand am Meer zu werden, also zur Zeit des Moses, die moderne Publikationsform der schriftlichen Fixierung der 10 Gebote feststellen. Jetzt besaß man das neue Recht, um es anachronistisch zu formulieren, schwarz auf weiß. Die Steinplatten, in die Moses den Dekalog meißelte, sind gleichsam die frühzeitliche Form eines Bundesgesetzblattes im Tiefdruck. Und der Zorn des Moses sowie der Akt des Zerschmetterns der ersten Ausgabe dieses Gesetzblattes bezeugen schon frühzeitig die Frustrationsneigung aller Verkündungstätigkeit. Erstaunlich ist andererseits die Langlebigkeit dieser erstmalig in Schriftform publizierten Normen. Liegt dies nun an der Güte der Normen oder an der Qualität der Verkündung? Wir wollen, des Anlasses dieser Schrift eingedenk, von beidem ausgehen.

Das römische Recht

Ehe wir unsere Betrachtungen den Römern als den eigentlichen Vorfahren unserer Rechtskultur zuwenden, bedarf es einer ordnenden Vorbemerkung: Hier ist der Platz, die beiden Typen aller rechtlich relevanten Gesetzespublikationen auch denen vorzustellen, die sie bisher noch nicht kannten.

Publikation ist erstens dergestalt möglich, daß das Kodifikat im wahren Sinne des Wortes „bekannt" gemacht wird. Die Rechtsordnung trifft hierzu selbst die Maßregeln, wie zum Beispiel öffentliches Vorlesen oder Aushängen des Gesetzestextes, Verlesen von den Kanzeln etc. Man nennt diese Art der Publikation die materielle.

Das Gegenteil ist die formelle Publikation. Sie nimmt es nicht auf sich, dem Staatsbürger das neue Gesetz sozusagen auf dem Präsentierteller entgegenzutragen und die Notorietät des Rechts auch tatsächlich zu besorgen. Sie, die formelle Publikation, begnügt sich vielmehr mit einem mehr oder weniger effektiven formellen Akt und der danach bestehenden Möglichkeit, mit dem neuen Recht Bekanntschaft zu machen. Kennen oder kennen können, das sind die Kennworte der beiden Publikationsprinzipien, zwischen welchen die abendländische Publikationsgeschichte immer wieder hin und her schwankte.

Heutzutage ist die formelle Publikation die allein herrschende. Der formelle Akt, welcher Voraussetzung der materiellen Gesetzeskraft ist, besteht in der Ausgabe und Versendung des gedruckten Gesetzblattes am Sitz der Regierung. Aber soweit sind wir noch nicht. Wir waren stehengeblieben bei den alten Römern. Sie kannten beide Publikationsprinzipien:

Die Verordnungen der Magistrate wurden materiell publiziert, durch öffentliches Ausrufen und öffentlichen Anschlag in Rom (edicta magistratuum). Dagegen genügte für die Volksgesetze die formelle Publikation. Da das Volk, oder wenigstens Teile von ihm, am Zustandekommen dieser Gesetze beteiligt war, hielt man hier materielle Publikationshandlungen für entbehrlich. Volksgesetze traten mit dem formellen Akt der am Schluß der Abstimmung stattfindenden Verkündung des Volksbeschlusses (renuntiatio) in kraft.

Im Laufe der Zeit verwischte sich der Unterschied zwischen der Verkündung der Volksgesetze und der Verordnungen der Magistrate, und das kam so: Die Edikte waren nur so lange materiell publiziert, als die Stadt Rom und der Staat Rom im wesentlichen zusammenfielen. Als aber Rom als Staat wuchs und wuchs und schließlich fast den ganzen italischen Boden bedeckte, war es um den materiellen Charakter der Verkündung der Edikte geschehen. Ausgerufen und angeschlagen wurde nämlich nur im römischen Stadtgebiet, gelten aber sollte das neue Recht im ganzen römischen Staat. Im römischen Reich blieb die Vorstellung stets bestehen, was sich in der Stadt Rom vollziehe, wirke gleichzeitig auch für den ganzen Staat. Für die Gesetzespublikation führte dieses romazentrische Denken zu der Fiktion, was in der Stadt Rom verkündet sei, das sei auch im römischen Staat bekannt, und damit zum Sieg des formellen Publikationsprinzips.

Wir haben von den Römern bekanntlich nicht nur den Wein, sondern auch den größten Teil unserer Rechtskultur übernommen. So auch diese Entwicklung zur formellen Publikation. Der rezipierte Gedanke freilich, was in Bonn geschehe, geschehe gleichzeitig auch im Rest der Republik, und was in Bonn zur Post gegeben sei, sei im ganzen Bundesgebiet bekannt, ist vielleicht doch ein wenig verwegen. Denn Bonn hat mit Rom eigentlich nur das O im Namen gemeinsam. Dem Unterschied zwischen Bonn und Rom sollte man eine eigene Festschrift widmen. Hier sei nur noch diese eine Anmerkung erlaubt: Die totale Herrschaft der Stadt Rom über den ganzen Staat äußerte sich auch in der Aufteilung des italischen Bodens auf die 35 römischen Tribus; dies war nichts weniger als die Fiktion, daß der italische Boden Gemeindeflur der Stadt Rom sei. Mit Bonn verhält es sich da eher umgekehrt. So müssen zum Beispiel nach Neuwahlen die Bonner Ministersessel stets so verteilt werden, daß die Landesverbände der siegreichen Parteien einen möglichst gerechten Anteil am Bonner Kuchen erhalten. Erst wenn dem Regierungschef dieses Kunststück gelungen ist, kann er ohne Gefahr für Leib und Leben vor die Kameras treten und dem Volke verkünden, wie sich die neue Bundesregierung zusammensetzt.

Kanonisches Recht

Das kanonische Recht knüpft, wie nicht anders zu erwarten war, an das römische Recht an und bedient sich folgerichtig der lateinischen Sprache. Die regelmäßige Form der päpstlichen Gesetzespublikation kommt zum Ausdruck in der Bulle Benedictus Deus, wo wir folgende Anweisung lesen:

> Ut haec autem ad omnium notitiam perveniant, neve quis excusatione ignorationis uti possit: volumus et mandamus, ut hae litterae per aliquos euriae nostrae cursores in basilica vaticana principis Apostolorum et in ecclesia Lateranensi tunc quum in eis populus, ut missarum solennibus intersit, congregari solet, palam et clara voce recitentur, et, postquam recitatae fuerint, ad valvas earum ecclesiarum, itemque cancellariae apostolicae, et in loco solito Campi Florae affigantur, ibique, ut legi et omnibus innotescere possint, aliquantisper relinquantur.

Danach genügt es, falls im Einzelfall nichts anderes bestimmt ist, den betreffenden päpstlichen Erlaß in der Stadt Rom auf herkömmliche Art und Weise bekanntzumachen, um ihn im ganzen vorgesehenen Geltungsgebiet in Kraft treten zu lassen. Dessen ungeachtet gibt es für alle päpstlichen Verordnungen generell die Verpflichtung des Klerus in den Diözesen zur Vornahme materieller Publikationshandlungen, also zum Verlesen und zum Anschlagen. Dies aber ist Dienst, nicht Wirksamkeitsvoraussetzung. Und nicht unerwähnt bleiben mag hier, daß es stets Ausnahmen von der Regel gibt, kirchliche Gesetze nämlich, für deren Inkrafttreten materielle Publikationshandlungen speziell vorgeschrieben werden.

Das fränkische Recht

Das fränkische Recht ist anders als das römische den Weg zum materiellen Publikationsprinzip gegangen, und zwar mit guten Gründen. Das fränkische Reich hatte nämlich kein beherrschendes städtisches Gemeinwesen wie die Stadt Rom, deren Überheblichkeit für so manche Fiktion der Begründung enthob. So müssen die fränkischen Herrscher ihre Regierungsgeschäfte notgedrungen im Umherziehen verrichten, von Pfalz zu Pfalz. Unter diesen Umständen leuchtet es ein, daß im Reich erwartet wurde und erwartet werden durfte zu erfahren, was der Herrscher zu befehlen geruht habe. Dies geschah in aller Regel durch Verlesen der Gesetzestexte vor Schöffen und Volk sowie in den Kirchen. Verkündungsorgane waren die comites und der Klerus, seit Karl dem Großen die missi dominici. Diesen wichtigen Amtsträgern wird der Sinn ihrer Tätigkeit mit den Worten vor Augen geführt: ne de ignorantia se excusare valeant, damit sich niemand dumm stellen kann.

Das Mittelalter

Dem Mittelalter ist gelegentlich Unrecht getan worden. Man hat ihm das Adjektiv „finster“ angeheftet und ihm Unwissenheit und Aberglauben, Pest, Hungersnöte und Hexenverbrennungen vorgehalten. Dabei wird leicht übersehen, daß auch heute nicht alles zum besten steht. Wahrscheinlich sterben heute bei uns mehr Menschen an Überernährung als im Mittelalter an Hunger, werden mehr Frauen von betrunkenen Kraftfahrern überfahren und getötet als im Mittelalter auf dem Scheiterhaufen verbrannten und sterben mehr Menschen der Dritten Welt an Hunger als im Mittelalter an der Pest. Und vielleicht konnte im

Mittelalter noch ein größerer Prozentsatz des Volkes den Namen des Kaisers nennen als heute den des Herrn Bundespräsidenten. Die Atombomben und den sauren Regen wollen wir unerwähnt lassen, um nicht parteipolitisch engagiert zu scheinen. Wie sehr das Mittelalter der Ehrenrettung aber auch bedürftig sei, wir Verkündungswissenschaftler können dazu wirklich nicht viel beitragen. Im Gegenteil: Das „finstere" Mittelalter zeigt der Verkündungswissenschaft weitgehend weiße Flekken auf der Landkarte. Denn im Mittelalter gab es nicht viel zu verkünden.

Für die Reichsgesetzgebung hätte es einen Bedarf schon gegeben; denn das Reich war groß, und die Teilnehmer an den Reichstagen waren ein recht kleiner Zirkel. Die breite Öffentlichkeit hätte also wohl schon gerne erfahren, was da für Gesetze beschlossen worden waren, zumal es damals Tagesschau und Tagesthemen noch nicht gab. Trotzdem wurde die rechtlich relevante Publikation einfach in den bloß formellen Akt der Promulgation der Reichsgesetze, also in die feierliche Verlesung des Reichstagsabschiedes am Schlusse der Tagung verlegt. Danach traten die Gesetze sofort in Kraft, ohne daß man auf den Vollzug von materiellen Publikationshandlungen gewartet hätte. Da hätte man auch lange warten können. Denn zur Größe des Reichs verhielt sich der Stand der Verkehrs- und sonstigen technischen Verhältnisse umgekehrt proportional. Schon deshalb war es, selbst wenn man gewollt hätte, nahezu unmöglich, in diesem Reich ein Gesetz in angemessener Zeit allgemein bekannt zu machen. Und wer wollte dies denn auch schon? Die feudalen Landesherren, die dem größten Teil des Reiches vorstanden, wollten das am allerwenigsten. Ihnen lag ihre eigene Unabhängigkeit und Eigenmacht zuerst am Herzen. Die Reichsgesetzgebung war ihnen eher ein Ärgernis denn ein Anliegen. Was der Reichstag verabschiedete, durch Publikation in ihren Ländereien zur Geltung und Anwendung zu bringen, lag in aller Regel nicht in ihrem Interesse. So bestand zwar die Pflicht der Reichsstände, die Reichsgesetze in ihren Territorien materiell zu publizieren, aber diese Pflicht blieb häufig unerfüllt, und vielfach blieben die Reichsgesetze ganz unbekannt. Schlechte Zeiten waren das für das Reich und für die Publikation seiner Gesetze.

Nun sollte man meinen, für das, was das Reich den Publikatoren im Mittelalter schuldig blieb, hätten diese sich in den Territorien schadlos halten können. Aber auch diese Annahme wäre weit gefehlt. Denn in der mittelalterlichen Rechtsetzung ist für eine Publikation auch hier fast kein Raum.

Der weitaus größte Teil des geltenden Rechts bestand aus gewohnheitsrechtlichen Normen, die langlebig waren. Erinnern wir uns: Dies war eine beharrende Zeit, die in der allseits anerkannten göttlichen Ordnung ruhte, ohne den ständigen Drang zu etwas Neuem, ohne viel Staat und ohne Normenflut. Wenn der Landesherr etwas regeln zu müssen glaubte, so tat er das in der Regel nicht durch ein Gesetz, das sich an alle Welt gewandt und daher eine Publikation erfordert hätte, sondern in der Form der Privilegien, wenn es etwas Positives auszuteilen gab, sowie durch Verwaltungsakt, wenn es irgendwo einzugreifen galt.

Besonders das Privilegium war ein im Mittelalter sehr beliebtes Rechtsinstitut, mit dem sich fast alles regeln ließ, wozu wir heute ein Gesetz benötigen. Die Philosophie dieses Instituts ist einfach und einleuchtend: Von fast allem, was der Staat regelt, hat irgend jemand einen Vorteil. Statt ein Gesetz zu machen, kann der Staat deshalb diesem Glücklichen, der den Vorteil haben soll, einen Brief schreiben und ihm den Vorteil darin zubilligen. Den Vorteil daraufhin gegen die, welche den Nachteil davon haben sollen, durchzusetzen, ist dann Sache des Glücklichen, der den Brief erhalten hat, des Privilegierten also. So also war damals die Rechtsetzungspraxis. Auf unsere Zeit übertragen, hätte man sich bei dieser Methode z.B. das Gesetz zur Erhöhung des Angebots an Mietwohnungen sparen können und statt dessen dem Bundesverband der Deutschen Bauwirtschaft und dem Zentralverband Deutscher Haus-, Wohnungs- und Grundeigentümer jeweils einen freundlichen Brief schicken können. Den hätte man nicht publizieren und damit auch keinen Mieter verärgern müssen. Man sieht: Alles, was einmal war, hat auch einen gewissen Sinn gehabt. Und Privilegien gibt es, in welcher Rechtsform auch immer, bis auf den heutigen Tag, und das nicht zu knapp.

Gewohnheitsrecht, Privilegien und Verwaltungsakte bestimmten also das Rechtsleben im mittelalterlichen Territorialstaat. Daneben spielten Gesetze und Verordnungen so gut wie keine Rolle, und deshalb war auch in den Territorialstaaten nicht viel zu verkünden. Wenn verkündet wurde, galt das formelle Prinzip. Das Gesetz trat also auch ohne dies in Kraft. Schlechte Zeiten für Verkünder waren das.

Die Neuzeit

Auf das Mittelalter folgte bekanntlich die Neuzeit. Für deren Beginn war – wie man weiß – nicht zuletzt das Publikationswesen entscheidend mitverantwortlich. Denn die Publikation von Luthers Thesen an der Schloßkirche von Wittenberg ist von so manchem Historiker mit dem Beginn der Neuzeit gleichgesetzt worden. Die Kirchentür in ihrer Eigenschaft als Verkündungsmittel wird uns am Ende dieses Kapitels übrigens noch begegnen. Doch davon später.

Zunächst ist allgemein festzustellen, daß die Neuzeit sich dadurch bemerkbar machte, daß sie, wie ihr Name schon sagt, so ziemlich alles neu machte. Und dies gilt auch für das Verkündungswesen, wo sich im Übergang vom Mittelalter zur Neuzeit ein gewaltiger Umschwung vollzog. Mit der Neuzeit beginnt eine hohe Zeit des Verkündungswesens, die sich schließlich mit dem Satz beschreiben läßt: Ohne Publikation kein Inkrafttreten der Gesetze!

Wie kam es zu diesem Aufschwung des Verkündungswesens? Da ist zunächst die Rezeption des römischen Rechts zu nennen, die das Staatsverständnis in Deutschland und damit die rechtstheoretischen Grundlagen der Rechtsetzung wesentlich veränderte. Neben der Person des Landesherren beginnen die vom Studium der römischen Verhältnisse aus Italien heimkehrenden Juristen den Staat an sich zu entdecken und sich, ihren Fürsten und ihrer Umwelt ein geändertes Staatsverständnis zu vermitteln. Dieser neue selbstbewußte Staat stellt sich vielfältig neue Aufgaben in Recht und Verwaltung und kann sich nicht mehr mit Einzelverfügungen begnügen. Die Privilegienwirtschaft beginnt einer allgemeinen staatlichen Rechtsetzung Platz zu machen. Die uralten Gewohnheitsrechte weichen dem geschriebenen Gesetzesrecht. Damit beginnt für die Publikation eine große neue Zeit. Es gab viel neues Recht zu veröffentlichen, es gab angesichts der Zentralisierung der Staatsgewalt in den landesherrlichen Territorien zunehmend weniger Hindernisse bei dieser Arbeit, und es gab eine erste, vielleicht die allergrößte technische Revolution: Die Erfindung der Buchdruckerkunst. Was die Erfindung des Schwarzpulvers für die Artillerie war, das bedeutete Gutenbergs Erfindung für das Verkündungswesen. Beim Vergleich der beiden Erfindungen frage ich mich übrigens immer, warum nicht der Mönch Schwarz statt des Pulvers die Buchdruckerkunst erfunden hat zur besseren Verbreitung der Bibel? Aber so ist die Welt, voller ungelöster Rätsel.

Wie dem auch sei, gute Zeiten brachen mit der Neuzeit für die Verkünder an. Man nahm sie ernst, und es gab viel zu tun: Auszurufen vor den Rathäusern, auf Märkten und vor den Kirchen, anzuschlagen an die Türen von Rathäusern und Kirchen und – unsere Papierzeit wirft ihre Schatten voraus – Gesetzestexte zu drucken und zu verteilen. Ohne Verkündung keine Gesetzeskraft, das ist der Sieg der materiellen Verkündungstheorie. Jedes einzelne Gesetz schreibt in einer Klausel vor, wie es sich seine Verkündung wünscht. Ab dem 18. Jahrhundert entstehen dann abstrakte Publikationsregeln, so daß es der Publikationsklausel in jedem Gesetz nicht mehr bedarf.

Die Franzosen

Die Franzosen waren lange unser „Erbfeind", jetzt sind sie schon lange unsere dicksten Freunde. Wir von der Verkündung sind darüber besonders froh; denn wir verdanken ihnen am allermeisten. Wie die Franzosen am Ende des 18. Jahrhunderts die politischen Verhältnisse gründlich umkrempelten, so schufen sie auch auf dem Gebiet des Publikationswesens etwas völlig Neues: Das Bulletin des lois, das Gesetzblatt. Es ist die loi sur le mode de gouvernement provisoire et révolutionaire vom 4. Dezember 1793, die der Menschheit zum ersten Male ein Gesetzblatt im modernen Sinne des Wortes beschert: Das „Bulletin des lois de la République". Darin waren alle Gesetze im materiellen Sinne abzudrucken.

Über die Geschichte des französischen Publikationswesens in den Jahren danach ließe sich noch vieles berichten; aber dies ist nicht die Festgabe für das Bulletin des lois, sondern für den Bundesanzeiger-Verlag, und so müssen und wollen wir die Darstellung der Geschichte des französischen Verkündungswesens den französischen Kollegen überlassen und uns vorerst mit einem herzlichen Dankeschön für ihre so überaus wichtige Erfindung von ihnen verabschieden. Allerdings nicht vor der Erwähnung einer Begebenheit aus der Zeit der „Erbfeindschaft", die belegt, wie ungünstig sich die deutsch-französische Feindschaft zuweilen sogar auf das Verkündungswesen ausgewirkt hat: Es ist das Jahr 1870, und die Deutschen belagern Paris. Eine schlechte Zeit für die Verkündung, denn aus einer belagerten Stadt läßt sich das Bulletin des lois schlecht versenden. Einziges Verkehrsmittel zwischen Paris und dem übrigen Frankreich sind Luftballons. Aber deren Transportkapazität ist gering. So muß zeitweilig die Versendung des Bulletin des lois eingestellt und der Text neuer Gesetze in das Journal officiel zusätzlich aufgenommen werden, das unter allen Umständen in die Departements befördert werden mußte. Aus dieser Not wurde dann schließlich eine Tugend, und der Verkündungsweg über das Journal officiel blieb auch nach dem Ende der Belagerung erhalten, während das Bulletin mehr den Charakter einer Gesetzessammlung erhielt.

Unser Beispiel zeigt auch: Das Verkündungswesen verlangt von seinen Mitstreitern auch und gerade im Kriege höchsten Einsatz und viel Phantasie.

Das Bundesgesetzblatt und das Ende der Neuzeit

Wir Deutschen haben die Idee des Gesetzblattes von den Franzosen rezipiert. Voran gingen dabei die Rheinbundstaaten. Bayern gestaltet durch landesherrliche Reskripte und Verordnung von 1799 das „Münchener Intelligenzblatt" zu einem Gesetzblatt um, das ab 1800 den Titel „Kurpfalzbayrisches Regierungs- und Intelligenzblatt"(!) führt. Baden folgt mit dem „Kurfürstlichen Regierungsblatt", Württemberg mit dem „Königlich Württembergischen Staats- und Regierungsblatt" und das neue Königreich Westfalen mit einem „Gesetzesbulletin". Selbst Preußen scheut sich nicht, diese Neuerung von den Franzosen zu übernehmen und führt 1810 im Rahmen der Hardenbergschen Verwaltungsreform die „Gesetzessammlung für die königlichen Preußischen Staaten" ein.

Das erste Reichs-Gesetz-Blatt in Deutschland war wie das Bulletin des lois in Frankreich ein Kind der Revolution, die sich in Deutschland ein gutes halbes Jahrhundert verspätet hatte. Dieses Reichs-Gesetz-Blatt wurde als „1stes Stück." ausgegeben zu Frankfurt a. M., den 29. September 1848 und enthielt auf Seite 1 das Gesetz betreffend die Verkündigung der Reichsgesetze und der Verfügungen der provisorischen Centralgewalt. Nach diesem Gesetz geschah die Verkündigung der Reichsgesetze durch den Reichsverweser, der dieselbe durch die Reichsminister vollzog. Artikel 2: „Der betreffende Minister macht das Gesetz durch Abdruck in dem Reichsgesetzblatte bekannt."

Die Expedition des Reichs-Gesetz-Blattes machte im September 1848 bekannt, ihr Blatt könne gegen Vorausbezahlung des jährlichen vom Oktober ab laufenden Abonnementspreises von 1 Rheinischen Gulden „hier am Orte (Frankfurt a. M.) im Locale der Expedition (kleiner Kornmarkt, im Brabanter Hof) und auswärts durch das nächste Postamt ohne Portoaufschlag bezogen werden". Diese „Expedition des Reichsgesetzblattes" war die Urgroßmutter des Bundesanzeiger-Verlages. Denn der Reichsverweser Erzherzog Johann hatte am 27. September 1848 verordnet:

> „Das Reichsministerium der Justiz ist mit der Herausgabe des Reichsgesetzblattes beauftragt, und hat die erforderlichen weiteren Anordnungen zu treffen."

Bekanntmachung.

Zufolge Beschlusses der deutschen Reichsversammlung erscheint von jetzt ab ein für die Verkündigung der Reichsgesetze und Verfügungen der provisorischen Centralgewalt bestimmtes

Reichs-Gesetz-Blatt,

ohne bestimmte Ausgabezeiten, je nach dem eintretenden Bedürfnisse. Dasselbe kann von der unterzeichneten Expedition gegen Vorausbezahlung des jährlichen vom 1. October c. ab laufenden Abonnementspreises von 1 fl. rheinisch hier am Orte im Locale der Expedition (kleiner Kornmarkt, im Brabanter Hof) und auswärts durch das nächste Postamt ohne Portoaufschlag bezogen werden.

Frankfurt a/M. im September 1848.

Die Expedition
des Reichs-Gesetz-Blattes.

Dieser erste Deutsche Justizminister Robert von Mohl* hatte am selben Tage verfügt:

> „Zur Herausgabe des Reichsgesetzblattes wird eine ‚Expedition des Reichsgesetzblattes' errichtet."

Alles nachzulesen auf Seiten 2 und 3 des 1sten Stückes jenes ersten Reichs-Gesetz-Blattes von 1848. Und ist es nicht eigenartig, daß die Geburtsstunde des Bundesanzeiger-Verlages fast auf den Tag genau 100 Jahre nach der Errichtung jener Expedition des Reichs-Gesetz-Blattes schlug?

Hatte nun der damals vorauszahlende Abonnent des Reichs-Gesetz-Blattes seinen Gulden gut angelegt? Darauf gibt es zwei Antworten: Für eine Krämerseele war es kein Geschäft; denn jenes erste Reichs-Gesetz-Blatt war ebenso gefährdet wie die Revolution und der mit ihr einhergehende erste Versuch der Errichtung eines demokratischen Deutschen Reiches. Das Reichs-Gesetz-Blatt hielt sich nur bis zum 18ten Stück vom 7. Juni 1849 über Wasser; dann war es aus mit der Revolution und auch mit dem Reichs-Gesetz-Blatt. Vom vorausbezahlten abonnierten Jahrgang mußte die Expedition des Reichs-Gesetz-Blattes damit zwangsläufig einige Monate schuldig bleiben, durch höhere Gewalt sozusagen. Der Abonnent wurde aber dafür entschädigt durch das 8te Stück vom 28. Dezember 1848 mit dem Gesetz betreffend die Grundrechte des deutschen Volks und durch das 16te Stück vom 28. März 1849 mit der Verfassung des Deutschen Reiches. Beide Dokumente sind gemessen an unseren heutigen Werten und Maßstäben das Beste, was Politik in Deutschland bis dahin hervorgebracht hatte. Allein für diese beiden Stücke hatte sich der eine Gulden des Abonnements also gelohnt.

---

*) Vgl. Deutsche Justizminister 1877–1977, Bundesanzeiger-Verlag Köln, 1977, wo man eine Würdigung und das Bildnis des wirklichen ersten Reichsministers der Justiz Robert von Mohl (1799–1875) offensichtlich und bedauerlicherweise einfach vergessen hat. Wir drucken deshalb das Bildnis des Reichsministers der Justiz Robert von Mohl in diesem an die demokratischen Traditionen des Deutschen Volkes besonders eng anknüpfenden Werk eigens ab und empfehlen für das Jahr 2048 eine neue Festschrift mit dem Titel „Deutsche Justizminister 1848 bis 2048".

Der Reichstagsabgeordnete
und Reichs Justiz-Minister
R. MOHL

Das letzte 18te Stück des Reichs-Gesetz-Blattes vom 7. Juni 1849 ist gleichsam ein Symbol der politischen Realitätsferne jener ersten deutschen Demokraten der Paulskirche: Dort wird publiziert die Verordnung über die Anwendung von Laternen zur Vermeidung des Zusammenstoßens von Dampfschiffen vom 25. Mai 1849. Während rundum die Reaktion die Oberhand gewann und sich anschickte, der Demokratie in Deutschland für weitere 70 Jahre das Licht auszublasen, befaßten sich die Repräsentanten des demokratischen Deutschlands mit dem Anbringen der Laternen an Dampfschiffen: Und so schließt das 18te Stück des Reichs-Gesetz-Blattes auf der letzten Seite mit den Worten:

> „Die Art und Weise, wie die farbigen Lichter anzubringen sind, verdient besondere Beachtung. Sie müßten jedes mit einem Schirm von Holz (oder Segeltuch) an der dem Deck zugekehrten Seite versehen sein, um vorzubeugen, daß beide gleichzeitig in irgend einer anderen Richtung, als in der Richtung des Bugspriets, zu sehen sind.
>
> Diese Vorrichtung ist von Wichtigkeit, denn ohne die Schirme würden alle Arten Bug-Lichter zur Bezeichnung der Steuer-Richtung unnütz sein."

Die Historiker berichten uns aus jenen Tagen freilich weniger über die Gefahr von Zusammenstößen der Dampfschiffe. Sie berichten uns vielmehr über zunehmende und oft blutige Zusammenstöße zwischen Demokraten und Soldaten in Wien und Berlin, in Frankfurt und Stuttgart und überall in Deutschland. „Gegen Demokraten helfen nur Soldaten" war die Parole. Und einer solchen Primitivität waren die den Ton angebenden über 100 Professoren und über 200 Juristen der Paulskirche, so helle sie auch waren, einfach nicht gewachsen.

Erst etliche Jahre danach gab es in Deutschland wieder ein zentrales Verkündungsblatt, das Bundes-Gesetzblatt des Norddeutschen Bundes, dessen Nummer 1 vom 26. Juli 1867 die Verfassung des Bundes publizierte. Die Nummer 13 dieses Bundes-Gesetzblattes vom 31. Dezember 1867 enthielt übrigens – was man der Unglückszahl 13 nicht zugetraut hätte – einen Glücksfall für das Strafrecht. Dort wurde nämlich erneut publiziert der Allerhöchste Erlaß Friedrich Wilhelms IV. vom 6. Mai 1848 betreffend die Abschaffung der Strafe der körperlichen Züchtigung. 1848 war also doch nicht spurlos vorübergegangen.

Dieses Bundes-Gesetzblatt des Norddeutschen Bundes firmiert unter dieser Bezeichnung bis zur Nummer 3 des Jahres 1871 und führt ab der

Nummer 4 vom 27. Januar 1871 nach der Aufnahme des Königreiches Bayern die Bezeichnung Bundes-Gesetzblatt des Deutschen Bundes.

Ab 8. Mai 1871 führt die Nummer 19 dann die Bezeichnung „Reichs-Gesetzblatt". Das Reich hatte sich im Krieg mit Frankreich zusammengefunden, und schon damals verschlang Rüstung viel Geld. Und so ist es denn bezeichnend, daß die erste Ausgabe und erste Seite des Reichs-Gesetzblattes den Allerhöchsten Erlaß Kaiser Wilhelms an den Reichskanzler enthält, wegen des außerordentlichen Geldbedarfs zum Zwecke der Erweiterung der Kriegsmarine verzinsliche Schatzanweisungen im Betrag von 3 700 000 Thalern auszugeben.

Während wir heute zunehmend hören, je höher die Rüstung, desto sicherer sei der Frieden, war die Rüstung damals noch ganz schlicht die Vorbereitung auf den Krieg, der dann – wenn auch gut vier Jahrzehnte später – gleichsam naturgesetzlich auf die allseitig hohe Rüstung folgte. Das Ende des ersten Weltkrieges brachte auch das Ende der Monarchie, und die neuen Herren, die sich Rat der Volksbeauftragten nennen, verkünden am 14. November 1918 im Reichs-Gesetzblatt ihren ersten Aufruf an das Deutsche Volk vom 12. November 1918.

Im Reichs-Gesetzblatt vollzieht sich die Historie ziemlich nahtlos. Noch am 12. November 1918 hatte der Freiherr von Stein für das alte Kaiserreich die Bekanntmachung betreffend Ankauf von Menschenhaaren im Umherziehen vom 4. November 1918 verkündet. Die Haare, so verkündete er, müßten am Übernahmeort sofort in Papierbeutel gebracht werden. Die Papierbeutel seien an von der Heeresverwaltung bezeichneten Sammelstellen abzuliefern, die für eine sofortige Reinigung, die etwaige Krankheitserreger vernichte, zu sorgen hätten. Zwei Nummern später verkündete der Rat der Volksbeauftragten dem Deutschen Volk die ersten wesentlichen Grundzüge für die künftige Demokratie in Deutschland: Die Freiheit des Vereins- und Versammlungsrechts, auch für Beamte und Staatsarbeiter, die Abschaffung der Zensur, die Meinungsfreiheit sowie das gleiche, geheime, direkte und allgemeine Wahlrecht für alle mindestens 20 Jahre alten männlichen und weiblichen Personen.

Auch das Ableben der Weimarer Republik und die Machtübernahme durch den Hitler-Faschismus schlägt sich im Verkündungsrhythmus des Reichs-Gesetzblatts nicht nieder. Mit dieser Machtübernahme erhält die Verkündung in Deutschland allerdings eine bis dahin nicht gekannte

Dimension. Verkündet wird jetzt im Reichs-Gesetzblatt zunehmend auch solches „Recht“, dem der Unrechtscharakter auf der Stirn geschrieben steht. Die Verkündung tritt in den Dienst des Unrechts. Um nur ein Beispiel zu nennen: Nach den Morden anläßlich der Röhm-Affäre wird am 5. Juli 1934 im Reichs-Gesetzblatt ein „Gesetz über Maßnahmen der Staatsnotwehr vom 3. Juli 1934“ verkündet, das aus einem einzigen Paragraphen besteht:

> „Die zur Niederschlagung hoch- und landesverräterischer Angriffe am 30. Juni, 1. und 2. Juli 1934 vollzogenen Maßnahmen sind als Staatsnotwehr rechtens.“

Das Schriftstück trug außer den Unterschriften Hitlers und Fricks auch diejenige des Reichsjustizministers Dr. Gürtner.

Erst mit dem Ende des zweiten Weltkrieges ist der Bruch in der Deutschen Geschichte so groß, daß auch das Reichs-Gesetzblatt ihn nicht mehr überbrücken kann. In der Nummer 5, ausgegeben in Berlin am 5. April 1945, meldet sich „Der Führer Adolf Hitler“ endlich letztmalig aus seinem „Führerhauptquartier“, und zwar mit dem Gesetz über die Haushaltsführung im Reich im Rechnungsjahr 1945 vom 29. März 1945. Dann folgt der Untergang des Deutschen Reiches. Eines zentralen Verkündungsblattes bedurfte es vorerst nicht mehr.

Dieser Zustand ohne Zentralgewalt und ohne zentrales Verkündungsblatt dauerte gut zwei Jahre. Schon im Sommer 1947 trug der Gedanke der Einigung im geteilten Deutschland erste Früchte in Form des Zweizonen-Wirtschaftsrates, den die amerikanische und die britische Militärregierung für ihre Gebiete proklamierten zur Lösung dringender wirtschaftlicher Probleme und zum Aufbau des Wirtschaftslebens.

Die Stadt Frankfurt war nach fast genau 100 Jahren wieder einmal der Ort, an dem sich dieser demokratische Neubeginn vollzog. Hier hatte der von Amerikanern und Briten eingesetzte Zweizonen-Wirtschaftsrat seinen Sitz, und hier wurde ab 21. August 1947 das Gesetz- und Verordnungsblatt des Zweizonen-Wirtschaftsrates ausgegeben. Ab der Nummer 2 nennt es sich „Gesetz- u. Verordnungsblatt des Wirtschaftsrats für das Vereinigte Wirtschaftsgebiet“ und ab der Nummer 4 „Gesetz- u. Verordnungsblatt des Wirtschaftsrates des Vereinigten Wirtschaftsgebietes“. Man erkennt wieder einmal die Bedeutung der Titelfrage in Deutschland. Der Titel wird erneut geändert ab Nummer 19 vom

30. September 1948 in „Gesetzblatt der Verwaltung des Vereinigten Wirtschaftsgebietes", welches bis zum 6. September 1949 noch in Frankfurt ausgegeben wurde.

Schon am 23. Mai 1949 wurde in Bonn die Nummer 1 des Bundesgesetzblattes ausgegeben mit dem Grundgesetz für die Bundesrepublik Deutschland vom selben Tag. Wie es ein Reichsgesetzblatt vor dem Reich gegeben hatte, so gab es jetzt ein Bundesgesetzblatt, bevor der Bund sich konstituiert hatte.

Der Leser dieser Abhandlung wird an dieser Stelle die Schilderung der Geburt und der Jugend des Bundesanzeiger-Verlages und ihrer beiden Bekanntmachungsblätter, des Bundesgesetzblattes und des Bundesanzeigers, erwartet haben. Dafür zeigt der Schreiber dieser Zeilen volles Verständnis. Aber der geneigte Leser möge nicht erzürnen, wenn er das Erwartete hier jetzt nicht vorfindet. Dafür gibt es zwei Gründe, von denen wir hoffen, daß der Leser sie gelten lassen wird. Der Bericht dieser jüngeren Geschichte des Verkündungswesens in Deutschland soll erst aus Anlaß des 50jährigen Bestehens des genannten Verlages im Jahre 1998 geschrieben und veröffentlicht werden und das Jahrtausend für das Verkündungswesen gleichsam würdig beschließen. Dies hat auch noch den Vorteil, daß die Autoren dieses, falls sie dann noch leben sollten, was zugegebenermaßen bei Betrachtung der Weltlage unwahrscheinlich ist, daß die Autoren also auf diese Weise im Jahre 1998 noch einmal einen Anlaß haben werden, zur Feder zu greifen und ihre kargen Bezüge etwas aufzubessern. Wir bitten also um Ihre Nachsicht, daß wir Ihre Neugier hinsichtlich der neueren Geschichte des Verkündungswesens noch diese 15 Jahre lang wachhalten wollen.

Entschädigt werden soll der Leser dafür aber mit einem Blick in die Zukunft des Verkündungswesens bis zum Ende unserer Tage:

Wie hatten doch im Jahre 0 die Engel in Bethlehem verkündet?
Ehre sei Gott in der Höhe
und Frieden auf Erden
und den Menschen ein Wohlgefallen!

Das hätte uns wohl gefallen! Doch die Verhältnisse, die sind nicht so. Sie sind inzwischen leider so, daß wir das Ende unserer Tage vielleicht schon bald schauen können. Vor diesem Ende, also vielleicht schon recht bald, wird es aber noch einmal zu einer Sternstunde der Verkündung kommen, von der hier jetzt schon ein Vorgeschmack gegeben werden soll.

Dem Ende der Menschheit wird in der Bundesrepublik Deutschland der sogenannte Spannungsfall und danach noch der sogenannte Verteidigungsfall vorangehen. Letzterer ist ein Rechtsbegriff, den unser Grundgesetz im Art. 115a als die Feststellung definiert, daß das Bundesgebiet mit Waffengewalt angegriffen wird oder ein solcher Angriff unmittelbar droht. Diese Feststellung ist dem Bundestag mit Zustimmung des Bundesrates vorbehalten. Sie erfolgt auf Antrag der Bundesregierung und bedarf einer Mehrheit von zwei Dritteln der abgegebenen Stimmen, mindestens der Mehrheit der Mitglieder des Bundestages. Zur Not kann die Feststellung auch vom Gemeinsamen Ausschuß getroffen werden. Aber das ist ein weites Feld, Luise.

Wenn es demnächst soweit sein wird, wird es auf vielen Gebieten Not und Elend geben. Aber für die Verkündung wird es trotz allem auch eine großartige Zeit sein. Denn die Verkünder haben an alles gedacht und für diesen Fall, daß eine Verkündung oder Bekanntgabe im Bundesgesetzblatt nicht rechtzeitig möglich ist, vorgesorgt. In diesem Falle werden wir uns mit dem Gesetz über vereinfachte Verkündungen und Bekanntgaben vom 18. Juli 1975 (BGBl. I S. 1919) gut zu behelfen wissen. Wir sind unseren Amtsvorgängern dankbar, daß sie an alles und an was sie alles gedacht haben, als sie dieses Gesetz auf den Weg brachten. Da lesen wir in der amtlichen Begründung des Gesetzentwurfs (Deutscher Bundestag, Drucksache 7/2405 S. 5):

> „... auch im Verteidigungsfall die rechtsstaatlichen Grundsätze in ihrem Kernbestand gewahrt werden müssen. Es ist deshalb z. B. nicht möglich, die „Verkündung“ einer Rechtsnorm lediglich durch Aushang am Parlamentsgebäude vorzunehmen, weil die Vorschriften auf diese Weise den Gewaltunterworfenen nicht zur Kenntnis gebracht werden können. Es kommen vielmehr nur solche Wege in Betracht, bei denen davon ausgegangen werden kann, daß hierdurch bei abstraktgenereller Betrachtung jeder Normadressat die Möglichkeit hat, von der verkündeten Norm Kenntnis zu erhalten.“

Diese „abstrakt-generelle Betrachtung“ hat es unserem Gesetzgeber geraten erscheinen lassen, als Medium der Notverkündung in § 3 des Gesetzes über vereinfachte Verkündungen und Bekanntgaben an erster Stelle den Rundfunk (Hörfunk, Fernsehen) vorzusehen. Das bedeutet, daß in jenen Tagen vor dem Ende unserer Tage die Verkündung von der Papierform auf die elektronischen Medien übergehen wird. Die Programme von Rundfunk und Fernsehen werden damit Tag für Tag zum überwiegenden Teil von den Verkündern gestaltet werden, die dort alle neuen Gesetze und Verordnungen verlesen lassen werden. Mit der einmaligen Verlesung jeder neuen Vorschrift wird es dabei nicht sein Bewenden haben; denn in § 4 des oben bereits vorgestellten Notverkündungsgesetzes steht geschrieben, daß die Verkündungen nach der ersten Sendung des Textes innerhalb der darauffolgenden 24 Stunden zweimal wiederholt werden müssen, und zwar jeweils zu Uhrzeiten, zu denen unter den gegebenen Umständen damit zu rechnen ist, daß ein beträchtlicher Teil der Teilnehmer die Sendung empfängt. Vorgemerkt sind die Zeiten zwischen 16.00 und 19.30 Uhr und dann wieder nach der Tagesschau von 20.15 bis 23.00 Uhr. Wiederholung im Vormittagsprogramm. Dabei darf nicht gehuddelt werden; denn – ebenfalls nach § 4 des erwähnten Gesetzes – sind die zu verkündenden Texte so zu verlesen oder als Schriftbild zu zeigen, daß die Teilnehmer in der Lage sind, sie mit- oder abzuschreiben.

Die Verkündung wird somit die allerletzte und dann wohl auch beliebteste Fernsehreihe zu gestalten haben, und es hat sich höheren Orts lange die Frage gestellt, welcher Persönlichkeit die so überaus wichtige Aufgabe des würdigen Verlesens der letzten Gesetze und Verordnungen der Neuzeit übertragen werden soll. Die Entscheidung ist inzwischen getroffen und hat in der gesamten Bundesrepublik und in zahlreichen anderen Staaten eine überaus große Zustimmung gefunden. Der Verkünder der letzten Tage wird sein der Ministerialrat im Bundesministerium der Justiz und Geschäftsführer des Bundesanzeiger-Verlages, mbH., Herr Florian Messerer. In seiner Person vereinigen sich auf das Vortrefflichste alle Eigenschaften, auf die es bei der Erfüllung dieser eschatologischen Aufgabe ankommt: Ein repräsentatives, würdiges und telegenes Aussehen, das geprägt wurde vom Ringen eines regen Geistes um die Fragen unserer Zeit und dem mäßigen, aber regelmäßigen Genuß geistiger Getränke. Der Anblick einer maßvollen Körperfülle wird den Fernsehteilnehmern in jenen letzten Tagen jenes Maß an Zuversicht vermitteln, dessen sie dann trotz allem bedürfen werden. Das gerötete liebenswürdige Angesicht, gerahmt vom vollen schlohweißen Haupthaar, sowie die sonore bayerisch akzentuierte Stimme wird die Verzagten aufrichten und niemanden an der Weisheit der verkündeten Gesetze zweifeln lassen.

So wird denn Florian Messerer Tag für Tag in fast ununterbrochener Sendefolge die Normen verkünden, nach denen sich unser Leben in jenen letzten Tagen vollziehen wird: Das Gesetz zur Wiedereinführung der Bezugsscheine für Bier, Wodka und Cognac beispielsweise oder die Sperrung des Kamener Kreuzes für alle Kraftfahrzeuge außer Kettenfahrzeugen, die Dienstverpflichtung aller Brauereiarbeiter und Kellnerinnen und den Bezug von Aktentaschen zum Abdecken des Hauptes bei der Explosion von Atombomben.

Alles dieses und noch vieles mehr, dessen Überraschungseffekt durch strenge Geheimhaltungsvorschriften in Friedenszeiten gewährleistet ist, wird Herr Messerer stundenlang zu verkünden haben, und wir werden ihn dabei sehen können, in Farbe sogar. Und wir werden dabei wieder einmal feststellen können, daß langes ununterbrochenes Reden den Mund trocken werden läßt. Florian Messerer wird sich also den Mund netzen müssen, wenigstens nach jeweils 10 vorgetragenen Paragraphen. Und dies ist die Stunde, auf die er zeit seines Beamtenlebens vergeblich hat warten müssen: Die Stunde, da bayerisches Bier in ausreichender Menge als Arbeitsmittel kostenlos vom Dienstherrn gestellt werden wird, kühl und frisch gezapft vom Faß. Trotz allem, große Tage werden das sein für Florian Messerer und seine Zuschauer draußen im Lande an den Farbfernsehgeräten.

Und hier ist der Punkt, wo die beiden Enden der ringförmigen Welt ineinandergreifen, wie es Heinrich von Kleist einmal ausgedrückt hat. Wir hatten unsere Reise durchs Land der Verkündung begonnen im Paradies, wo der Herr noch selbst das Wort ergriffen hatte, um seinen Willen kundzutun. Doch (wieder ein Zitat von Kleist) das Paradies ist verriegelt und der Cherub hinter uns; wir müssen die Reise um die Welt machen und sehen, ob es vielleicht von hinten irgendwo wieder offen ist.

Der Leser wird sich vielleicht fragen, warum der Autor hier den durch seinen Freitod wenig repräsentativen Heinrich von Kleist und nicht statt dessen den als Dichter wie als Staatsmann allgemein anerkannten Johann Wolfgang von Goethe zitiert. Sicherlich hätte sich in den Werken des großen Dichterfürsten auch manch trefflicher Reim zum Sinn und Nutzen des Verkündungswesens finden lassen. Für die Erfassung und Bewertung der Verkündung in jenen letzten Tagen der Neuzeit indes scheint uns Heinrich von Kleist als geistiger Helfer in besonderem Maße geeignet zu sein. Nicht deshalb, weil die Verkündung in jenen letzten Tagen mitten in die Phase des Freitods der gesamten Menschheit fällt. Nein, die Verkündung in jenen letzten Tagen bestätigt durch ein weiteres, überaus bedeutsames Beispiel die Richtigkeit der von Kleist in seiner berühmten Schrift über das Marionettentheater aufgestellten These, daß die vollkommene Natürlichkeit und Grazie nach dem Verlust des Paradieses und der Unschuld nur noch durch vollkommenes Bewußtsein, vollkommene Reflexion und vollkommene Künstlichkeit wieder herstellbar ist.

Wir können diese Feststellung Kleists für das Verkündungswesen jetzt, wo wir das Ende seiner Tage vorhergeschaut haben, voll und ganz bestätigen dergestalt, daß uns jene letzten Tage des Verkündungswesens wahrlich für unser Wirkungsfeld das Paradies restituieren werden. Wir kehren zurück zur Verkündung durch das gesprochene Wort, zum edictum, zum goldenen Zeitalter, wie es die römische Verkündungswissenschaft genannt hatte. Wie seinerzeit der Herr mit den Menschen sprach, so wird Florian Messerer leibhaftig und in Farbe gleichzeitig zu allen Menschen in unserem Lande reden. Wenn wir sein Antlitz schauen werden, wie es voller Liebe und Würde, also liebenswürdig auf dem Bildschirm erscheint, eingerahmt vom vollen schlohweißen Haar, so werden die Väter in Bayern zu ihren Kindern sagen: Hoscht g'sehg'n? A so hot 'r Heargood im Baradies ausg'schaut!

Eine weitgehend paradiesische Form der Verkündung wird das also sein unter der Anwendung des Gesetzes über vereinfachte Verkündungen und Bekanntgaben. In einer Hinsicht werden wir das paradiesische Zeitalter sogar noch übertreffen. Wir werden nämlich verkündend mit den Menschen reden, ohne uns durch Zweifel oder Widerspruch inkommodieren lassen zu müssen wie weiland der Herr, als ihn Sara bei der Verkündung der Geburt eines Sohnes auszulachen sich erfrechte. Unseren Verkünder wird es nicht verdrießen, wenn der eine oder andere Autofahrer daheim im Wohnzimmer fluchen wird über die Sperrung des Kamener Kreuzes wegen der Kettenfahrzeuge oder wenn der eine oder andere Mitbürger wegen der soeben verkündeten Einführung von Bezugsscheinen für Bier, Wodka und Cognac sein Fernsehgerät zertrümmern wird. Hierin wird jene höchste Form der Künstlichkeit der vollkommenen Natürlichkeit des Paradieses also gar überlegen sein.

Damit kommen wir zum Ende im wahrsten Sinne des Wortes. Danach wird es nichts mehr zu verkünden geben.

Hüten wir uns also, damit es dahin nicht so bald kommt. Um der Menschheit willen und auch deshalb, weil wir – wie bereits oben erwähnt – im Jahre 1998 noch die Festschrift zum 50jährigen Bestehen des Bundesanzeiger-Verlages herausbringen wollen. Helfen wir alle mit zu verhindern, daß der berühmte Atomphysiker und Nobelpreisträger Max Born Recht behält, der gegen Ende seines Lebens die deprimierende Feststellung machte, der Versuch der Natur, ein denkendes Wesen hervorzubringen, sei gescheitert.

Reichs-Gesetz-Blatt.

1stes Stück. Ausgegeben Frankfurt a. M., den 29. September. 1848.

Inhalt:

Gesetz,

betreffend die Verkündigung der Reichsgesetze und der Verfügungen der provisorischen Centralgewalt.

Der Reichsverweser, in Ausführung des Beschlusses der Reichsversammlung vom 23. September 1848, verkündet als Gesetz:

Art. 1.

Die Verkündigung der Reichsgesetze geschieht durch den Reichsverweser. Er vollzieht dieselbe durch die Reichsminister.

Art. 2.

Der betreffende Minister macht das Gesetz durch Abdruck in dem Reichsgesetzblatte bekannt, und theilt es zugleich den Einzel-Regierungen zum Zwecke der örtlichen Veröffentlichung mit.

Art. 3.

Die verbindende Kraft eines Gesetzes beginnt — falls es nicht selbst einen anderen Zeitpunkt feststellt — für ganz Deutschland mit dem zwanzigsten Tage nach dem Ablaufe desjenigen Tages, an welchem das betreffende Stück des Reichsgesetzblattes in Frankfurt ausgegeben wird. Der Tag der Herausgabe in Frankfurt wird auf dem Blatte angegeben.

Art. 4.

Das Reichsgesetzblatt ist auch das amtliche Organ zur Veröffentlichung der Vollziehungsverordnungen der provisorischen Centralgewalt.

Frankfurt, den 27. September 1848.

Der Reichsverweser
Erzherzog Johann.
Die Reichsminister
Schmerling. Peucker. v. Beckerath. Duckwitz. R. Mohl.

Verordnung,

betreffend die Herausgabe des Reichsgesetzblattes, vom 27. September 1848.

Der Reichsverweser verordnet:

Das Reichsministerium der Justiz ist mit der Herausgabe des Reichsgesetzblattes beauftragt, und hat die erforderlichen weiteren Anordnungen zu treffen.

Frankfurt, den 27. September 1848.

Der Reichsverweser
Erzherzog Johann.
Der Reichsminister der Justiz
R. Mohl.

Verfügung

des Reichsministeriums der Justiz vom 27. September 1848, betreffend die Herausgabe des Reichsgesetzblattes.

Zur Ausführung der Verordnung der provisorischen Centralgewalt vom Heutigen, betreffend die Herausgabe des Reichsgesetzblattes, verfügt das Reichsministerium der Justiz, wie folgt:

1.

Zur Herausgabe des Reichsgesetzblattes wird eine „Expedition des Reichsgesetzblattes“ errichtet.

2. Die

2.

Die Expedition des Reichsgesetzblattes hat dasselbe an die Reichsversammlung, die Einzel-Regierungen und die Behörden der provisorischen Centralgewalt unentgeldlich auszugeben.

3.

Von Privaten kann dasselbe dahier durch die Expedition des Reichsgesetzblattes und auswärts durch die Postbehörden gegen einen angemessenen Preis bezogen werden.

Frankfurt, den 27. September 1848.

Das Reichsministerium der Justiz.
R. Mohl.
Dr. Mettenius.

Gesetz

über Einführung einer provisorischen Centralgewalt für Deutschland.

1) Bis zur definitiven Begründung einer Regierungsgewalt für Deutschland soll eine provisorische Centralgewalt für alle gemeinsamen Angelegenheiten der deutschen Nation bestellt werden.

2) Dieselbe hat

a) die vollziehende Gewalt zu üben in allen Angelegenheiten, welche die allgemeine Sicherheit und Wohlfahrt des deutschen Bundesstaates betreffen;

b) die Oberleitung der gesammten bewaffneten Macht zu übernehmen, und namentlich die Oberbefehlshaber derselben zu ernennen;

c) die völkerrechtliche und handelspolitische Vertretung Deutschlands auszuüben, und zu diesem Ende Gesandte und Consuln zu ernennen.

3) Die Errichtung des Verfassungswerks bleibt von der Wirksamkeit der Centralgewalt ausgeschlossen.

4) Ueber Krieg und Frieden und über Verträge mit auswärtigen Mächten beschließt die Centralgewalt im Einverständniß mit der Nationalversammlung.

5) Die provisorische Centralgewalt wird einem Reichsverweser übertragen, welcher von der Nationalversammlung gewählt wird.

6) Der Reichsverweser übt seine Gewalt durch von ihm ernannte, der National-

versammlung

versammlung verantwortliche Minister aus. Alle Anordnungen desselben bedürfen zu ihrer Gültigkeit der Gegenzeichnung wenigstens eines verantwortlichen Ministers.

7) Der Reichsverweser ist unverantwortlich.

8) Ueber die Verantwortlichkeit der Minister wird die Nationalversammlung ein besonderes Gesetz erlassen.

9) Die Minister haben das Recht, den Berathungen der Nationalversammlung beizuwohnen und von derselben gehört zu werden.

10) Die Minister haben die Verpflichtung, auf Verlangen der Nationalversammlung in derselben zu erscheinen und Auskunft zu ertheilen.

11) Die Minister haben das Stimmrecht in der Nationalversammlung nur dann, wenn sie als deren Mitglieder gewählt sind.

12) Die Stellung des Reichsverwesers ist mit der eines Abgeordneten der Nationalversammlung unvereinbar.

13) Mit dem Eintritt der Wirksamkeit der provisorischen Centralgewalt hört das Bestehen des Bundestages auf.

14) Die Centralgewalt hat sich in Beziehung auf die Vollziehungsmaßregeln, so weit thunlich, mit den Bevollmächtigten der Landesregierungen ins Einvernehmen zu setzen.

15) Sobald das Verfassungswerk für Deutschland vollendet und in Ausführung gebracht ist, hört die Thätigkeit der provisorischen Centralgewalt auf.

Angenommen in der 26. öffentlichen Sitzung vom 28. Juni 1848 mit 450 gegen 100 Stimmen.

Zur Beurkundung

Frankfurt, den 27. September 1848.

Der Präsident der deutschen Reichsversammlung

H. v. Gagern.

Der Schriftführer

Dr. **Ed. Simson.**

Herausgegeben von der Redaction des Reichsgesetzblattes.

C. Naumann's Druckerei.

Reichs-Gesetz-Blatt.

8tes Stück. Ausgegeben Frankfurt a. M., den 28. December. 1848.

Inhalt:
Gesetz, betreffend die Grundrechte des deutschen Volks.

Gesetz,
betreffend die Grundrechte des deutschen Volks.

Der Reichsverweser, in Ausführung des Beschlusses der Reichsversammlung vom 21. December 1848, verkündet als Gesetz:

I. Grundrechte des deutschen Volks.

Dem deutschen Volke sollen die nachstehenden Grundrechte gewährleistet sein. Sie sollen den Verfassungen der deutschen Einzelstaaten zur Norm dienen, und keine Verfassung oder Gesetzgebung eines deutschen Einzelstaates soll dieselben je aufheben oder beschränken können.

Artikel I.

§. 1.

Das deutsche Volk besteht aus den Angehörigen der Staaten, welche das deutsche Reich bilden.

§. 2.

Jeder Deutsche hat das deutsche Reichsbürgerrecht. Die ihm Kraft dessen zustehenden Rechte kann er in jedem deutschen Lande ausüben. Ueber das Recht, zur deutschen Reichsversammlung zu wählen, verfügt das Reichswahlgesetz.

§. 3.

Jeder Deutsche hat das Recht, an jedem Orte des Reichsgebietes seinen Aufenthalt und Wohnsitz zu nehmen, Liegenschaften jeder Art zu erwerben und darüber zu verfügen, jeden Nahrungszweig zu betreiben, das Gemeindebürgerrecht zu gewinnen.

Die Bedingungen für den Aufenthalt und Wohnsitz werden durch ein Heimathsgesetz, jene für den Gewerbebetrieb durch eine Gewerbeordnung für ganz Deutschland von der Reichsgewalt festgesetzt.

§. 4.

Kein deutscher Staat darf zwischen seinen Angehörigen und andern Deutschen einen Unterschied im bürgerlichen, peinlichen und Prozeß-Rechte machen, welcher die letzteren als Ausländer zurücksetzt.

§. 5.

Die Strafe des bürgerlichen Todes soll nicht stattfinden, und da, wo sie bereits ausgesprochen ist, in ihren Wirkungen aufhören, soweit nicht hierdurch erworbene Privatrechte verletzt werden.

§. 6.

Die Auswanderungsfreiheit ist von Staats wegen nicht beschränkt; Abzugsgelder dürfen nicht erhoben werden.

Die Auswanderungsangelegenheit steht unter dem Schutze und der Fürsorge des Reichs.

Artikel 2.

§. 7.

Vor dem Gesetze gilt kein Unterschied der Stände. Der Adel als Stand ist aufgehoben.

Alle Standesvorrechte sind abgeschafft.

Die Deutschen sind vor dem Gesetze gleich.

Alle Titel, in soweit sie nicht mit einem Amte verbunden sind, sind aufgehoben und dürfen nie wieder eingeführt werden.

Kein Staatsangehöriger darf von einem auswärtigen Staate einen Orden annehmen.

Die öffentlichen Aemter sind für alle Befähigten gleich zugänglich.

Die Wehrpflicht ist für Alle gleich; Stellvertretung bei derselben findet nicht statt.

Artikel 3.

§. 8.

Die Freiheit der Person ist unverletzlich.

Die Verhaftung einer Person soll, außer im Falle der Ergreifung auf frischer That, nur geschehen in Kraft eines richterlichen, mit Gründen versehenen Befehls. Dieser

Dieser Befehl muß im Augenblicke der Verhaftung oder innerhalb der nächsten vier und zwanzig Stunden dem Verhafteten zugestellt werden.

Die Polizeibehörde muß Jeden, den sie in Verwahrung genommen hat, im Laufe des folgenden Tages entweder freilassen oder der richterlichen Behörde übergeben.

Jeder Angeschuldigte soll gegen Stellung einer vom Gericht zu bestimmenden Caution oder Bürgschaft der Haft entlassen werden, sofern nicht dringende Anzeigen eines schweren peinlichen Verbrechens gegen denselben vorliegen.

Im Falle einer widerrechtlich verfügten oder verlängerten Gefangenschaft ist der Schuldige und nöthigenfalls der Staat dem Verletzten zur Genugthuung und Entschädigung verpflichtet.

Die für das Heer- und Seewesen erforderlichen Modificationen dieser Bestimmungen werden besonderen Gesetzen vorbehalten.

§. 9.

Die Todesstrafe, ausgenommen wo das Kriegsrecht sie vorschreibt, oder das Seerecht im Fall von Meutereien sie zuläßt, so wie die Strafen des Prangers, der Brandmarkung und der körperlichen Züchtigung, sind abgeschafft.

§. 10.

Die Wohnung ist unverletzlich.

Eine Haussuchung ist nur zulässig:

1) In Kraft eines richterlichen mit Gründen versehenen Befehls, welcher sofort oder innerhalb der nächsten vier und zwanzig Stunden dem Betheiligten zugestellt werden soll,
2) Im Falle der Verfolgung auf frischer That durch den gesetzlich berechtigten Beamten,
3) In den Fällen und Formen, in welchen das Gesetz ausnahmsweise bestimmten Beamten auch ohne richterlichen Befehl dieselbe gestattet.

Die Haussuchung muß, wenn thunlich, mit Zuziehung von Hausgenossen erfolgen.

Die Unverletzlichkeit der Wohnung ist kein Hinderniß der Verhaftung eines gerichtlich Verfolgten.

§. 11.

Die Beschlagnahme von Briefen und Papieren darf, außer bei einer Verhaftung oder Haussuchung, nur in Kraft eines richterlichen, mit Gründen versehenen Befehls vorgenommen werden, welcher sofort oder innerhalb der nächsten vier und zwanzig Stunden dem Betheiligten zugestellt werden soll.

§. 12.

§. 12.

Das Briefgeheimniß ist gewährleistet.

Die bei strafgerichtlichen Untersuchungen und in Kriegsfällen nothwendigen Beschränkungen sind durch die Gesetzgebung festzustellen.

Artikel 4.

§. 13.

Jeder Deutsche hat das Recht, durch Wort, Schrift, Druck und bildliche Darstellung seine Meinung frei zu äußern.

Die Preßfreiheit darf unter keinen Umständen und in keiner Weise durch vorbeugende Maßregeln, namentlich Censur, Concessionen, Sicherheitsbestellungen, Staatsauflagen, Beschränkungen der Druckereien oder des Buchhandels, Postverbote oder andere Hemmungen des freien Verkehrs beschränkt, suspendirt oder aufgehoben werden.

Ueber Preßvergehen, welche von Amts wegen verfolgt werden, wird durch Schwurgerichte geurtheilt.

Ein Preßgesetz wird vom Reiche erlassen werden.

Artikel 5.

§. 14.

Jeder Deutsche hat volle Glaubens- und Gewissensfreiheit.

Niemand ist verpflichtet, seine religiöse Ueberzeugung zu offenbaren.

§. 15.

Jeder Deutsche ist unbeschränkt in der gemeinsamen häuslichen und öffentlichen Uebung seiner Religion.

Verbrechen und Vergehen, welche bei Ausübung dieser Freiheit begangen werden, sind nach dem Gesetze zu bestrafen.

§. 16.

Durch das religiöse Bekenntniß wird der Genuß der bürgerlichen und staatsbürgerlichen Rechte weder bedingt noch beschränkt. Den staatsbürgerlichen Pflichten darf dasselbe keinen Abbruch thun.

§. 17.

Jede Religionsgesellschaft ordnet und verwaltet ihre Angelegenheiten selbstständig, bleibt aber den allgemeinen Staatsgesetzen unterworfen.

Keine

Keine Religionsgesellschaft genießt vor andern Vorrechte durch den Staat; es besteht fernerhin keine Staatskirche.

Neue Religionsgesellschaften dürfen sich bilden; einer Anerkennung ihres Bekenntnisses durch den Staat bedarf es nicht.

§. 18.

Niemand soll zu einer kirchlichen Handlung oder Feierlichkeit gezwungen werden.

§. 19.

Die Formel des Eides soll künftig lauten: „So wahr mir Gott helfe".

§. 20.

Die bürgerliche Gültigkeit der Ehe ist nur von der Vollziehung des Civilactes abhängig; die kirchliche Trauung kann nur nach der Vollziehung des Civilactes stattfinden.

Die Religionsverschiedenheit ist kein bürgerliches Ehehinderniß.

§. 21.

Die Standesbücher werden von den bürgerlichen Behörden geführt.

Artikel 6.

§. 22.

Die Wissenschaft und ihre Lehre ist frei.

§. 23.

Das Unterrichts- und Erziehungswesen steht unter der Oberaufsicht des Staats, und ist, abgesehen vom Religionsunterricht, der Beaufsichtigung der Geistlichkeit als solcher enthoben.

§. 24.

Unterrichts- und Erziehungsanstalten zu gründen, zu leiten und an solchen Unterricht zu ertheilen, steht jedem Deutschen frei, wenn er seine Befähigung der betreffenden Staatsbehörde nachgewiesen hat.

Der häusliche Unterricht unterliegt keiner Beschränkung.

§. 25.

Für die Bildung der deutschen Jugend soll durch öffentliche Schulen überall genügend gesorgt werden.

Eltern oder deren Stellvertreter dürfen ihre Kinder oder Pflegebefohlenen nicht ohne den Unterricht lassen, welcher für die unteren Volksschulen vorgeschrieben ist.

§. 26.

§. 26.

Die öffentlichen Lehrer haben die Rechte der Staatsdiener.

Der Staat stellt unter gesetzlich geordneter Betheiligung der Gemeinden aus der Zahl der Geprüften die Lehrer der Volksschulen an.

§. 27.

Für den Unterricht in Volksschulen und niederen Gewerbeschulen wird kein Schulgeld bezahlt.

Unbemittelten soll auf allen öffentlichen Unterrichtsanstalten freier Unterricht gewährt werden.

§. 28.

Es steht einem Jeden frei, seinen Beruf zu wählen und sich für denselben auszubilden, wie und wo er will.

Artikel 7.

§. 29.

Die Deutschen haben das Recht, sich friedlich und ohne Waffen zu versammeln; einer besonderen Erlaubniß dazu bedarf es nicht.

Volksversammlungen unter freiem Himmel können bei dringender Gefahr für die öffentliche Ordnung und Sicherheit verboten werden.

§. 30.

Die Deutschen haben das Recht, Vereine zu bilden. Dieses Recht soll durch keine vorbeugende Maßregel beschränkt werden.

§. 31.

Die in den §§. 29 und 30 enthaltenen Bestimmungen finden auf das Heer und die Kriegsflotte Anwendung, insoweit die militärischen Disciplinarvorschriften nicht entgegenstehen.

Artikel 8.

§. 32.

Das Eigenthum ist unverletzlich.

Eine Enteignung kann nur aus Rücksichten des gemeinen Besten, nur auf Grund eines Gesetzes und gegen gerechte Entschädigung vorgenommen werden.

Das geistige Eigenthum soll durch die Reichsgesetzgebung geschützt werden.

§. 33.

§. 33.

Jeder Grundeigenthümer kann seinen Grundbesitz unter Lebenden und von Todes wegen ganz oder theilweise veräußern. Den Einzelstaaten bleibt überlassen, die Durchführung des Grundsatzes der Theilbarkeit alles Grundeigenthums durch Uebergangsgesetze zu vermitteln.

Für die todte Hand sind Beschränkungen des Rechts, Liegenschaften zu erwerben und über sie zu verfügen, im Wege der Gesetzgebung aus Gründen des öffentlichen Wohls zulässig.

§. 34.

Jeder Unterthänigkeits- und Hörigkeitsverband hört für immer auf.

§. 35.

Ohne Entschädigung sind aufgehoben:

1) Die Patrimonialgerichtsbarkeit und die grundherrliche Polizei, sammt den aus diesen Rechten fließenden Befugnissen, Exemtionen und Abgaben.

2) Die aus dem guts- und schutzherrlichen Verbande fließenden persönlichen Abgaben und Leistungen.

Mit diesen Rechten fallen auch die Gegenleistungen und Lasten weg, welche dem bisher Berechtigten dafür oblagen.

§. 36.

Alle auf Grund und Boden haftenden Abgaben und Leistungen, insbesondere die Zehnten, sind ablösbar: ob nur auf Antrag des Belasteten oder auch des Berechtigten, und in welcher Weise, bleibt der Gesetzgebung der einzelnen Staaten überlassen.

Es soll fortan kein Grundstück mit einer unablösbaren Abgabe oder Leistung belastet werden.

§. 37.

Im Grundeigenthum liegt die Berechtigung zur Jagd auf eignem Grund und Boden.

Die Jagdgerechtigkeit auf fremdem Grund und Boden, Jagddienste, Jagdfrohnden und andere Leistungen für Jagdzwecke sind ohne Entschädigung aufgehoben.

Nur ablösbar jedoch ist die Jagdgerechtigkeit, welche erweislich durch einen lästigen mit dem Eigenthümer des belasteten Grundstückes abgeschlossenen Vertrag erworben ist; über die Art und Weise der Ablösung haben die Landesgesetzgebungen das Weitere zu bestimmen.

Die

Die Ausübung des Jagdrechts aus Gründen der öffentlichen Sicherheit und des gemeinen Wohls zu ordnen, bleibt der Landesgesetzgebung vorbehalten.

Die Jagdgerechtigkeit auf fremdem Grund und Boden darf in Zukunft nicht wieder als Grundgerechtigkeit bestellt werden.

§. 38.

Die Familienfideicommisse sind aufzuheben. Die Art und Bedingungen der Aufhebung bestimmt die Gesetzgebung der einzelnen Staaten.

Ueber die Familienfideicommisse der regierenden fürstlichen Häuser bleiben die Bestimmungen den Landesgesetzgebungen vorbehalten.

§. 39.

Aller Lehensverband ist aufzuheben. Das Nähere über die Art und Weise der Ausführung haben die Gesetzgebungen der Einzelstaaten anzuordnen.

§. 40.

Die Strafe der Vermögenseinziehung soll nicht stattfinden.

Artikel 9.

§. 41.

Alle Gerichtsbarkeit geht vom Staate aus. Es sollen keine Patrimonialgerichte bestehen.

§. 42.

Die richterliche Gewalt wird selbstständig von den Gerichten geübt. Cabinets- und Ministerialjustiz ist unstatthaft.

Niemand darf seinem gesetzlichen Richter entzogen werden. Ausnahmegerichte sollen nie stattfinden.

§. 43.

Es soll keinen privilegirten Gerichtsstand der Personen oder Güter geben.

Die Militärgerichtsbarkeit ist auf die Aburtheilung militärischer Verbrechen und Vergehen, so wie der Militär-Disciplinarvergehen beschränkt, vorbehaltlich der Bestimmungen für den Kriegsstand.

§. 44.

Kein Richter darf, außer durch Urtheil und Recht, von seinem Amte entfernt, oder an Rang und Gehalt beeinträchtigt werden.

Suspension darf nicht ohne gerichtlichen Beschluß erfolgen.

Kein

Kein Richter darf wider seinen Willen, außer durch gerichtlichen Beschluß in den durch das Gesetz bestimmten Fällen und Formen, zu einer andern Stelle versetzt oder in Ruhestand gesetzt werden.

§. 45.

Das Gerichtsverfahren soll öffentlich und mündlich sein.

Ausnahmen von der Oeffentlichkeit bestimmt im Interesse der Sittlichkeit das Gesetz.

§. 46.

In Strafsachen gilt der Anklageprozeß.

Schwurgerichte sollen jedenfalls in schwereren Strafsachen und bei allen politischen Vergehen urtheilen.

§. 47.

Die bürgerliche Rechtspflege soll in Sachen besonderer Berufserfahrung durch sachkundige, von den Berufsgenossen frei gewählte Richter geübt oder mitgeübt werden.

§. 48.

Rechtspflege und Verwaltung sollen getrennt und von einander unabhängig sein.

Ueber Competenzconflicte zwischen den Verwaltungs- und Gerichtsbehörden in den Einzelstaaten entscheidet ein durch das Gesetz zu bestimmender Gerichtshof.

§. 49.

Die Verwaltungsrechtspflege hört auf; über alle Rechtsverletzungen entscheiden die Gerichte.

Der Polizei steht keine Strafgerichtsbarkeit zu.

§. 50.

Rechtskräftige Urtheile deutscher Gerichte sind in allen deutschen Landen gleich wirksam und vollziehbar.

Ein Reichsgesetz wird das Nähere bestimmen.

II. Einführungs-Gesetz.

... (nicht abgedruckt)

Frankfurt, den 27. December 1848.

Der Reichsverweser
Erzherzog Johann.

Die Reichsminister
H. v. Gagern. v. Peucker. v. Beckerath. Duckwitz. R. Mohl.

Herausgegeben von der Expedition des Reichsgesetzblattes.

C. Naumann's Druckerei.

Reichs-Gesetzblatt

Jahrgang 1918

Nr. 153

(Nr. 6528) Aufruf des Rates der Volksbeauftragten an das deutsche Volk. Vom 12. November 1918.

An das deutsche Volk!

Die aus der Revolution hervorgegangene Regierung, deren politische Leitung rein sozialistisch ist, setzt sich die Aufgabe, das sozialistische Programm zu verwirklichen. Sie verkündet schon jetzt mit Gesetzeskraft folgendes:

1. Der Belagerungszustand wird aufgehoben.
2. Das Vereins- und Versammlungsrecht unterliegt keiner Beschränkung, auch nicht für Beamte und Staatsarbeiter.
3. Eine Zensur findet nicht statt. Die Theaterzensur wird aufgehoben.
4. Meinungsäußerung in Wort und Schrift ist frei.
5. Die Freiheit der Religionsausübung wird gewährleistet. Niemand darf zu einer religiösen Handlung gezwungen werden.
6. Für alle politischen Straftaten wird Amnestie gewährt. Die wegen solcher Straftaten anhängigen Verfahren werden niedergeschlagen.
7. Das Gesetz über den vaterländischen Hilfsdienst wird aufgehoben, mit Ausnahme der sich auf die Schlichtung von Streitigkeiten beziehenden Bestimmungen.
8. Die Gesindeordnungen werden außer Kraft gesetzt, ebenso die Ausnahmegesetze gegen die Landarbeiter.
9. Die bei Beginn des Krieges aufgehobenen Arbeiterschutzbestimmungen werden hiermit wieder in Kraft gesetzt.

Ausgegeben zu Berlin den 14. November 1918.

Weitere sozialpolitische Verordnungen werden binnen kurzem veröffentlicht werden. Spätestens am 1. Januar 1919 wird der achtstündige Maximalarbeitstag in Kraft treten. Die Regierung wird alles tun, um für ausreichende Arbeitsgelegenheit zu sorgen. Eine Verordnung über die Unterstützung von Erwerbslosen ist fertiggestellt. Sie verteilt die Lasten auf Reich, Staat und Gemeinde.

Auf dem Gebiete der Krankenversicherung wird die Versicherungspflicht über die bisherige Grenze von 2500 Mark ausgedehnt werden.

Die Wohnungsnot wird durch Bereitstellung von Wohnungen bekämpft werden.

Auf die Sicherung einer geregelten Volksernährung wird hingearbeit werden.

Die Regierung wird die geordnete Produktion aufrechterhalten, das Eigentum gegen Eingriffe Privater sowie die Freiheit und Sicherheit der Person schützen.

Alle Wahlen zu öffentlichen Körperschaften sind fortan nach dem gleichen, geheimen, direkten, allgemeinen Wahlrecht auf Grund des porportionalen Wahlsystems für alle mindestens 20 Jahre alten männlichen und weiblichen Personen zu vollziehen.

Auch für die Konstituierende Versammlung, über die nähere Bestimmung noch erfolgen wird, gilt dieses Wahlrecht.

Berlin, den 12. November 1918.

Ebert Haase Scheidemann Landsberg Dittmann Barth

Bundesanzeiger

Vom Lebenswert des Bundesanzeigers

Von Dr. Hans Wrobel

Faustisch ist der deutsche Mensch oder will es sein. Er will erkennen, was die Welt im Innersten zusammenhält, will schau'n die Wirkenskraft und Samen und nicht mehr nur in Worten kramen.

Das beginnt schon beim Frühstück. Was hat es mit dem Ei auf sich, das da im Eierbecher wirkend webt? Ein Huhn hat es gelegt, gewiß. Aber die Frage drängt sich auf: Wie viele Hennen gibt es, die Eier legen? Wie viele Masthühner? Wie viele Küken? Es geht weiter – z.B. beim Bier. Ist der Bierausstoß hoch, ist er niedrig? Trinken die Bayern mehr als die Westfalen oder ist das Gegenteil amtlich wahr? Brauen die Hessen mehr als die Bremer? Und weil der deutsche Mensch in seinem dunklen Drange nicht nur vom Bier allein lebt, fragt er weiter: Gibt es auch genug Wurst zum Bier? Ist die Zahl der Schlachtungen genügend? Wird man genügend Weißwürste, Landjäger, Bierschinken erwarten können? Und wie steht es schließlich um die Fischfänge? Landen die Fischer genug an? Wie hoch sind die Krabbenfänge? Gibt es genug Muscheln?

Fragen über Fragen! Der deutsche Mensch, der uns so fragend, forschend, suchend gegenübertritt – ähnelt er nicht dem Famulus Wagner, der zu Faust die Worte spricht: „Zwar weiß ich viel, doch möcht' ich alles wissen?"

Bleiben wir bei Faust und Wagner. Während Wagner den Meister noch beim Osterspaziergang mit einer oder andern Frage unmittelbar ansprechen konnte, ist der moderne deutsche Mensch auf andere Mittel, Wege und Methoden verwiesen. Wo soll er finden, was ihm fehlt? Unsere Antwort ist: Er nutze als Erkenntnisquelle den Bundesanzeiger.

Doch weshalb ausgerechnet diese Zeitung? Ist sie nicht schon von ihrem Titel her ein trockenes amtliches Verkündungsblatt, bei dessen bloßem Anblick dem nach Erkenntnis strebenden Menschen das Wort schon in der Feder erstirbt? Daß dies nicht zutrifft, daß es im Gegenteil einen Lebenswert des Bundesanzeigers gibt, soll sogleich belegt werden.

Wir können die Richtigkeit unserer Behauptung schon an den banalen leibesgenüßlichen Beispielen aus den einleitenden Sätzen beweisen. Allmonatlich veröffentlicht der Bundesanzeiger die „Ergebnisse der Geflügelstatistik". Sie weist aus, daß z.B. im Februar 1983 22 999 000 Hühnerküken der Mastrassen und 9 617 000 der Legerassen in die Brutschränke eingelegt wurden. Geschlüpft sind im gleichen Monat 17 801 000 Küken der Mastrassen und 3 152 000 der Legerassen. Ein Vergleich mit dem gleichen Monat des Jahres 1982 belegt einen gewissen Rückgang der Bruteiereinlagen wie auch der Schlüpfzahlen, eine Beobachtung, die den Wißbegierigen zu weiteren Fragen anregen mag. Rückläufig war im Februar 1983 auch die Geflügelfleischerzeugung. Einer Erzeugung von 21 092 Tonnen geschlachtetem Geflügel im Februar 1983 war eine solche in Höhe von 25 165 Tonnen im Februar 1982 vorausgegangen – ein wahrscheinlich besorgniserregender Rückgang von 16,2 %. Beruhigen mag der Forscher sich aber wieder mit der Zunahme der Schlachtungen im Februar 1983. Nach einer Mitteilung des Bundesanzeigers war die Fleischerzeugung (ohne Geflügelfleisch) im Februar 1983 mit 353 600 t um 2 % größer als im Februar 1982. Vor diesem Hintergrund nimmt sich auch der in der Rubrik „Fangergebnisse der Hochsee- und Küstenfischerei im Jahre 1982" mitgeteilte Rückgang der Anlandungen durch die deutsche Hochsee- und Küstenfischerei um 24 000 Tonnen Fische, Krabben und Muscheln (gleich minus 8 %!) weniger bedrohlich aus.

Wie belehrend ist schon dieser erste Einblick in die Seiten des Bundesanzeigers! Über das bloße Zahlenwerk hinaus sieht der Leser schon einige fundamentale Zusammenhänge. Daß auch das Anlanden von Muscheln unter Fischerei fällt, mag manchen verwundern, der es nicht schon wußte. Interessant die Unterscheidung von Hochseefischerei hier und Küstenfischerei dort! Daß die Geflügelfleischerzeugung in Tonnen angegeben wird, die Zahl der eingelegten und geschlüpften Küken aber in absoluten Zahlen, läßt tiefe Hintergründe und Sachzwänge vermuten, deren Erforschung sich lohnen kann.

Und was sagt der Bundesanzeiger in der Rubrik „Der Bierausstoß im Februar 1983"? Er belegt einmal mehr, daß die Bayern zwar einen Anteil von 26,6 % am Gesamtausstoß haben, damit aber den Brauereien in Nordrhein-Westfalen immer noch den Vortritt mit 31,3 % lassen müssen. Der Bereich Niedersachsen und Bremen hatte zwar einen Zuwachs von 0,9 % zu verzeichnen – was aber nichts an einem Rückgang des Gesamtausstoßes gegenüber dem Februar 1982 in Höhe von sage und schreibe 6 % ändert. Auch hier führt die Lektüre weg vom bloßen

Schein der Zahl in der Dinge Tiefe: Die Mitteilung, 69,8 % des im Februar gebrauten Bieres seien „in Flaschen (einschließlich Dosen) geliefert" worden, zeigt dem Interessierten auf, daß statistisch gesehen die Bierflasche der Bierdose (und umgekehrt) gleichsteht.

Und was ist mit den Würsten? Alljährlich zum 1. April erscheint im Bundesanzeiger die Rubrik „Ergebnisse der Wurststatistik". Um es vorwegzunehmen: Keiner braucht sich um die Wurst zu sorgen. Im Jahre 1982 stieg die Produktion allein der Weißwurst um 12,33 %, der Landjäger legte um 8 % zu, die Mettwurst um auch noch beachtliche 3,4 %, nur der Bierschinken mußte sich mit bloßen 1,2 % Produktionszuwachs begnügen. Schon hierüber kann man weiterbohrend rätseln – wie auch über die demographischen Ursachen der Tatsache, daß die Produktion von Knoblauchwurst um sage und schreibe 24,4 % zugenommen hat!

Schließlich informiert der Bundesanzeiger seinen strebend um Erkenntnis bemühten Leser auch über die Kosten des Konsums von Hühnerfleisch, Eiern, Bier und Wurst. In einer allmonatlichen Mitteilung mit dem Titel „Der Preisindex für die Lebenshaltung und der Index der Einzelhandelspreise" erfolgt die Unterrichtung des Publikums. Um bei Fisch und Eiern zu bleiben: Im März 1983 war Frischfisch um 4,2 % billiger als im Februar 1982; Eier mußten 0,7 % teurer bezahlt werden. Wer dies mit den Zahlen über die Fischanlandungen und der Schlüpfzahl von Hühner-Legerassen vergleicht, wird zu vertieften Schlüssen unweigerlich gelangen.

Wenn wir hier unseren Blick in den Bundesanzeiger wegwenden aus dem Bereich des Kulinarischen so deswegen, weil wir den Eindruck vermeiden möchten, der Bundesanzeiger böte Einblicke hinter die Kulissen nur diesen Bereichs. Das Gegenteil ist richtig! Wenn der deutsche Mensch sich erst einmal gesättigt und seinem Durst abgeholfen hat, so mag sein Forscherdrang nur noch heftiger im Bundesanzeiger fündig werden.

Vom platten Lebensgenuß, der bis in die Tiefen der Sinnlichkeit gehen mag, um glühende Leidenschaften zu stillen, bis hin zu den Gefilden ehrwürdiger kirchlicher Nacht reicht, was im Bundesanzeiger verkündet wird. So belegt die Ausgabe vom 22. April 1983 – wir greifen sie ganz willkürlich heraus –, daß von April 1981 bis März 1982 rund 30,8 Millionen Bundesbürger, d. h. 50 % aller Einwohner am Urlaubs- und Erholungsreiseverkehr teilgenommen haben, sprich: ihr Vergnügen im Urlaub suchten. 8–14 Tage dauerte durchschnittlich der Spaß. Wer härtere Sachen benötigte, um seinem sinnlichen Vergnügen zu frönen, konnte sich in den regelmäßigen Bekanntmachungen über jugendgefährdende Schriften unter anderem auch darüber unterrichten, daß das Werk „Josefine Mutzenbacher, Meine 365 Liebhaber", schon wieder indiziert werden mußte.

Wer aber, sich abwendend vom lauten Getriebe der Welt, zum Rosenkranz greift, weiß wie kein anderer: Rosenkranz ist nicht gleich Rosenkranz. Es gibt derzeit 12 Arten Rosenkränze. Sie hier aufzuzählen, fehlt der Platz, Beispiele müssen genügen. So hat etwa die Grundform des Rosenkranzes 59 Perlen und ein Zwischenstück, während die Form „Fünf Wunden" 30 Perlen, ein Zwischenstück und vier Mittelstücke aufweist. Der Rosenkranz „Michael" dagegen hat 40 Perlen und ein Zwischenstück. Alle Rosenkränze sind in der Regel einfach gekettet, können aber auch in geknüpfter Form auftreten, wobei wiederum die halb geknüpfte Form und die ganz geknüpfte Form vorkommen. Woher weiß der Bundesanzeiger-Leser dies? Er entnimmt sein Wissen der stetig wiederholten Veröffentlichung der „Bekanntmachung einer bindenden Festsetzung von Entgelten für die Herstellung von Rosenkränzen in Heimarbeit". Diese Lektüre dient noch weiterer Erkenntnis: Sie zeigt nicht nur, daß hier ein blühender Zweig der Heimindustrie am Werke ist, sondern belehrt auch über die arbeitsrechtlichen Verhältnisse der in Heimarbeit Beschäftigten. Derartige bindende Festsetzungen finden sich auch, wenn es etwa um das Herstellen und Konfektionieren von Hosenträgern, Sockenhaltern, Ärmelhaltern und Gummigürteln geht. Sollte der Bundesanzeiger-Leser seiner Geliebten oder Verlobten Modeschmuck oder eine Kristallglasware schenken wollen, so müßte natürlicher Takt ihn veranlassen, diskret den Betrag des Lohnes zu verschweigen, den die bindende Festsetzung für die Herstellung dieser Artikel dem Heimarbeiter zuspricht – schließlich redet man nicht vom Preis bei Geschenken. Gleiches müßte gelten, falls das Geschenk eine Kunstblume oder Schmuckfeder sein sollte.

Überhaupt enthüllt der Bundesanzeiger alles, was in Arbeitswelt, Wirtschaft, Handel und Gewerbe geschieht. Wenn die Bundesbank daran denkt, eine neue Münze auf dem Geldmarkt zirkulieren zu lassen, so teilt sie dies dem Publikum durch den Bundesanzeiger mit. Kursiert Falschgeld, wählt sie den gleichen Weg. Sollte dem Leser des Blattes eine Banknote über 100 US-Dollar auffallen, bei der im Innenfeld rechts die das grüne Siegel teilweise überdeckende Wertzahl 100 weißfleckig und unsauber wirkt und die erste Null unten unterbrochen ist, so dürfte er unter Bezugnahme auf die „Mitteilung Nr. 3004/83 der Deutschen Bundesbank über die Nachahmung einer Banknote zu US-Dollar 100, Fälschungsklasse 230 (Kurzfassung), vom 5. April 1983“ davon ausgehen, daß er eine Blüte in der Hand hält. Es wird ihn nicht beruhigen, wenn die erwähnte Mitteilung lediglich von einer „Durchschnittsfälschung“ spricht. Und wer sonst in Handel und Gewerbe sein Interesse findet, dem ist der Bundesanzeiger nun ganz und gar unentbehrlich. Nicht nur liest er die nie endende Flut der Jahresabschlüsse mit stetig steigendem und immer mehr in die Tiefen und Finessen des Bilanzierens und des Wirtschaftsprüfens dringendem Drang, nein: Er weiß auch sehr genau, welche Arbeit nötig ist, bis ein Prospekt für die Zulassung zum Börsenhandel, sagen wir von Inhaberschuldverschreibungen, fertig ist. Gerade die Lektüre letzterer Prospekte verrät unendlich vieles über Hintergründe unseres Wirtschaftslebens und deckt Zusammenhänge auf. Nur ein Beispiel: Ein Prospekt der „EUROFIMA-Europäische Gesellschaft für die Finanzierung von Eisenbahnmaterial“ erweckt dem Leser Assoziationen mit der an anderer Stelle gemachten Beobachtung, daß manche Lokomotiven und Wagen der Deutschen Bundesbahn die Aufschrift EUROFIMA tragen. Durch den Bundesanzeiger erschließt sich der Zusammenhang: Ausweislich des Börsenprospekts ist „EUROFIMA“ eine im Jahre 1956 von den europäischen Eisenbahnverwaltungen gegründete Gesellschaft, um die Modernisierung des rollenden Materials zu beschleunigen. Die Gesellschaft nimmt Geldmittel auf, beschafft Lokomotiven und Wagen und stellt sich den beteiligten Bahngesellschaften aufgrund von Miete-Kauf-Verträgen zur Verfügung. Und solange die Lokomotiven und Wagen von der Bundesbahn noch nicht bezahlt sind, tragen sie den Eigentümervermerk „EUROFIMA“. Das ist doch wirklich ganz raffiniert! Wollte unser Leser sich nun selbst am Wirtschaftsleben beteiligen und erwägen, der Bundeswehr über das Bundesamt für Wehrtechnik und Beschaffung transportable Altäre zu liefern, so hätte er zu beachten, was die „Bekanntmachung über Neuausgaben und Änderungen der Technischen Lieferbedingungen (TL) der Bundeswehr“ sagt. Für die genannten Altäre transportabel, (ohne Ersatz) wäre die TL VTL 9925–007 heranzuziehen, während sich die Lieferung der Kniebank mit Beichtgitter (ohne Ersatz) nach VTL 9925–006 richten würde. Doch auch wenn sein Interesse an der Bundeswehr nicht in erster Linie ein ökonomisches, sondern sagen wir heraldisch-leonisches wäre, so bediente ihn der Bundesanzeiger bestens. Daß Generale andere Schirmmützenstickereien tragen als Admirale, mag ja noch hinlänglich bekannt sein. Aber nur die Lektüre des Bundesanzeigers verrät tiefere Zusammenhänge: So dauert es z. B. 284 Minuten, bis die Generalsmützenschirmstickerei von Hand fertig ist. Das scheint nur viel, braucht doch die Admiralsmützenschirmstickerei 333 Minuten. Überhaupt ist die Fabrikation auch schlichteren militärischen Schmucks nicht einfach, wie der Bundesanzeiger-Leser wohl weiß. Zur Herstellung eines Winkels z. B. muß folgendes getan werden: Tresse schneiden, Winkel nähen, auseinanderschneiden, bügeln, Winkel aufnähen und säubern. Diese Winkel gibt es als Einfachwinkel für Uffz. und als Zweifachwinkel für Stabs.Uffz. Eine Wissenschaft für sich sind auch die Schnüre. Man unterscheidet die Funktionsschnur, Alu, farbig, dreizopfig, endlos geflochten, 90 cm lang, aus 6 mm starker geklöppelter Kunstseidenrundschnur; die Freiwilligenschnur, Alu, hellgold, silber, farbig, vierkant endlos geflochten, 62 cm lang, aus 3½ mm starker, geklöppelter Kunstseidenrundschnur; die Pfeifenschnur, farbig, vierkant geflochten, aus 3 mm starker, geklöppelter Kunstseidenschnur, geflochtener Zopf, 27 cm lang, an jedem Ende eine 3 cm Schlaufe mit Karabinerhaken; die Pfeifenschnur, farbig, Kettenzopfgeflecht (Gabelgeflecht) aus 2 mm starker, geklöppelter Kunstseidenrundschnur, gekettelter Zopf 30 cm lang, an jedem Ende eine 2½ cm lange Schlaufe, mit Karabinerhaken; die NATO-Schnur, 2×24½ cm lang geknüpfter Zopf, 1×18 cm dreiteiliges Zopfgeflecht, endlos verbunden und eine 3 cm lange Schlaufe aus 5 mm starker Kunstseidenrundschnur, hellblau und schließlich die Militär-Polizei-Schnüre aus ca. 2 mm starker weißer Kunstseidengimbe, zweimal vierfach geflochten, je ein Karabinerhaken – wobei die Militärpolizeischnüre noch in der Version ohne Überhang mit 2 Schiebern, mit einem Überhang und 3 Schiebern sowie mit zwei Überhängen und 3 Schiebern vorkommen können.

All dies steht im Bundesanzeiger.

Je länger man im Bundesanzeiger liest, um so tiefer, wahrscheinlich direkt proportional tiefer, werden die Einblicke in die Zusammenhänge. Hat sich z. B. unser Leser beim Bäcker eine Dauerbackware gekauft, so weiß er sogleich: Hier sind die von der Deutschen Lebensmittelbuch-Kommission immer wieder einmal beschlossenen und im Bundesanzeiger bekanntgemachten Änderungen und Ergänzungen der Leitsätze für Dauerbackwaren am Werk. Unser Leser weiß (und kann dies noch im Bäckerladen nachprüfen): „Waffelblätter werden aus einer meist flüssigen, dünnen Masse zwischen erhitzten Flächen gebacken." Und: „Bei gefüllten Waffeln wird die Füllung, die in manchen Fällen nur eine dünne Schicht bildet, zwischen Waffelblätter eingebracht oder in Hohlwaffeln eingefüllt." Würde unser Leser sich an den Biertresen begeben, so könnte er den Wirt mit der Frage überraschen, ob die in seiner Getränkeschankanlage eingebaute Flüssigkeitspumpe einer bestimmten hamburgischen Firma überhaupt noch benutzt werden darf, da doch ausweislich der 55. Bekanntmachung über Getränkeanlagen – die als Beilage für alle Abonnenten des Bundesanzeigers verteilt wurde – deren Zulassung erloschen sei. Der Wirt wird Augen machen! Gäbe es abends ein Feuerwerk, bei dem der Sternsatz Grün (K 13) abgebrannt würde, so könnte unser Leser in den abziehenden Qualm hinein feststellen: Ausweislich der im Bundesanzeiger erschienenen „Bekanntmachung von Feststellungen, die gemäß § 2 Abs. 2 des Sprengstoffgesetzes von der Bundesanstalt für Materialprüfung getroffen worden sind", handelt es sich bei K 13 um einen Stoff, dessen Explosionsgefährlichkeit festgestellt ist und der in die Anlage I zum Sprengstoffgesetz eingeordnet wurde. Sollte der Leser sich aber vom Feuerwerk abwenden und lieber zu Hause auf seinem Cembalo spielen wollen, so dürfte er sich in der Hoffnung und dem Wissen wiegen, daß der Erbauer des Instruments seine Ausbildung nach der Bekanntmachung der Verordnung über die Berufsausbildung zum Klavier- und Cembalobauer/Klavier- und Cembalobauerin (Klavier- und Cembalobauer/Klavier- und Cembalobauerin-Ausbildungsverordnung – KlaCembAusbV) nebst Rahmenlehrplan vom 5. April 1983 erhalten hat, die in vollem Wortlaut als Beilage Nr. 16/83 dem Bundesanzeiger beigefügt war und demnächst auch vertont werden soll.

Wir müssen innehalten. Der Platz wird knapp, die Zeit drängt. Wir können nicht mehr, so gerne wir dies wollten, eingehen auf die vielen anderen Bekanntmachungen, Mitteilungen und Kundgaben. Wir werden also nicht mehr die Zahl der Verkehrstoten ermitteln, die unbezähmbarer Drang zu motorisierter individueller Fortbewegung in den 35 Jahren des Bestehens des Bundesanzeiger-Verlags verursacht hat – daher wäre dies anhand der monatlichen Publizierung des einschlägigen Zahlenwerkes im Bundesanzeiger leicht möglich. Wir werden auch nicht mehr über die zahlreichen Bekanntgaben des Chefs des Bundespräsidialamtes über Verleihungen des Verdienstordens der Bundesrepublik Deutschland an verdiente Männer und Frauen berichten können und auch nicht über die vielen Meldungen, welcher deutsche Botschafter wo wann wem sein Beglaubigungsschreiben übergeben habe, werden nicht mehr der Frage der Ungültigkeitserklärungen von Ausweisen, sei es für ausländische Diplomaten, sei es für deutsche Sprengmeister, nachgehen, werden nicht mehr sprechen über die Schlüsse, die aus den „Bekanntmachungen über Kartoffelsorten mit Resistenz gegen den Kartoffelkrebs und Kartoffelnematoden" zu ziehen sind, (wir erlauben uns nur den Hinweis auf die aus dieser Lektüre fließenden Erkenntnis, daß die meisten Kartoffelsorten Frauennamen haben, z.B. Agnes, Anke, Astrid, Carmen, Christa, Cosima, Desiree, Edda, Edith, Ute, Heidrun und so weiter und sofort.) Die vielfältigen „Bekanntmachungen über die Zulassung von Arzneimitteln sowie anderen Amtshandlungen" müssen wir uns ebenso versagen wie die Reflexion der Nutzanwendungen aus den Runderlassen Außenwirtschaft, den Butter-Interventionsrichtlinien, den öffentlichen Ausschreibungen, den Eintragungen von Wettbewerbsregeln, Bekanntmachungen über den Verkauf von Rindervordervierteln aus Interventionsbeständen, der Bestellung von Sonderbeauftragten für den Begräbniskassenverein „Gemeinnutz" VaG Finkenberg, den Änderungen der Bekanntmachungen aller Durchschnittsheuern und Durchschnittssätze für die Beköstigung der Seeleute oder, da wir schon bei der Seefahrt sind, den Änderungen der Lotstarifordnungen. Und daher müssen wir auch schweigen über die Mitteilungen aus Bundestag und Bundesrat, die Personalnachrichten des Bundesministeriums der Justiz, auch von den unendlichen Reihen der öffentlichen Ladungen zu Gerichtsverhandlungen, Aufgeboten von Personen, in Grundstücks-, Nachlaßsachen usw. singen wir nichts. Nur eines sei erwähnt: Manchmal begegnet man im Bundesanzeiger auch einer öffentlichen Zustellung an möglicherweise Tote. Ein Beispiel ist ein öffentlich zugestellter Bescheid über eine schon zuvor eingestellte Rente aus dem Bundesanzeiger-Jahrgang 1979. Aus der Begründung: „Die entzogene Rente bleibt entzogen, da davon ausgegangen werden muß, daß der Rentenanspruch entfallen ist, weil Sie entweder nicht mehr erwerbsgemindert oder nicht mehr am Leben sind. . . . . Es wird vorsorglich darauf hingewiesen, daß wir im Falle eines Widerspruchs oder einer Klage zum einen eine Wohnsitzbescheinigung und außerdem ein Lebenszeichen von Ihnen erhalten müssen, sei es, daß Sie entweder persönlich erscheinen, oder eine amtliche Lebensbescheinigung vorlegen . . ."

Bis an die Tore der Ewigkeit reicht, was im Bundesanzeiger steht.

Wir halten endgültig inne und ziehen die Summe unserer Betrachtungen. Es gibt, so haben wir zusammenzufassen, kein Lebensgebiet von einiger Relevanz, dessen Regungen sich nicht im Bundesanzeiger niederschlügen. Im Bundesanzeiger wird offenbar, was sich hinter der Fassade tut. Das äußere Sein wird im Bundesanzeiger in seinem rechtlichen oder doch amtlichen Sollen sichtbar. Im Bundesanzeiger hinterläßt das Umschlagen des Dings an sich von der Rechtsgrundlage in die Seinshaftigkeit ihre Spur. Ein nur scheinbar kühner Vergleich: Der Geologe, der wissen will, aus welchen Erdschichten sich eine Landschaft aufbaut, wird sie mit seinem Geologenhammer aufschlagen. Der

Mensch, der z.B. wissen will, zwischen wieviel heißen Flächen meist dünner, flüssiger Teig gebacken werden muß, um eine Waffel zu heißen, der schlägt den Bundesanzeiger auf. Wäre das Leben ein Zeppelin, so wäre der Bundesanzeiger nicht nur Bauplan des Luftschiffs, sondern auch dessen Betriebsanleitung und Flugplan – ja, auch der Speiseplan für die kühnen Passagiere; selbst die Gewinne aus den Ozeanflügen wären noch im Bundesanzeiger dem Publikum bekanntzugeben.

Was also ist der Lebenswert des Bundesanzeigers? Wir haben eingangs vom faustischen Menschen gesprochen. Nicht ohne Absicht. Denn eines zeigt unsere Darlegung mit Klarheit: Wer hinter die Fassade blicken will, der hat im Bundesanzeiger den besten Cicerone für seinen Erkenntnisdrang. Kann man sich nicht den Famulus Wagner vorstellen, der seinen berühmten Satz „Mit Eifer habe ich mich der Studien beflissen", sehr wohl auch auf seine Lektüre des Bundesanzeigers beziehen könnte? Wird man demjenigen, der mit Wagner fortfährt: „Zwar weiß ich viel, doch möcht' ich alles wissen" nicht vertrauensvoll auf die weitere Lektüre des Bundesanzeigers verweisen und vertrösten? Würde man es in einer Aufführung des „Faust" mit Pfiffen bedenken, wenn Mephisto in der Maske des Faust auf die unsterblichen Verse des Schülers: „Ich wünschte recht gelehrt zu werden und möchte gern, was auf der Erden und in dem Himmel ist, erfassen, die Wissenschaft und die Natur.", erwidert hätte: „Dann abonniere noch zur Stunde den Bundesanzeiger."?

Verschließen wir unsere Augen nicht länger vor der Einsicht in den Lebenswert des Bundesanzeigers: Er lehrt und vermittelt wie keine andere Publikation unserer Zeit, was die Welt im Innersten zusammenhält. Mit einem Wort: Der Bundesanzeiger ist das Intelligenzblatt des faustischen Menschen.

GESETZES
SPRACHE
TON

Gesetzessprache heute

Nikolausbübereien[1] und Rezeptvorschläge eines beratenden Gesetzgebungsgehilfen

Von Ludwig Göbel

Der Tiefenpsychologe Carl Gustav Jung berichtet: Ein Geisteskranker hatte jahrelang kein Wort geredet. Auf die Frage nach seinem Grund dafür sagte er schließlich: „Weil ich die deutsche Sprache schonen wollte."[2]

Nun, wenn jahrelanges Schweigen und Schonenwollen der deutschen Sprache – so Jung – zum Inhalt einer Psychose gehören können, dann haben wir zwei Gründe mehr, unsere deutschen Vorschriftengeber für geistig kerngesund zu halten. Sie sind noch niemals für längere Zeit stumm geblieben, und ganz unbefangen *benutzen* sie die Sprache, statt sie – wahnverdächtig – *schonen* zu wollen.

Was soll dann aber die uralte und immer neue Kritik an der Vorschriftensprache? Wird hier nur Unlust an lästiger Reglementierung abreagiert, oder gibt es in der Kritik einen berechtigten Kern?

Für Sprecher und Schreiber aller Art gibt es da einen Lehrsatz des Wiener Wortspielers Karl Kraus: „Es genügt nicht, keine Gedanken zu haben; man muß auch unfähig sein, sie auszudrücken."[3] Wird vielleicht dieser Lehrsatz von unseren Vorschriftengebern zu wörtlich genommen? Nein, dergleichen zu unterstellen wäre ungerecht. Inwiefern?

Folgen Sie mir doch bitte in ein kleines Gedankenexperiment. Lassen Sie uns annehmen, wie es ja auch die Sprache tut, der Gesetzgeber sei jeweils ein einzelner Mensch, ein Mann natürlich, denn „die Gesetzgeberin" sagt ja niemand.

Kontraste sind oft hilfreich. Angenommen also ferner, wir suchten in einem Preisausschreiben den absolut schlechtesten Kandidaten für ein derartiges Amt als Gesetzgeber.

Wem gebührte der 1. Platz? Wovon müßte er das Preisgericht zu überzeugen verstehen? Ich meine, der Kandidat müßte, was seine Fähigkeiten

- zum Fassen nützlicher und gerechter Regelungsabsichten
- zum Mitteilenwollen der Regelungsinhalte und
- zum Überwinden sprachlicher und technischer Hemmnisse

angeht, etwa folgendes nachweisen:

seine Blindheit dafür, wo es für das Gemeinschaftsleben positive Umgestaltungsziele gibt oder wo es ordnungsbedürftige Abläufe oder gar schädliche Entwicklungen gibt, und welche menschlichen Verhaltensweisen es in welcher Weise zu beeinflussen gilt, um der erwünschten Umgestaltung näherzukommen oder die unerwünschten Entwicklungen zu bremsen;

Unkenntnis des vorgefundenen Verfassungs- und Rechtssystems, also auch Unkenntnis der Arten von zulässigen Norm-Rechtsfolgen, keine Ahnung von zweckmäßiger Zielgruppenauswahl und dementsprechender Tatbestandsbeschreibung, Gleichgültigkeit gegenüber juristischer Arbeitsmethodik derer, die das Recht ausführen oder anwenden; statt alledem: fester Glaube an die Zauberkraft beliebiger Wünsche des Gesetzgebers.

Schließlich müßte unser Nullkandidat für das Amt des Gesetzgebers etwa folgenden Umgang mit der Sprache versprechen: Sollten ihm jemals Gedanken über einen notwendigen neuen Rechtssatz kommen, so wird er sie verbergen, jedenfalls den Kreis der Wissenden so klein wie möglich zu halten trachten. Vom Preisgericht näher nach dem „Wie" befragt, wird er nachweisen müssen, daß er folgende Tricks beherrscht und daraus ein tiefgestaffeltes, unüberwindliches Informationshindernissystem zu errichten versteht:

a) Er muß zu schweigen, hilfsweise so zu murmeln verstehen, daß zwar eine ablenkende zauberhafte Stimmung unter den Zuhörern entsteht, der Gedankengehalt des Gemurmels aber im magischen Dunkel bleibt.

b) Zur schriftlichen Äußerung genötigt, muß er jederzeit aus dem Stand heraus eine neue Geheimschrift erfinden können und dazu eine nur in dieser Geheimschrift schreibbare Kunstsprache aus neuen wortähnlichen Gebilden und mit einer Syntax, die nicht aus Regeln, sondern aus lauter Ausnahmen besteht. Oder er malt abstrakt.

c) Allenfalls in besonders gelagerten Ausnahmefällen darf er es riskieren, anstelle einer neuerfundenen künstlichen Schriftsprache eine auf dem Erdball bereits irgendwem bekannte lebende oder tote Sprache zum Formulieren und Verbreiten seiner Rechtsregeln zu verwenden. Aus den älteren Bänden von Teil II des Bundesgesetzblattes, wo Verträge noch in allen verbindlichen Sprachen bekanntgemacht sind, würde ich unserem Kandidaten allenfalls die Verwendung des Singhalesischen durchgehen lassen. Dessen Schriftbild ergibt nämlich für mein Empfinden schon bei mäßiger Vergrößerung ein entzückendes Tapetenmuster und läßt gar nicht erst die Idee aufkommen, es könne sich um geschriebene Rechtsregeln handeln. Ich muß mein Zugeständnis allerdings einschränken: Wenn ich meinen Kandidaten bei der Absicht ertappe, etwas Singhalesisches wörtlich zu übernehmen, dann ist er bei mir durchgefallen. Denn in diesem Falle hat er seine Landsleute als Rechtsadressaten unterschätzt. Nach meiner Erfahrung sind darunter derart zähe Burschen, die bringen es fertig, im BGBl. II solange zu forschen, bis sie mit Hilfe der benachbarten Spalten des chinesischen, russischen, französischen und englischen Textes den singhalesischen Code geknackt haben. Gibt es da gar auch noch eine Spalte mit dem deutschen Text, dann ist zwar noch nicht gleich alles verloren – auch auf Deutsch kann man Gedanken verbergen –, aber die vorauszusetzende Geheimhaltungsabsicht unseres Kandidaten ist dann jedenfalls für die deutschsprachigen Lande nicht mehr zu 100 % realisierbar. Für mich ist der Kandidat deshalb disqualifiziert.

d) Sollte man ihn als Gesetzgeber zur Verwendung von Schriftdeutsch erpressen, dann muß er notfalls auf die Fachsprache einer möglichst kleinen Spezialistengruppe ausweichen, noch besser auf irgend einen modischen Zunft- oder Sektenjargon, der sich nicht lange zu halten verspricht. Dabei muß er aber sehr aufpassen, daß er nicht ausgerechnet die Fachsprache der Hauptzielgruppe des zu erlassenden Gesetzes wählt. Denn sonst wird das Gesetz ja in unerwünschtem Grade verstanden und lebenswirksam. Dann sollte er schon lieber die augenzwinkernd übertreibende Werbesprache der Wirtschaft und der politischen Rhetorik, namentlich die Sprache der Wahlwerbung schreiben. Denn wenn trotz dieser Stilform ein nennenswerter Teil der Rechtsregeln beim Leser ankommt, besteht immerhin eine gute Chance, daß der sie nicht ernst nimmt. Sieht man näher hin, dann entpuppt sich solches Vorgehen unseres Kandidaten sogar als besonders klug, weit klüger, als wenn er das

Gesetz geheimgehalten hätte. Denn ein nicht ernstgenommenes Gesetz bietet ja immerhin neuen Lesestoff, lenkt ab und läßt vor allem die Autorität der vorhandenen ernsten Gesetze fortan in milderem Licht erscheinen.

e) Aber auch in der äußersten Not, wenn er etwa unter den Druck einer zwei Drittel der Wählerschaft umfassenden Gesellschaft für deutsche Sprache geraten wäre, müßte unser Kandidat den Informationsgehalt der diesfalls klaren, wohlgeordneten Sätze deutscher Sachbuch-Prosa zu verbergen fähig sein.

So ist der 1. Preis für ihn noch nicht verloren, wenn er es versteht, seine Leser bei deren Spieltrieb zu packen. Zusammensetzspiele erfreuen sich ja großer Beliebtheit. Zerhackt unser Nullgesetzgeber also seine Normsätze in möglichst kleine Brocken, und läßt er diese Brocken zu verschiedenen Zeiten in verschiedenen Blättern veröffentlichen, so ist schon eine gute Grundlage für reizvolle Puzzlespiele geschaffen, besonders wenn es sich um mehrere Verkündungsblätter mit unterschiedlichem Format, unterschiedlichem Schriftbild und Papier, je mit möglichst kleiner Auflage, dafür aber hohem Bezugspreis handelt. Hinzukommen muß aber noch das leistungssteigernde Verschlüsseln der vielen Fundstellenangaben, denn wo bliebe sonst der sportliche Reiz und die Auslese der Findigsten?

Andererseits muß ein Einserkandidat unseres Wettbewerbs aber auch wissen, wann er statt eines Zusammensetzspiels ein reines Suchspiel zu veranstalten hat. Gesetzt den Fall, ein jedermann wohlvertrautes Gesetz von etwa 1000 Paragraphen, das seit hundert Jahren unverändert gilt, sei in genau zwei von seinen vielen Rechtsregeln nach Ansicht unseres Kandidaten nicht mehr zeitgemäß: in § 333 Abs. 3 Satz 3 Nr. 3, wo bisher als den Nikolausen erlaubte Geschenktransportgefäße nur „Beutel und Taschen" aufgeführt sind, will er wegen der gestiegenen Ansprüche der Bevölkerung künftig auch „Säcke" zulassen. Zum anderen will er die längst leerlaufende Bußgeldvorschrift des § 666 Nr. 6 („Ordnungswidrig handelt, wer ...)

6. es unternimmt, den Gesetzgeber zu beschimpfen,"

unter Anpassung an das jüngere Unrechtsbewußtsein wiederbeleben. Dazu muß sie s. E. lauten „6. es unter*läßt*, den Gesetzgeber ...".

Es liegt auf der Hand, wie unser Kandidat keinesfalls vorgehen darf:

„1. In § 333 Abs. 3 Satz 3 werden die Wörter ‚Beutel und Taschen' durch die Textstelle ‚Beutel, Taschen und Säcke' ersetzt.

2. In § 666 Nr. 6 wird die Silbe ‚-nimmt' durch die Silbe ‚-läßt' ersetzt".

Läßt er einfach dies verkünden, so unterfordert er seine spielwütigen Leser ganz entschieden. Zwar können sie dem verkündeten neuen Rechtsetzungsakt nicht ohne weiteres dessen Regelungsgehalt entnehmen, aber doch schon ein ganz einfaches Zusammensetzspiel bringt sie ans Ziel.

Nein, in solcher Lage muß unser Kandidat natürlich das ganze systematische Gesetzeswerk aus 1000 Paragraphen zusammenhängend neu beschließen und verkünden. Den Vorgänger, der sich nur an den zwei genannten Textstellen von dem neuen Werk unterscheidet, muß er dabei kommentarlos aufheben. Nur so kann der Nullgesetzgeber seinen mit dem Gesetz – unterstelltermaßen – wohlvertrauten Lesern ein hinreichend unterhaltsames Suchspiel bieten, bevor ihnen die schmerzliche Erkenntnis dämmert, daß sie ja überhaupt nur an zwei Stellen umlernen dürfen – und auch dort je nur ganz wenig.

f) Wichtige Fangfragen, denen unsere Wettbewerber sich stellen müssen, betreffen natürlich die Gefahr, daß all die bisher so sorgsam aufgebauten Hindernisse im Informationskanal zwischen dem Gesetzgeber und den Rechtsadressaten umgangen werden könnten, indem das Volk den Einsatz von Computern erzwingt. Mein Favorit müßte auf die Frage, wie er mit der gewaltigen Informationskraft jener blitzschnellen elektronischen Diener fertig werden wolle, etwa folgendes antworten:

‚Hohes Preisgericht', müßte er etwa sagen, ‚nichts ist mir willkommener als das. Ist der riesige zentrale Rechtscomputer eingerichtet und mit Kabelfernsehen an jeden einzelnen Haushalt angeschlossen, dann schaffe ich alle Verkündungsblätter und papierenen Gesetzesbibliotheken ab. Und wenn die Leute dann den Rufknopf drücken und Gesetzesregeln auf ihren Bildschirm übertragen haben wollen, dann erscheint dort ein Text des folgenden Musters:

„Rechtssystem wird gerade gewartet und ergänzt. Bitte Geduld! Es wird empfohlen, die Wartezeit zum Einordnen der jüngsten Ergänzungslieferungen in die 20 Plastikordner unseres Benutzer-Handbuches zu verwenden. Stets zu Ihren Diensten. Ende der Textübertragung.'"

g) Als „Sadist vom Dienst" in der Prüfungskommission würde ich den Nullgesetzgeberkandidaten noch dem folgenden gemeinen Härtetest unterwerfen:

‚Du willst ein Einmanngesetzgeber werden' würde ich sagen. ‚Du mußt also mit Publikumsverkehr rechnen. Die Leute werden Dir die Tür einrennen und Gesetze mitgeteilt und erklärt haben wollen. Wie wirst Du damit fertig?'

Darauf muß er etwa folgendes zu antworten verstehen:

‚Mich schreckt kein solcher Besucher. Ich lasse ihn erst mal strammstehen und erkläre ihm dann folgendes:

„Du brauchst überhaupt nur zwei Regeln zu kennen, und die kannst du im Kopf behalten:

1. Der Gesetzgeber erklärt nicht, er befiehlt!
2. Unkenntnis der Gesetze schützt vor Strafe nicht!

Soviel Logik wirst du Untertan ja kraft Bildungsreform wohl gelernt haben, um aus der Regel 2 zu schließen, daß du die Gesetze und Verordnungen keineswegs zu kennen brauchst, denn an sie gebunden bist du trotzdem, auch wenn du sie nicht kennst.

Also kehrt marsch! Ab nach Hause! Und tu oder lasse genau das, von dem du weder weißt noch zu wissen brauchst, daß du es tun oder lassen sollst. Meine Büttel werden dich schon zu finden wissen, wenn du dich vorbeibenommen hast. Du kannst sie ja dann auf dem Weg zur Vernehmung fragen, wie der übertretene Paragraph lautet und zu verstehen ist. Und vor allem: Laß dir bis dahin bloß keine Flausen in den Kopf setzen von irgendwelchen Ideologen der Demokratie! Wer mündiger Bürger ist, das bestimme immer noch Ich, dein Souverän!'"

Wer von unseren Bewerbern die geschilderte Prüftortur bestanden hat, den kann das Preisgericht besten Gewissens zum Nullgesetzgeber vorschlagen.

Ende des Greuelmärchens!

An jenem erfundenen eisigen absoluten Nullpunkt der Vorschriftengebung wären noch so notwendige Rechtsvorschriften weder erstellbar noch auf eine Weise kommunizierbar, die ihnen eine Chance zum Beeinflussen menschlichen Verhaltens ließe. Aber: Der böse Lehrsatz von Karl Kraus trifft auf die heutigen Vorschriftengeber in unserem Lande *nicht* zu: Sie *haben* oft gemeinnützige Regelungsgedanken, sie *wollen* sie den jeweiligen Regelungsadressaten in verständlicher, dauerhafter Schriftsprache mitteilen und sie *können* das auch. Auf den verschiedenen Ebenen und in den verschiedenen Stadien unserer komplizierten demokratischen Rechtsetzungsverfahren gibt man sich bestimmt viel Mühe, dieses Können auch umzusetzen.

Verglichen mit der eisigen Temperatur an dem gewaltsam erfundenen Qualitätsnullpunkt hat die Wirklichkeit immerhin den Grad an Wärme und Behaglichkeit, den zu verbreiten ich einem ordentlichen Lagerfeuer oder gar einem Kaminfeuer zutraue. Auch an solchen Feuern muß freilich, gerade weil sie nicht ganz den Komfort der vollautomatischen Klimaanlage aufweisen, ab und zu gestochert, und es muß Brennmaterial gesucht und nachgelegt werden, wenn die Temperatur gehalten, erst recht wenn sie gesteigert werden soll.

Die Gesellschaft für deutsche Sprache hilft zuweilen unter anderem dadurch nachstochern, daß sie eine neue Auflage ihrer bewährten „Fingerzeige für die Gesetzes- und Amtssprache" herausbringt. Die bisherigen Auflagen befaßten sich allerdings mehr mit der Amtssprache als mit der Gesetzessprache.

Amtssprache hat meist die Chance, konkreter und anschaulicher zu sein als Gesetzessprache. Ein Bescheid, eine Verfügung haben den einzelnen, wirklichen und konkreten Sachverhalt zum Gegenstand. Ein Rechtssatz aber beschreibt in seinem abstrakten Tatbestand unzählige mögliche Sachverhalte der Zukunft, die unter bestimmten Gesichtspunkten gleich bewertet und deshalb derselben Norm-Rechtsfolge zugeordnet worden sind.

So kann Amtssprache u. U. schon allein dadurch befremden oder belustigen, daß sie die Vorschriftensprache kopiert. Beispiele gibt es sogar an den Pförtnerlogen etlicher Bonner Ministerien: Da pflegt zur Schonung der Pförtnerstimme ein Schild angebracht zu sein, durch das die Hausverwaltung den einzelnen Besucher in der konkreten Situation auffordert, seinen Ausweis dem Pförtner vorzuzeigen. In manchen Häusern liest sich diese Aufforderung so:

> „Bitte *unaufgefordert* Ausweis vorzeigen!"

Ihr wirklich genügen kann aber doch wohl nur derjenige Besucher, der das Schild nicht gesehen oder sofort wieder vergessen hat.

Das Wort „unaufgefordert" paßt entschieden besser in eine Vorschrift als in die je konkrete Situation:

> „Wer ein Dienstgebäude eines Bundesministeriums betritt, hat unaufgefordert dem Pförtner einen gültigen Ausweis vorzuzeigen."

> Aber: „Bitte Ausweis vorzeigen!"

Im folgenden befasse ich mich nur mit der Gesetzessprache.

Sie soll, heißt es, „so weit wie möglich für jedermann verständlich" sein[4]. Wie klug, daß es „so weit wie möglich" heißt. Fehlte diese Einschränkung nämlich, so unterschiede sich die Vernünftigkeit der Forderung kaum von der einer anderen, die lauten möge: „Alles Wasser soll bergauf fließen!"

Der Informationswert der klug relativierten Forderung ist gleichwohl recht gering: Was ist denn „Verständlichkeit"? Wer ist denn „Jedermann"? und: Welcher Grad von Verständlichkeit ist „möglich"?

Jener andere Satz dagegen – vom Wasser, das bergauf zu fließen habe –, ist, als „Norm" formuliert, von idealem *Informations*wert: Jeder, der auch nur die Grundschule mit Erfolg hinter sich gebracht hat, erkennt mühelos, was der „Normgeber" will. Der Satz ist ein kurzer Hauptsatz aus nur fünf Wörtern, die sämtlich zum Grundwortschatz des Deutschen gehören und hier in ihrer Grundbedeutung verwendet werden. Adressat des Gebots ist „alles Wasser". Das gebotene Verhalten ist das „Bergauf-Fließen". Der Inhalt des Gewollten, der Regelungsgehalt der

Norm wird in vorbildlicher Weise klar, darüber hinaus aber auch dessen Unsinn. Beides zusammen rechtfertigt das positive Urteil über die *Verständlichkeit* unseres Norm-Satzes: Er ist in der Tat „so verständlich wie möglich", mag der widerstrebend mitverstandene Sinn hier im konkreten Fall auch ein völliger Unsinn sein.

Wie stellt man es als Normverfasser also an, den Normtext „so verständlich wie möglich" zu machen? Welcher Grad von Verständlichkeit ist unter günstigsten Voraussetzungen herstellbar und wie mißt man ihn?

Wissensdurstige und Übungswillige möchte ich hier zunächst weiterverweisen z. B. auf die allgemeineren Erkenntnisse und Rezepte des „Hamburger Verständlichkeitsmodells"[5], auch auf den Abschnitt „Das Wort als Kurier" bei Wolf Schneider[6], wo zudem ein Lesevergnügen zu holen ist, wie es die Sprache der Gesetze, auch der besten, nur selten gewähren kann.

Wer freilich direkt aus unseren vielen Gesetzen und Verordnungen und aus Entwürfen dazu, die sich manchem in endloser Kette über den Bürotisch winden, Erheiterndes (und zugleich Lehrreiches) herauslesen will, muß danach nicht immer so lang suchen wie weiland im Bürgerlichen Gesetzbuch nach dem „verrückt gewordenen" Grenzzeichen[7].

Ich wage es, solche zufälligen Lesefrüchte im folgenden vor dem Hintergrund meiner Vorstellung von den legitimen Zielen und Zwekken der Rechtsvorschriften eines demokratischen Gemeinwesens auszuwerten für einige Grundrezepte der Vorschriftenküche.

Man richte Rechtsnormen, obschon abstrakt, doch so direkt wie sprachlich möglich an die menschlichen Rollenträger, deren Tun oder Lassen durch die Norm beeinflußt werden soll.

Meine Anlässe für diese Empfehlung sind z. B. folgende Vorschriftenstellen:

1. „Diese Verordnung gilt für Haushunde, die im Freien gehalten werden"[8]

2. „Zum Schutz gegen eine besondere Seuchengefahr… können… angeordnet werden…: … Verbot des gemeinschaftlichen Weide*ganges* von Tieren…“[9]

3. „… Schiffe, *die berechtigt sind,* die Bundesflagge zu führen…“[10]

Der gesetzessprachliche Kontext und die Vorstellung der typischen Situationen, in die die betreffende Rechtsregel ersichtlich hineinzielt, erlauben es zwar meist auch bei Formulierungen der genannten Art den Menschen, die gemeint sind, ihre Adressateneigenschaft *letztlich* zu erkennen. Das gilt auch bei vielen normativen Zustandsbeschreibungen vom Typ

„Fahrräder müssen eine Klingel und zwei voneinander unabhängige Bremsen haben“.

Aber manchmal hat man eben doch den Eindruck, daß „der Vorschriftenverfasser“ die Adressatengruppen seiner Sätze, vor allem die Außenadressaten (Grundrechtsträger, d. h. Bürger, Firmen usw. im Gegensatz zu den Innenadressaten, d. h. den gesetzesausführenden Verwaltungsbeamten und den gesetzesanwendenden Richtern) nicht lange genug in seinem demokratischen Geist hat Revue passieren lassen, ehe er mit dem Feilen am Vorschriftentext aufhörte.

Man erfinde in Vorschriften so wenig Wörter und besondere Bedeutungen wie möglich.

Anlaß, dieses Grundrezept zu wagen, war z. B. folgender Textfund:

„… haben die unteren Verwaltungsbehörden geeignete Personen als Abdaßler zu bestellen. … ist bei den befallenen Tieren die Bekämpfung durchzuführen (Abdasselung).“[11]

Ferner seien aus der Unzahl von Legaldefinitionen hier einige aufgeführt:

„Vieh im Sinne dieses Gesetzes sind … einschließlich der Hunde, der Katzen… sowie der Bienen.“

Aber in eben diesem Gesetz dankenswerterweise:

„Seuchen, auf die sich die Anzeigepflicht erstreckt, sind...
18. Faulbrut und Milbenseuche der Bienen."
(Nicht: des „Honigviehs").[12]

„(1) Dieses Gesetz gilt für die Zuchtverwendung von Bullen, Ebern, Schafböcken und Hengsten (männliche Tiere).
(2) Im Sinne dieses Gesetzes sind...
(3) Der Bundesminister für... wird ermächtigt, durch Rechtsverordnung mit Zustimmung des Bundesrates
1. Ziegenböcke den in Absatz 1 genannten Tieren gleichzustellen, soweit...
2. ...
(4) Die Landesregierungen werden ermächtigt, Rechtsverordnungen nach Absatz 3 Nr. 1 zu erlassen, soweit der Bundesminister von seiner Befugnis keinen Gebrauch macht."[13]

„Kein Pflichtstück ist abzuliefern von
1. Musikschallplatten mit 17 cm Durchmesser für 45 Umdrehungen je Minute und mit einer Abspieldauer bis zu vier Minuten für jede Schallplattenseite (Single-Platten),..."[14]

Echte Fachsprache kann man den Vorschriftenverfassern freilich nicht immer als verständnishemmendes Abweichen von der allgemeinen Schriftsprache vorwerfen.

Es kann nämlich sein, daß sie Sachverhalte rechtlich regeln müssen,
a) von denen nur Fachleute zureichende Vorstellungen haben,
b) an denen praktisch nur Fachleute oder solche Normadressaten beteiligt sind, denen derartige Fachleute üblicherweise zu Diensten stehen und
c) daß es zur Beschreibung der Tatbestände und Norm-Rechtsfolgen keine hinreichend leistungsfähigen gemeinsprachlichen Ausdrücke gibt.

Ich stoße mich also z. B. kaum an der geltenden Beschreibung der gesetzlichen Zeit in § 1 des Zeitgesetzes[15], auch nicht an der dort in

Bezug genommenen Beschreibung der Sekunde als

„das 9 192 631 770fache der Periodendauer der dem Übergang zwischen den beiden Hyperfeinstrukturniveaus des Grundzustandes von Atomen des Nuklids $^{133}C_s$ entsprechenden Strahlung",

denn die Physikalisch-Technische Bundesanstalt, die die gesetzliche Zeit darzustellen und zu verbreiten hat, wird's, denke ich, schon merken, wenn ihre Atomuhr falsch geht.

Wohl aber würde ich mich an einer Gesetzesstelle stoßen, die lautete:

„... Sachen, die im Eigentum des Schuldners stehen, ...".

Denn für diesen Ausdruck gibt es außerhalb der juristischen Fachsprache eine ebenso genaue, für Juristen und Nichtjuristen gleichermaßen verständliche umgangssprachliche Alternative:

„... Sachen, die dem Schuldner gehören, ...".

Man prüfe Definitionen und Fiktionen an einem unbefangenen Personenkreis, ehe man sie in Vorschriftentexte übernimmt.

Zu diesem Grundrezept bringt mich nicht nur die unausrottbare Erinnerung an die angebliche Stelle im preußischen Verbraucherschutzrecht, worin

„Osterhasen" zu „Weihnachtsmänner(n) im Sinne dieser Verordnung"

ernannt worden sein sollen[16], um die Behandlung beider denselben Regeln zu unterwerfen, und an die angebliche Benutzungsordnung eines Frauenbades, wonach

„der Bademeister ... als Frau"

zu betrachten war, um ihn nicht von der Stätte seines beruflichen Wirkens auszusperren.[17]

Die Vorschriftentauglichkeit von Legaldefinitionen und Fiktionen ist vielmehr grundsätzlich umgekehrt proportional zum ermittelten Unterhaltungswert. Zwar muß sie anscheinend trotz hohen Unterhaltungswerts manchmal kraft höherer, z.B. Brüsseler, Gewalt ihrerseits fingiert werden.[18] Das sollten aber Ausnahmefälle bleiben.

Man gehe nur in wohlausgeschlafenem Zustand und nie ohne Synopsen aller beteiligten Texte an das Abfassen von Änderungsvorschriften.

Hierzu mit mehreren Einzelbeispielen aufzuwarten ist überflüssig: Die aus dem Zusammenhang gerissenen Stellen der Regelungssprache, die mittels des Rahmentextes und seiner Korrekturanweisungen fiktiv herumrangiert werden, finden sich fast in jeder Nummer unserer Verkündungsblätter und machen die betreffenden Seiten schier zu Informationsverstecken oder gar zu Informationswüsten.[19]

Nur selten erwerben Änderungsvorschriftenverfasser solches Lob wie jener, der durch die Vierte Verordnung zur Änderung der Durchführungsbestimmungen zum Biersteuergesetz (BGBl. 1977 I, S. 752) unter anderem für etwa sieben Textstellen verordnete, daß dort jeweils das Wort „Biers" durch „Bieres", und daß an vier weiteren jeweils das Wort „Betriebs" durch „Betriebes" zu ersetzen sei.

Jenen unbekannten Verfasser hat meiner Erinnerung nach alsbald der Jounalist Haller im Morgenmagazin des WDR für ordenswürdig erklärt. Mit wenigen Verordnungssätzen sei da nämlich ein hehres Ziel verwirklicht worden, für das sich zuvor Dutzende von Doktoranden der Germanistik vergeblich die Finger wund geschrieben hätten: Die Rettung des deutschen Genitivs. Ich selbst freue mich in diesem Zusammenhang eher darüber, daß jene dem Genitiv gewidmeten Teile der Änderungsverordnung wenigstens keine Erhöhung der Biersteuer bewirken konnten.

Die Gesetzessprache hat, wie gesagt, ihre Tücken.

Anmerkungen

1) Das bisher unveröffentlichte Manuskript des an einem Nikolaustag (6. 12. 1978) vor dem Bonner Zweig der Gesellschaft für deutsche Sprache und Gästen gehaltenen Vortrags wird hier in leicht überarbeiteter und durch Anmerkungen ergänzter Form einer Jubilarin gewidmet, die fortwährend Gesetzessprachliches veröffentlichen muß, ohne zu dessen Inhalt und zur Spannung des Lesers mehr beitragen zu dürfen, als einen gelegentlichen Druckfehler.

2) Gefunden auf S. 307 bei Wolf Schneider, Wörter machen Leute – Magie und Macht der Sprache, Piper, 2. Auflage 1978, im folgenden: Schneider

3) nach Schneider S. 247

4) Besonderer Teil der Gemeinsamen Geschäftsordnung der Bundesministerien (kurz GGO II), § 35 Abs. 1

5) Zum Einstieg: F. Schulz- von Thun, bei Rödig (Hrsg.), Studien zu einer Theorie der Gesetzgebung, (wiss.) Springer-Verlag 1976 S. 432 ff.: Können Gesetzestexte verständlicher formuliert werden?

6) Schneider S. 247–291

7) BGB § 919 Abs. 1

8) V.v. 6. Juni 1974, BGBl. I S. 1265

9) Viehseuchengesetz i.d.F.d.Bek.v. 23. Februar 1977, BGBl. I S. 313, § 18 mit § 21. Hervorhebung durch den Verfasser. „Weidegang" (statt etwa „Weidenlassen") heißt es auch noch in der neuen Fassung als TierseuchenG.

10) z.B.: StGB § 4. Hervorhebung durch den Verfasser

11) aus §§ 1 und 4 der Verordnung vom 19. April 1937 zur Durchführung und Ergänzung des Gesetzes zur Bekämpfung der Dasselfliege, BGBl. III 7831-6-1. Das sie ablösende, man möchte sagen: von ihr erlösende Gesetz von 1967 (BGBl. I S. 507) erreicht seine Zwecke sprachlich ohne „Abdaßler", „Abdasselung" und sogar ohne „Durchführung(en)".

12) Viehseuchengesetz § 1 Abs. 2, § 10 Abs. 1.
Inzwischen hat erfreulicherweise das Änderungsgesetz vom 28. März 1980 (BGBl. I S. 380) den § 1 ganz neu gefaßt und dabei die Bienen, Katzen und Hunde in Wiederannäherung an die Umgangssprache von ihrer juristischen „Vieh"-Eigenschaft erlöst; die Bienen sind jetzt „Haustiere". In der Gesetzesüberschrift hat man dabei zu dem besser zum Inhalt passenden Wort „Tier" hingefunden: das Kodifikat heißt seitdem „Tierseuchengesetz" (Neufassung: BGBl. I S. 387).

13) § 2 Tierzuchtgesetz vom 20. April 1976 (BGBl. I S. 1045). Die für Ziegenböcke ministeriell heilbare juristische Entmännlichung der deutschen Fauna (mit Ausnahme der Rinder, Schweine, Schafe und Pferde) nimmt natürlich kein Tierzüchter physisch wahr. Sie ist eine rein gesetzessprachliche Bedeutungsvariante wegen der bedauerlichen Praxis, in Legaldefinitionen oft die Sachregelung selber zu bringen statt dort, wie es sich nach neuer Definitionslehre gehört und wie es im Zweiten Titel des StGB (§§ 11 f) viel deutlicher als im Tierzuchtgesetz gelungen ist, ausschließlich den eigenen Sprachgebrauch (im unerläßlichen Umfang)

zu erklären. Wäre ich mehr mit Tierzucht als mit Gesetzessprache befaßt, wären mir lange Grübeleien über einen vorgestellten Ziegenbock aus Neu-Ulm erspart geblieben. So aber sah ich jenes Tier, das zwar durch bayerische Rechtsverordnung für männlich erklärt, aber noch nicht gekört und deshalb juristisch zeugungsunfähig war, nach seinem Verkauf an einen Bürger von Ulm meckernd die Donaubrücke überschreiten und genau auf deren Mitte, der Grenze zwischen dem Freistaat und dem Südweststaat, seine juristische Männlichkeit in demselben Moment verlieren, in dem die Freiheit zu seiner unreglementierten Zuchtverwendung wiederauflebte.

14) § 6 der Ersten Verordnung vom 6. Juni 1973 über die Pflichtablieferung von Musiknoten und Musikschallplatten an das Deutsche Musikarchiv der Deutschen Bibliothek, BGBl. 1973 I S. 519. Welchem regelungssprachlichen Zweck der Klammerzusatz „(Single-Platte)" sollte dienen können, habe ich nie herausgefunden. Der mit § 6 Nr. 1 gebildete Satz beweist *ohne* den Klammerzusatz geradezu glänzend, daß und wie sich in gewohnter deutscher Umgangssprache auch unalltägliche Sachverhalte völlig präzise beschreiben lassen. An dem Klammerzusatz stört also in erster Linie, daß er überhaupt dasteht; dazu kommt dann noch seine Anglogermanizität. Er ist wohl ein völlig regelungszweckfreies linguistisches Geschenk des verordnenden Ministers an die Schallplattenbranche, die das hoffentlich nicht als Danaergeschenk empfunden hat. Eine Erklärung des regelnden Sprachgebrauchs der Verordnung kann nämlich der Klammerzusatz nicht sein, denn dieser Sprachgebrauch ist vollkommen geläufiges Deutsch und bedarf offensichtlich keinerlei Erklärung. Es kann sich auch nicht um das Prägen eines Kürzels für den sonstigen Verordnungstext handeln, denn § 6 ist die letzte Sachvorschrift der Verordnung und seine Nummer 1 die einzige Stelle, die vom Umgang mit Schallplatten der dort beschriebenen Art handelt. Der Klammerzusatz kürzt also den Verordnungstext nicht, sondern verlängert ihn um zwei Klammern, zwei Wörter und einen Bindestrich, eben um das Geschenk.

15) Zeitgesetz vom 25. Juli 1978 (BGBl. I S. 1110)

16) Daran hat sich auch Klaus Wallrath, Wiesbaden, in einem Leserbrief („Sind Weihnachtsmänner") noch erinnert. (FAZ vom 22. Dezember 1977)

17) Den Unterhaltungswert derartiger Fiktionen hat inzwischen auch Dieter Hallervorden bestätigt, indem er eine Sendung der Fernsehserie „NON-STOP NONSENS" mit dem Vorlesen des Satzes „Zwillinge unter einem Jahr gelten als eine Leiche" eröffnete. Als Quelle gab er, wenn ich mich recht erinnere, eine hanseatische Bestattungsordnung an.

18) So dürften die Zigarren- und Zigarillodefinition des § 2 Abs. 1 Satz 1 des Tabaksteuergesetzes (BGBl. 1979 I S. 2118) und dessen § 3 Abs. 1, wonach bestimmte weitere Erzeugnisse immerhin als Zigarren oder Zigarillos gelten, wenn sie es denn schon nicht sind, „Importen“ aus Brüssel sein. Das schließt nicht aus, daß man die lesenswerten Texte, da sie nun einmal nicht aus dem Bundesgesetzblatt ferngehalten werden konnten, außer zur Interpretation der Tatbestände des Tabaksteuerrechts auch zur Motivationsverstärkung in Entwöhnungskuren für zigarrenrauchende Vorschriftenverfasser heranzieht.

19) Manche Tücken und Pannengefahren des gesetzestechnischen Änderungsstils kann man inzwischen leichter vermeiden, indem man sich an die einschlägige „Arbeitshilfe“ des Bundesministeriums der Justiz (bislang nur Umdruck-Veröffentlichung) hält.

Empfiehlt es sich, ein gesetzliches Verbot dahin zu erlassen, daß in gerichtlichen Beschlüssen, Urteilen und Terminsnachrichten künftig die Entscheidungen anderer Gerichte, wissenschaftliche Darlegungen von Rechtsgelehrten und Praktikern sowie die im amtlichen Teil des Bundesanzeigers veröffentlichten Rechtsakte nicht mehr zitiert werden dürfen, oder wäre das Gegenteil für richtig zu halten?

Ein vorläufiger Problemaufriß

Von Helmuth Werbohl

Mit dem Zitieren[1] ist[2] es so eine Sache[3]. Nach langjähriger Bewährung der Übung des Zitierens ist dieses zu einem der wesentlichen Bestandteile[3a] unserer Rechtskultur[3b] geworden[4]. Doch jetzt sind Kritiker in Erscheinung getreten, die den Sinn des Zitierens anzweifeln und sogar den Ruf nach einem Zitierverbot erheben[5,5a]. Wenn wir auch die tieferen Gründe dieser Bewegung noch nicht kennen[6], so sagen wir doch schon jetzt: Wir halten das Zitieren allen Anfeindungen zum Trotz für eine juristische Kunst von wertbildendem Rang. Erst das Zitat macht des Richters Glück[7] und das Urteil[8,9]. Zudem ist die herrschende Meinung gegen das Zitierverbot[10] und damit für das Zitieren. Diese herrschende Meinung ist richtig – jedenfalls hier[11]. Ihr folgen wir. Ein Zitierverbot wird abzulehnen sein.

Anmerkungen

1) Zum Zitieren überhaupt vgl. *Glaubensstark,* Das juristische Zitat in Geschichte und Gegenwart. Erscheinungsformen und Möglichkeiten seiner Anwendung, 1972, *Preistanz,* Formularbuch zur Urteilskunst, 1967, *Wortgewaltig,* Urteile revisionsfest begründen, ZStF 1978, 56ff.; Instruktiv auch *Stramm,* Das Selbstzitat, 1966, passim; *ders.,* Das Falschzitat, 1983, m.w.N. Für den jungen Juristen immer wieder lesens- und bedenkenswert *Betthupferl,* Wie man den Palandt zitiert, wie man den Palandt zitieren sollte, 17. Auflage, 1982, mit vielen guten Beispielen aus Rechtswissenschaft und Rechtspraxis. Die Frage der Zitierfähigkeit von *Alpmann-Schmidt* darf als ausgetragen gelten. Sehr kritisch zu dem angeblichen Gelehrtenbrauch, mißliebige Kolleginnen durch Nicht-Zitierung deren Werke totzuschweigen neuerdings Anke *Freyer* – Heidrun *Bank,* Das Zitierkartell der Machos, 1982, die allerdings dem Wert ihrer (hier nicht nachzuprüfenden) Kritik durch die Betonung der von ihnen behaupteten frauenfeindlichen Aspekte dieser Praxis die Spitze nehmen.

2) Nachweise über das zahlenmäßige Vorkommen der Beugeform „ist" im BGB gibt der Forschungsbericht zur Normendokumentation des Deutschen Bürgerlichen Rechts und Handelsrechts mit Hilfe der Elektronischen Datenverarbeitung, herausgegeben von Ministerialrat Fl. *Messerer* im Auftrag des Bundesministers der Justiz, Bundesanzeiger-Verlag, Köln 1978. Danach kommt „ist" allein im BGB i.d.F. v. 1. Januar 1978 7311 mal vor neben 12071 Kommata, 265 Semikolonen und 8222 Punkten.

3) Zur Sache allgemein vgl. BGB Erstes Buch. Allgemeiner Teil Zweiter Abschnitt: Sachen. Sehr lesenswert auch a.a.O. Drittes Buch. Sachenrecht, beides abgedruckt in: Bürgerliches Gesetzbuch und zugehörige Gesetze – Textausgabe mit Verweisungen und Sachverzeichnis – 82. Völlig neubearbeitete Auflage nach dem Stand vom 1. September 1964, C. H. Becksche Verlagsbuchhandlung München und Berlin 1964, S. 18ff., 223ff. – Zur Natur der Sache grundlegend und bis heute nicht überholt *Radbruch,* Die Natur der Sache als juristische Denkform, in: Festschrift für Rudolf

Laun III, S. 78ff., (vertiefend neuerdings aber *Engelschall,* Neues zur Natur der Sache als juristische Denkform, FdJ 1978, 122ff.). Klärend auch BGH Z 188, 56 (68), unklar dagegen schon wieder AG Kleingartach, NJM 1980, 4567 (r. Sp.). Zu *Radbruch* jetzt sehr erhellend das verdienstvolle und von der Kritik günstig aufgenommene (für Nachweise fehlt der Raum) Werk von Hans *de With,* Gustav Radbruch, Reichsminister der Justiz, unter Mitarbeit von Elmar *Hucko* und Hans *Wrobel,* mit einem Vorwort von Hans-Jochen *Vogel.* Bundesanzeiger-Verlag, Köln 1979.

3a) Zur Rechtsnatur der wesentlichen Bestandteile vgl. § 93f. BGB.

3b) Der Begriff „Rechtskultur" darf beim Leser wohl ohne weitere Nachweise aus dem überreichlichen Schrifttum hierzu vorausgesetzt werden. Immerhin besteht in der Einschätzung des Zitierens als Grundstock unserer Rechtskultur und als Vorbedingung für deren Wiederaufstieg nach 1945 breite Übereinstimmung aller Meinenden: vgl. aus der Vielzahl der Stimmen nur *Bruns-Enz-Häfele,* Rechtskultur in Niedergang und Wiederaufstieg, 1949, S. 78f.; *Bieberich,* Die Restitution des Rechtsdenkens als Voraussetzung einer Wiedergenesung der Rechtskultur, 1949, S. 119; *Ohneteis,* Vom Lebenswert der Rechtskultur, 1950, S. 23, *Lauf-Oder-Sauf,* Gustav Radbruch und die Neuerstehung der Rechtskulturlehre, Göppinger Beiträge zum Universitätsleben, VII (1956) S. 1ff. Jüngst auch wieder ganz wertvoll *Harro Otto,* Der Niedergang der Rechtsidee im utilitaristischen Zeitgeist, Kassel 1981, passim. Eindrucksvolle Beispiele für rechtskulturell besonders wertvolles Zitieren aus der Rechtsprechung finden sich etwa in RG Z 1, 37; 8, 189; 12, 34; 23, 133; 46, 123: 60, 1; 65, 155: 76, 354: 88, 257: 92, 334: 99, 4: 105, 200: 109, 234. 122, 122: 124, 67, 155. Aus der amtlichen Sammlung des BGH sei statt aller verwiesen auf BGH Z 3, 89; 19, 188; 34, 100; 35, 138; 37, 199; 44, 108; 67, 12; 78, 11.

4) Das Zitieren und die im Zitat sich niederschlagende Auseinandersetzung des Zitierers mit Rechtsprechung, Wissenschaft und Schrifttum ist geradezu ein signum characteristicum unserer deutschen Rechtskultur. Vgl. statt aller BGH, NJW 1981, 1835:

„. . . b) aa) Ob eine Sicherungsübertragung eine Vermögensübernahme gem. § 419 BGB darstellen kann, ist in Rechtsprechung und Literatur umstritten.

Das *RG* (JW 1912, 347; *RGZ* 139, 199) hat dies angenommen. In der Literatur findet diese Ansicht teils Zustimmung (*Staudinger-Kaduk,* BGB, 10./11. Aufl., § 419 Rdnr. 45; *Palandt-Heinrichs,* BGB, 40. Aufl., § 419 Anm. 2a; *Jauernig-Stürner,* BGB, 1979, § 419 Anm. 3; *Enneccerus-Lehmann,* Recht der Schuldverhältnisse, 15. Aufl., § 86 II 2; *Wolff-Raiser,* SachenR, 10. Aufl., § 180 V 2a; *Baur,* SachenR, 10. Aufl., § 57 V 4; *Wester-*

mann, SachenR, 5. Aufl., § 43 II 2; *Lehmann,* BB 1959, 57), teils wird sie angezweifelt (*Soergel-R. Schmidt,* BGB, 10. Aufl., § 419 Rdnr. 8; *Erman-Westermann,* BGB, 6. Aufl., § 419 Anm. 3; *Weber,* in: RGRK, 12. Aufl., § 419 Rdnrn. 59, 60; *Böhle-Stamschräder,* JZ 1954, 389; *Mormann,* WM 1965, 636; *Braxmaier,* Anm. z. *BGH,* NJW 1970, 1413, in LM § 419 BGB Nr. 22), teils entschieden abgelehnt (*Paulus,* ZZP 64, 185 ff.; *Boehmer,* Grundlagen der bürgerlichen Rechtsordnung, 1952, 2. Buch, 2. Abt., S. 153 ff.; *Schricker,* JZ 1970, 266; JZ 1971, 28; *Serick,* Eigentumsvorbehalt und Sicherungsübertragung III, 1970, S. 162 ff.; *Möschel,* in: MünchKomm, § 419 Rdnr. 28; *Larenz,* SchuldR AT, 12. Aufl., § 35 II; *v. Lambsdorff-Lewental,* NJW 1977, 1857; *Aden,* MDR 1980, 98). Die Kritiker weisen insbesondere darauf hin, daß § 419 BGB seinem Zweck nach nur anzuwenden sei, wenn Vermögen endgültig und ohne Gegenleistung dem Gläubigerzugriff entzogen werde, während die Sicherungsübereignung demgegenüber nur formeller Natur sei und als Ersatz für ein besitzloses Pfandrecht diene. Der *BGH* ist in einem vereinzelt gebliebenen Urteil vom 29. 4. 1964 (WM 1964, 741 [743] = Betr 1964, 1297) der Ansicht des *RG* gefolgt, hat aber in weiteren Entscheidungen Zweifel geäußert, ohne abschließend Stellung zu nehmen (JZ 1954, 387, insoweit nicht in *BGHZ* 12, 232, und NJW 1954, 673; WM 1959, 87, 89 = BB 1959, 57; WM 1962, 962 [964]; *BGHZ* 54, 101 = NJW 1970, 1413 = WM 1970, 817 = JZ 1971, 26 m. Anm. *Schricker*). Im Urteil vom 3. 6. 1970 (*BGHZ* 54, 101 = NJW 1970, 1413) hat sich der *Senat* gegen eine ausdehnende Auslegung des § 419 BGB ausgesprochen und seine Anwendbarkeit bei Verpfändung von Vermögensgegenständen abgelehnt.

bb) Der vorliegende Fall nötigt nicht zu einer abschließenden Beurteilung dieser Frage ..."

Dies Beispiel ist so besonders eindrucksvoll, weil es beweist, daß die ausgiebigen Zitate zu einer gar nicht entscheidungserheblichen Problematik nicht unbedingt überflüssig sein brauchen. Hier erweist sich der BGH vielmehr als Meister des heute in der Rechtspraxis leider ganz verschütteten l'art pour l'art – auch dies ist Kunst, hier Rechtskunst. Im ganzen liegen in der Pflege dieser Kunst nicht elfenbeinerne Verknöcherung und auch nicht weltabgewandtes Unverständnis oder gar fehlgeschlagene Juristenausbildung zugrunde, sondern Nachwirkungen römisch-langobardisch-bologneser Einflüsse. Zur Genese dieser Einflüsse vgl. *Haberstroh,* Zitierkunst von den Römern bis zum BGB, Diss. Herborn 1978, ferner *Puffreis,* Die Entstehung der Zitate, Handwörterbuch der Geistesgeschichte, Band 187, 587. Gleichfalls in geistesgeschichtliche Kategorien einordnend *Schwabenhansel,* Büchmanns Geflügelte Worte in der Urteilssprache des Bundesgerichtshofs, ZfdGW 1977, 1 ff. Am Rande sei erwähnt, daß die oft zu lesende und zu hörende Behauptung (vgl. statt aller *Schalmiki,* Wahres und Unwahres aus der Jurisprudenz, o. J., 56), das Lehrbuch des Familienrechts von *Sagenhaft* enthalte die wesentlichen Aussagen zur Sache (vgl. dazu oben Note 3) in seinen Fußnoten, nach den grundlegenden Forschungen von *Bohnerwachs* widerlegt ist. Vgl. *Bohnerwachs,* August Sagenhaft und die Fortschritte des Familienrechts bis zum 7. Juni 1969 einschließlich, ZgZt 1978, 227 ff. Rechtsvergleichend sei angemerkt: Das Zitieren ist nicht auf den deutschen Rechtskreis beschränkt. Für den englischen Rechtskreis vgl. die guten und typischen Beispiele bei *Herbert,* Wigs at work, London 1966, passim. Besonders wertvoll a.a.O., 77 ff. die Zitierung des Satzes „lex non risu deletur" im Falle Rumpelhammer gegen Haddock. Ob insgesamt gesehen die Zitierkunst als Grundstock *deutscher* Rechtskultur im Zeichen der europäischen Integration unangefochten bleiben wird, ist derzeit eine noch offene Frage. Bedenklich stimmen muß, daß der Europäische Gerichtshof, wenn überhaupt, so nur sich selbst zitiert. Hier scheint also der Einfluß deutscher Rechtskultur auf das Recht der Europäischen Gemeinschaften überaus gering. Schade.

5) Der heute aktuelle Streit (über sein früheres Aufflammen folgen Nachweise weiter unten in Note 6) entzündete sich an der als „Zitierstreit" bekannt gewordenen Kontroverse über die Zitierfähigkeit von *Goscinny* und *Uderzo,* Asterix, Les Lauriers de César, Paris 1967 (deutsch als: Asterix, Der Lorbeerkranz des Caesar, Stuttgart 1968). Gegenstand der Kontroverse war die Zitierfähigkeit der von *Goscinny* und *Uderzo* angezogenen lateinischen Rechts-Sprichwörter – wobei problematisch ist, daß einige Zitate durchaus dem Dunstkreis der Pandekten zuzuordnen sind. Nach einer kritischen Anmerkung zur Zitierung von „Asterix" in einem Urteil des LG Kessenich durch *Herrschafts-Sechser* NJGs 1981, 66 ff. verteidigte Monika *Einerch,* Römisch-rechtliche Elemente in sog. Comics, Diss. Ötlingen 1981, das Zitieren von *Goscinny* und *Uderzo.* Ähnlich, aber schon wieder einer extremen Mittelmeinung zuneigend *Dimsch,* Videat Asterix! NJGs 1981, 255 ff., der jedenfalls schon im alten Rom bekannte und verbürgte Rechtssprichwörter für zitierfähig hält. Weitergehend will *Rüdbaum,* NJGs 1981, 344 ff. lateinische Sprüche immer dann gelten lassen, wenn ein gewisser juristischer Sinngehalt erkennbar wird. – Die Ausweitung des skizzierten Streits in grundsätzliche Überlegungen markiert *Backenzahn,* Zitieren oder nicht zitieren, das ist keine Frage, IIZfG 1981, 23 f., dessen Forderung nach einem allgemeinen Zitierverbot aufgegriffen wird von *Blumenstrauss,* NKJ 1981, 356 ff., *Vogelsang-Knallfrosch,* Nbl. 1981, 222 ff. und *Rübenzucker,* PB, 1981, 12 f. Bei letzterem sind grundsätzlich rechtsfeindliche Tendenzen (völlig unverständlich z. B. sein Ausfall gegen den Bundesanzeiger und speziell dessen Mikrofiche-Edition S. 13!) allerdings nicht auszuschließen, vgl. a.a.O. 15, wo vom „Zitierboykott" gesprochen wird; auch 19, abwegig 33, ungehörig und bedauerlich 41 die Schilderung der Liebesbräuche des indischen Tantrikakultes. Soweit durch letzteres für die deutsche Rechtskultur überhaupt etwas gewonnen werden könnte (bei aller Wertschätzung der Rechtsvergleichung!) wäre doch der Begriff der dem deutschen

bürgerlichen Recht geläufigen „Ehelichen Lebensgemeinschaft" in Verbindung mit dem Satz „Wem ich meinen Leib gebe, dem gebe ich auch mein Gut" wahrlich Anlaß gewesen, *Rübenzucker* zum Einlenken zu veranlassen. Zum Einlenken mahnend jetzt auch *Gerkel,* Behutsam zitieren! Grundsätzliche Bemerkungen aus langer Lebenserfahrung zum Zitierstreit in der deutschen Rechtswissenschaft, ArchfRPh 1982, 1889 ff.

Noch weniger überzeugend als *Rübenzucker* ist *Sausundbraus,* Nicht zitieren! Vom Zitierverbot als dem unfehlbaren Weg zu einer Gesundung der Justiz und Abkürzung der Verfahrensdauer, 1980. *Sausundbraus* will aus der Behauptung, es gebe keinen aus Art. 33 des Grundgesetzes herleitbaren Grundsatz des Berufsrichtertums, der diesem ein Zitiergebot erteile, ein Zitierverbot begründen. Nicht zu folgen ist auch *Drumar-Tinolph,* BLZ 1982, 1 ff., die übersehen, daß der preußische König seinen Advokaten und Richtern seinerzeit kein Zitierverbot sondern lediglich ein Kommentierungsverbot auferlegen wollte. Richtig insoweit *Churchner,* Das Kommentierungsverbot als eine stumpfe Waffe, Diss. Frankburg, 1968.

5a) Den Tiefpunkt der Diskussion bildet *Cherryner,* HGZ 1982, 13 ff. Sein Kernsatz ist die Behauptung, die Richter zitierten, um sich lange Darlegungen zu ersparen. Wäre die Behauptung wahr und nicht nur polemisch, so wären unsere Gerichtsurteile nicht so lang, wie sie sind. Nach einer an der Universität Heidelfurt in Arbeit befindlichen, vom Bundesministerium der Justiz geförderten rechtstatsächlichen Untersuchung ist ein deutsches Gerichtsurteil in der Regel 10 Seiten = aneinandergeklebt (an den Unterseiten bzw. Oberseiten der Blätter der Urteilsausfertigung*) 3,0 Meter lang. Dagegen kommt ein durchschnittliches französisches Urteil mit 2 1/2 Seiten = 0,75 Meter Länge aus. Der Direktor des AG Kleingartach berichtet daher sehr zutreffend, er habe mit den innerhalb eines Jahres an seinem Gericht verkündeten Urteilen mühelos die Flure des Gerichts auslegen können (vgl. *Mehrsing,* in: Jahresbericht des AG Kleingartach 1980, 288). Damit verglichen dürften die im Justizpalast von Paris beschäftigten Richter Mühe haben, mit ihren Urteilen auch nur den Salle des pas perdus zu bedecken. Anderes würde angesichts der Höhe der Zitierkunst des Reichsgerichts für das Reichsgerichtsgebäude in Leipzig gegolten haben, dessen Wartehalle ein Format von 33,5 × 23 Meter hatte und damit der größte Raum des Gerichts war (vgl. Peter *Landau,* Reichsjustizgesetze und Justizpaläste, in Kunstpolitik und Kunstförderung im Kaiserreich, Berlin o. J., 209). Nach Berechnungen, die am

*) Es wird zugrunde gelegt, daß es sich um Blätter im Format DIN A 4 handele. Daß die vollstreckbaren Ausfertigungen der Urteile wegen der im Verfahren der Zwangsvollstreckung zwangsläufigen besonderen Beanspruchungen des Urteils auf Papier der Gewichtsklasse 20 gr/qm zu schreiben sind, ist einheitliche Auffassung der Landesjustizverwaltungen. Vgl. statt aller die Verfügung des bremischen Senators für Rechtspflege und Strafvollzug, Amtsblatt 1955, 31.

Lehrstuhl für Deutsche Rechtsgeschichte an der Universität Passburg angestellt worden sind, wäre die erwähnte Wartehalle des Reichsgerichts bei einem anderen Fortgang der deutschen Rechtsgeschichte und einem damit zugrundezulegenden anderen Fortgang der Rechtsprechung des Reichsgerichts spätestens im Jahre 2198 (plus/minus 10 Jahre) bis zum Gewölbe angefüllt gewesen, vgl. Mitteilungen aus dem Seminar für Deutsche Rechtsgeschichte an der Universität Passburg, 1979, 5f. Daß das Landgericht Bremen aus Gründen der Bausicherheit keine weiteren alten Prozeßakten mehr auf dem Dachboden des Gerichtes ablagern darf, meldet der „Weserkurier" vom 13. Juni 1974, S. 12. Die damit angerissenen Gewichtsprobleme zwingen zum Schluß, daß die Berechnungen der Universität Passburg wegen der unter der Wartehalle des Reichsgerichts liegenden Kellergewölbe nur rein hypothetischen Wert haben dürften.

6) Einen ähnlichen Streit hat es schon im vergangenen Jahrhundert gegeben. Vgl. statt aller *Karbunkel,* Kieselsteine, geschleudert in den Bach der Vernunft – wider die Zitierwut unserer römischen Juristen – Aus den Handakten des scheintot begrabenen Rechtsanwalts (verm. 1803 erschienen). Weiteres Material aus dem vergangenen Jahrhundert bei *Schmekreter,* Das römische Recht am Hermannsdenkmale, 1880, wo deutliche Nachwirkungen jenes Streites vom Jahrhundertbeginn festzustellen sind, die sich allerdings mit den damaligen nationalistischen Tendenzen in Deutschland leicht erklären lassen und so als zeitgebunden eingestuft werden dürfen. Für die heute zu beobachtende Antizitiertendenz dürfte dieser Streit keine Geburtshilfe geleistet haben. Vielmehr scheint es, als sei eine im angelsächsischen Rechtsdenken entstandene Welle in das deutsche Rechtsdenken hereingeschwappt. Kennzeichnend für diese Welle ist eine Äußerung von C. H. *Rolph* im New Statesman vom 28. Januar 1965: „One thing the Lord Chancellor's less patient critics want him to do without delay is to abolish the whole ‚doctrine of precedents' ... Justinian wiped it out altogether. We ougth to do the same." Vgl. zu diesem Problemkreis und der darüber in Großbritannien geführten Diskussion *Lord Wool* in Trout, MP v. Celestial Publicity Ltd. and Broot, All England Law Report 1967, LVXXII, 12 (77) 397.

7) Diese Feststellung ist in Anschluß an Goethe zu treffen. Der Bezug und die Fundstelle sollten allgemein bekannt sein. Für Nichteingeweihte wird die Fundstelle vom Bundesanzeiger-Verlag auf Anfrage mitgeteilt.

8) Zur Genese des Wortes „Zitieren macht das Urteil" bis heute unübertroffen *Rülpser,* Citatio facit iudicium, 1848 (Neudruck Bundesanzeiger-Verlag 1980) mit sehr umfangreichen Nachweisen. Das Thema ist damit, soweit ersichtlich, abschließend bearbeitet. Gerade dies zeigt, wie selbstverständlich dieser Satz heute Bestandteil unserer Rechtskultur ist.

9) Zum Urteil allgemein vgl. §§ 300ff. ZPO. Daß Urteile im Namen des Volkes ergehen, weiß ein jeder, allerdings nicht *Beteor,* JMP 1966, 458ff. Rechtsmittel gegen Urteile heißen Rechtsmittel, weil sie in dem Buch der ZPO stehen, das mit „Rechtsmittel“ überschrieben ist. Hierzu und zur richtigen Betonung des Wortes Urteilstenor und zur Herkunft des Wortes „Rubrum“ vgl. *Schlicht,* HBG 1977, 36. Zum Verdienst *Schlichts* sei angemerkt, daß er die *Baumbachsche* Formel ergänzt hat um den sog. *Schlichtschen* Annex. Vgl. hierzu *Stoltbergen,* Die Baumbachsche Formel und der Schlichtsche Annex, DDP 1967, 155ff., ferner *Gusszek,* Der Schlichtsche Annex zur Baumbachschen Formel, *Stabl* 1970, 27ff., a.A. freilich Chr. *Hasenborn,* AnWZ 1970, 452f., die von der Notwendigkeit des *Schlichtschen* Annexes (zu Unrecht) nicht überzeugt ist. Die Bedenken der Praxis (vgl. Dipl. Rechtspfleger Prof. *Hoffely,* in: Die Geschäftsstelle des Amtsgerichts, Band 8, Praktischer Kurs, 1. Teil) sind inzwischen überwunden. Anwendungsbeispiele aus der Rechtsprechung AG Rolandsbogen, AGP 1980, 22; LG Dordelweil, AGP 1966, 198; OLG Worpswede, NdsWAZ 1972, 189; BGH Z 89, 765 = AGP 1979, 1 = JRZ 1978, 1134 = NZBu 1979, 12 m. zustimmender Anmerkung von *Schlicht* = HWG 1980, 1 m. ablehnender Anmerkung von Chr. *Hasenborn.*

10) Zur Problematik des Zitierverbots vgl. *Werbohl,* Empfiehlt es sich, ein gesetzliches Verbot dahin zu erlassen, daß in gerichtlichen Beschlüssen, Urteilen und Terminsnachrichten künftig die Entscheidungen anderer Gerichte, wissenschaftliche Darlegungen von Rechtsgelehrten und Praktikern sowie die im amtlichen Teil des Bundesanzeigers veröffentlichten Rechtsakte nicht mehr zitiert werden dürfen oder wäre das Gegenteil für richtig zu halten?, in: Von der Stimme aus den Wolken bis zum Bundesgesetzblatt – Festgabe des Bundesanzeigers, Köln 1983, [S.75]

11) Die Richtigkeit der herrschenden Meinung wurde im älteren Schrifttum aus einer Fiktion hergeleitet, indem es unter Vorantritt von *Klageschrei* die Vermutung der Richtigkeit der von der Mehrheit der Meinenden geäußerten Meinung aufstellte, vgl. *Klageschrei,* Die Richtigkeit der herrschenden Meinung, 1888; vertiefend *Leibundgut,* Neue Gedanken zur Richtigkeit der herrschenden Meinung, 1902. Kritisch freilich schon *Kaasloh,* Fiktion und herrschende Meinung, 1926. – Neuerdings liegt auch statistisches und rechtstatsächliches Material vor, das die frühere Meinung im Ergebnis jedenfalls nicht widerlegt. Einzelheiten bei *Pflugschar,* Rechtstatsachen zur Entstehung und zum Inhalt von Rechtsmeinungen; *ARTIS*-Forschungen 1980 (Band IV) S. 78ff. Von 431 untersuchten Rechtsauffassungen waren danach die Mehrheitsmeinungen in 124 Fällen richtig, in 101 Fällen lag die Wahrheit bei der Mindermeinung, in 27 Fällen waren sowohl die herrschende wie die nicht herrschende Meinung richtig, im Rest der Fälle waren sowohl herrschende wie nicht

herrschende Meinung einschließlich vermittelnder und subjektiv-objektiver Meinungen falsch. Polemisch hierzu (aber wegen fehlender Nachweisungen wissenschaftlich nicht befriedigend *Hinkelstein,* ApR 1981, 476, der zudem zu sehr abhebt auf das Apercu „Alles ist richtig, auch das Gegenteil" des Justizkritikers *Tucholsky* (!). Mit *Tucholsky* läßt sich nichts bzw. mutatis mutandis alles begründen. Die herrschende Meinung ist mit demselben Recht gegen *Tucholsky* eingestellt, mit dem *Tucholsky* gegen die herrschende Meinung eingestellt ist bzw. war. In Zweifelsfällen über die herrschende Meinung ziehe man zu Rate eines der bewährten Werke der kommentierenden Literatur, z. B. den *Palandt.* Zum ganzen vgl. auch *Kant,* Kritik der praktischen Vernunft, Königsberg 1788.

Die juristische Sekunde in ihrer Dauer

Eine rechtsdogmatische Studie

Von Prof. Dr. Peter Bowler

Jeder Jurist, der die Entwicklung des deutschen bürgerlichen Rechts vom Tode F. K. von Savignys bis zum 35. Jahrestag der Gründung des Bundesanzeigerverlages mitverfolgt hat, weiß oder sollte wissen, daß die Lehre von der Anwartschaft bei bedingtem Rechtserwerb und hier wieder bei dem besonders examenswichtigen Schicksal der Anwartschaft im Haftungsverband von Unstimmigkeiten geprägt war.

Gewiß räumen Praktiker ein, daß ihnen jene Problematik in der Routine des Berufsalltags nicht in derselben begrifflichen Durchdrungenheit entgegentritt, welche Lehre, Schrifttum und höchstrichterliche Rechtsprechung an den Tag legen. Desungeachtet greifen wir dieses Problem auf, da es den Blick freigibt auf ein anderes Problem, das im Gegensatz zu jenem bei weitem nicht die an sich angezeigte Aufmerksamkeit der juristischen Dogmatiker und Theoretiker gefunden hat.

Die Rede ist von der juristischen Sekunde und davon, wie lang diese ist. Hier herrschen Verwirrung und Unklarheit.

Wir legen das Problem zunächst an einem Fall dar, indem wir Dieter Medicus, S. 207[1], zitieren:

> „Bsp. (ähnlich BGHZ 35, 85ff.) E kauft bei V Betten unter EV[2] und richtet damit ein Hotel auf seinem Grundstück ein. An diesem Grundstück hat H eine Hypothek. Noch vor Zahlung des Restkaufpreises an V nimmt E bei D ein Darlehen auf und überträgt D zur Sicherung seine Anwartschaft entsprechend § 930. Endlich zahlt E den Restkaufpreis an V. H betreibt jetzt die Zwangsvollstreckung in das Grundstück. Demgegenüber verlangt D die Freigabe der ihm übereigneten Betten."

Die Frage ist klar: Verlangt D die Freigabe der Betten zu Recht? Der kundige und mit der Materie vertraute Jurist weiß: Die Entscheidung hängt ab von § 37 Nr. 5 des Zwangsversteigerungsgesetzes in der zur Zeit der Drucklegung der 6. Auflage von Medicus' Werk geltenden Fassung. Haftet mit anderen Worten das Sicherungseigentum des D für die Hypothek des H?

§ 1120 BGB weist den Weg. Danach erstreckt sich die Hypothek auf das Zubehör, das in das Eigentum des Grundstückseigentümers, hier also des E gelangt ist. (An der Zubehöreigenschaft der Betten zu zweifeln wäre unvernünftig.) Wie steht es nun mit dem Eigentumserwerb durch E?

Wir zitieren wieder, um der Problematik in aller gedanklichen und begrifflichen Schärfe nahezukommen, Medicus: (S. 208) „Die Lösung der Eigentumsfrage scheint davon abzuhängen, wie man sich das Schicksal des Eigentums bei Zahlung des Kaufpreisrestes an V vorstellt: Ist das Eigentum zunächst für eine *„juristische Sekunde"* von dem Käufer E erworben worden und erst dann zu D als dem Erwerber der Anwartschaft weitergelaufen (Durchgangserwerb) oder hat D das Eigentum ohne den Umweg über E erworben (Direkterwerb?)

Wir halten inne. Soeben ist uns der Begriff begegnet, um dessen rechtstheoretische und rechtsdogmatische Präzisierung wir uns bemühen wollen. Von der *„juristischen Sekunde"* war die Rede.

Gewiß ist der Jurist bei der Annäherung an den Begriff *„juristische Sekunde"* zunächst versucht, vom Begriff der Sekunde ausgehend die Frage zu stellen, ob hier nicht eine Sekunde im allgemein gebräuchlichen Sinne vorliege, daß es sich m.a.W. um den Zeitraum handele, den man definieren kann als den sechzigsten Teil einer Minute.

Doch legt das Affix *„juristische Sekunde"* Vorsicht nahe. Denn juristisch betrachtet ist noch lange nicht alles allgemein für richtig Gehaltene auch tatsächlich richtig. Man denke nur an den Volkswagenmotor, der nach landläufiger Meinung ohne jede Frage wesentlicher Bestandteil des Volkswagens ist. Ganz anders nach verbreiteter juristischer Betrachtung. Danach ist der Motor noch lange kein wesentlicher Bestandteil eines Autos, geschweige denn eines Volkswagens[3].

Also wird man auch nicht ohne weiteres sagen dürfen, eine *„juristische Sekunde"* sei gleichzusetzen mit der Sekunde, die wir eben als den sechzigsten Teil der Minute definiert haben. Damit stellt sich in aller Schärfe die Frage: „Wie lang ist sie wirklich, die *„juristische Sekunde?“*

Wir können bei der Klärung des Problems auf Hinweise und Hilfen aus der rechtswissenschaftlichen Literatur nicht zurückgreifen. Wir betreten sozusagen rechtsdogmatisches Neuland.

Wir nähern uns der Lösung zunächst durch einen rechtsvergleichenden Blick auf den in der Sache ähnlichen Begriff der „logischen Sekunde“. Allerdings beschleichen uns von vorneherein ärgste Zweifel an der Nützlichkeit eines derartigen Vergleichs. Der Hinweis auf die logische Natur jener Sekunde allein genügt bereits, um unsere Hoffnung auf Aufschluß über ihre Länge zu trügen. Zwei Deutungen sind möglich: Entweder ist die logische Sekunde eine Sekunde, die aus logischen Gründen in ihrer Existenz postuliert werden muß. Oder es liegt die Logizität dieser Sekunde in ihrer Verwandtschaft mit dem geometrischen Punkt, der eine Ausdehnung weder nach Raum noch nach Zeit hat und der den Parallelen gleich sich erst im Unendlichen um sich selber dreht. Im ersteren Fall hätten wir es wieder mit einer ordinären Zeitsekunde zu tun; im zweiten wäre der vergleichende Rückgriff deswegen nutzlos, weil die logische Sekunde keine zeitliche Ausdehnung hätte. Es liegt auf der Hand, daß letzterer Begriff der Sekunde niemals die Merkmale der *„juristischen Sekunde“* erfüllen kann, weil eine Sekunde ohne zeitlichen Charakter aus Gründen der Logik nie in der Lage wäre, einen Marsch der Hotelbetten durch das Eigentum des E zu ermöglichen.

Unsere Überlegungen bisher erweisen sich mithin als wenig fruchtbar.

Die Lösung muß ansetzen am Begriff der *„juristischen Sekunde“*. Hier wird eine Negativauslöse möglich. Wir können von vorneherein ausschließen den Rückgriff auf das Weg-Zeit-Gesetz, da wir ersichtlich nicht auf der Suche nach einem physikalischen Begriff sind. Einer auch nur oberflächlichen Betrachtung hält gleichfalls nicht stand der Rückgriff auf den § 98d der Straßenverkehrszulassungsordnung. Zwar wird dort vom Begriff der *Meterprosekundeimquadrat* Gebrauch gemacht. Hiermit läßt sich nicht argumentieren, denn auch die Berechnung der in der erwähnten Vorschrift angesprochenen negativen Beschleunigung (besser: der Bremsverzögerung) ist nichts anderes als eine naturwissenschaftliche und damit zunächst einmal nicht juristische Berechnung des Sekundenbegriffs. Vollends nicht einschlägig ist das Gesetz über die Zeitbestimmung (Zeitgesetz – ZeitG –) vom 4. Juli 1978 (BGBl. I 1298). Wir erwähnen es auch nur der Vollständigkeit halber.

Nichts führt daran vorbei: Der Begriff der *„juristischen Sekunde"* muß aus der Systematik des BGB heraus gefunden werden. Daß man am Rückgriff auf die Systematik nicht vorbeikommt, ist leicht einzusehen. Das BGB kennt den Begriff der Sekunde nämlich nicht ausdrücklich. Dies ergibt sich schon daraus, daß keines der bekannten Sachverzeichnisse zum BGB[4] die Sekunde erwähnt. Die Sekunde steht, wie Sachkenner bestätigen werden, in der Tat nicht im Bürgerlichen Gesetzbuch.

Demnach ist in die Systematik des BGB einzudringen. Sedis materiae ist das BGB, Erstes Buch. Allgemeiner Teil. Vierter Abschnitt. Fristen. Termine.

Wir stoßen dort auf die §§ 187 bis 193 BGB, und zwar ausschließlich. Denn gemäß § 186 BGB gelten diese §§ für die in Gesetzen, gerichtlichen Verfügungen und Rechtsgeschäften enthaltenen Frist- und Terminsbestimmungen. Sogleich bestätigt sich, was wir oben schon mitgeteilt haben: Die Sekunde wird nicht definiert. Definiert werden lediglich folgende Abschnitte der Zeit:

a) ein halbes Jahr, § 189 Abs. 1, erster Drittelsatz
b) ein Vierteljahr, § 189 Abs. 1, zweiter Drittelsatz
c) ein halber Monat, § 189 Abs. 1, dritter Drittelsatz
d) der Monat, nach Maßgabe gewisser Kautelen, die hier nicht interessieren, gemäß § 191 BGB
e) das Jahr, nach Maßgabe der unter d) erwähnten Kautelen gleichfalls durch § 191 BGB.

Da die Sekunde nicht auftaucht, versuchen wir die Annäherung an ihre Dauer, indem wir die kürzeste im BGB vorkommende Zeiteinheit aufsuchen. Diese gesuchte kürzeste Zeiteinheit ist der Tag. Von den hier wie dargelegt ausschließlich anzuwendenden Vorschriften der §§ 187–193 BGB kennen den Tag folgende §§: 187 Abs. 1 und 2, 188, 189, 191, 192, 193.

Eine weitere Definition des Tages findet sich im BGB nicht. Besonders fehlt eine Aussage zu dessen Dauer. Dies zwingt zu dem Schluß, daß das BGB hier auf den allgemein geläufigen, Treu und Glauben, den guten Sitten und dem Handelsbrauch entsprechenden Begriff des Tages als eines Zeitraums von 24 Stunden zurückgegriffen hat, wobei jener Zeitraum definiert wird als der dreihundertfünfundsechzigste Teil des Sonnenjahres (in Schaltjahren: dreihundertsechsundsechzigste Teil eines Sonnenjahres) unter Zugrundelegung des kopernikanischen heliozentrischen Grundbegriffes von der Welt überhaupt.

Der Schluß, das BGB habe den allgemeinen Begriff des Tages zugrundegelegt, ist zwingend. Schließlich regelt das Bürgerliche Gesetzbuch das rechtliche Dürfen des gemeinen Mannes – sinnfällig genug haben ja andere Zeiten vom „gemeinen Recht" gesprochen. Kein anderer Zeitbegriff als der (all)gemeine kann daher den Vätern des BGB vorgeschwebt haben. Derart selbstverständlich war die Verwendung des vorgefundenen Zeitbegriffes, daß die Materialien zum BGB hierzu sich – von unserem Standpunkt aus sehr zu recht – mit keinem Worte äußern.

Unsere Untersuchung ist hier an einem zentralen Punkte angekommen. Die kleinste dem BGB bekannte Zeiteinheit ist der Tag. Zwar wird dieser nicht definiert, aber er ist zu verstehen als der Zeitraum von 24 Stunden. Abstrahierend läßt sich sagen: Der kleinste dem BGB bekannte Zeitraum beträgt 24 Stunden.

Wir arbeiten nun auf die abschließende Klärung hin. Die *„juristische Sekunde"* muß nach dem Argumentationskontext, in dem sie bei Medicus auftaucht, einen sehr kleinen Zeitraum umreißen wollen. Man kann nun aber im BGB keinen kleineren Zeitraum auffinden, als wie eben gezeigt, den Zeitraum von 24 Stunden.

Damit läßt sich schließen: Die *„juristische Sekunde"* dauert 24 Stunden.

Dieses Ergebnis überrascht. Gleichwohl ist es nicht zu umgehen. Das BGB kennt nämlich nicht nur die Sekunde nicht, es hat sogar bewußt darauf verzichtet, den Begriff der Sekunde überhaupt in seine Systematik und Dogmatik einzuführen. Es hat dies gerade auch dort unterlassen, wo es auf die Sekunde ankommt. So stellt etwa § 130 Abs. 1 Satz 2 BGB nur auf die bloße zeitliche Reihenfolge ab, in der Willenserklärung oder Widerruf einlaufen. Obwohl demnach in der Lebenswirklichkeit Zustandekommen oder Nichtzustandekommen des Vertrages nun wahrlich von Sekunden, ja Sekundenbruchteilen abhängen können, schweigt das BGB. Dieselbe Überlegung ergibt sich bei § 879 BGB und dem dort behandelten Rangverhältnis unter mehreren Rechten samt den damit korrespondierenden Vorschriften über die Reihenfolge der Bearbeitung der Anträge nach Maßgabe von deren Eingang beim Grundbuchamt. Auch hier sagt das BGB zur Frage der Sekunde nichts. Dies läßt nur einen Schluß zu: Das BGB wollte zur Sekunde nichts sagen; es bedarf ihrer nicht.

Damit bleibt es dabei: Die *„juristische Sekunde"* dauert 24 Stunden.

Das Ergebnis scheint nur unlogisch zu sein. Denn vergessen wir nicht: Wir haben es mit einer *„juristischen"* Sekunde zu tun. Der Ton liegt auf „juristisch". Es unterliegt rechtstheoretisch gesehen keinem Zweifel, daß kraft einer juristischen Fiktion die Definition der *„juristischen Sekunde"* auch in Stunden, ja in Tagen ausgedrückt werden kann, vielleicht auch in Metern ausgedrückt werden könnte.

Die Richtigkeit unseres Ergebnisses läßt sich im Gegenschlußverfahren verifizieren. Greifen wir auf die am Anfang dargestellte Fallkonstellation bei Medicus zurück.

Würde man sich bei Abwägung der beiden von Medicus vorgestellten Lösungsalternativen Durchgangserwerb hier und Direkterwerb dort vorstellen, daß die vom Durchgangserwerb postulierte *„juristische Sekunde"* 24 Stunden lang ist, so würde man kaum um die Einsicht herumkommen: Diese Art von *„juristischer Sekunde"* wirft Praktikabilitätsprobleme auf. Sie würde nämlich das durchgehende Eigentum für einen relativ langen Zeitraum im Vermögen des E lassen. Was könnte in diesen 24 Stunden nicht alles geschehen? Der Gerichtsvollzieher hätte erhebliche Chancen, bei Vorliegen der Voraussetzungen im übrigen die Zwangsvollstreckung in das Durchgangsgut zu betreiben. Der Durchgangseigentümer DE könnte in diesen 24 Stunden vielerlei Rechtshandlungen betreffend das Durchgangsgut vornehmen. Er könnte es z. B. verbinden, vermischen, verarbeiten oder es dem Gastwirt G zur Sicherheit für alte Zechschulden übergeben, wofern sich nicht ein Dritter D, sei es durch Leistung, sei es auf andere Weise ungerechtfertigt, an den das Vermögen des E durchlaufenden Sachen bereichern würde. Vom Verkauf der Sachen an einen zur Anfechtung berechtigten, aber versehentlich gutgläubigen Nebenintervenienten ganz abgesehen, könnte DE die Sache auch mittels Besitzkonstitut an einen, den es angeht, verkaufen, wobei aber die Rechtsproblematik auch so zu liegen kommen könnte, daß zwischen der Erlangung der tatsächlichen Sachherrschaft an den Hotelbetten und deren Weiterübertragung durch Einigung und Eintragung im Binnenschiffsregister diese kraft ihrer rechtlichen Qualität als stellvertretendes Commodum dem zu Unrecht entmündigten Drittwiderspruchskläger im Wege der Taschenpfändung bereits wieder abhanden gekommen sind.

Damit zeigt sich, daß die *„juristische Sekunde"* für die Zwecke der sie postulierenden Anhänger des Durchgangserwerbs ganz einfach zu lang ist. Sie macht den Durchgangserwerb zu einer untauglichen Konstruktion.

Damit mündet unsere Überlegung in einen sehr wichtigen Schluß. Sie bestätigt die herrschende Meinung, welche einen Durchgangserwerb ablehnt und schon seit langem, bei Vorantritt des Reichsgerichts in seiner berühmten Entscheidung RG Z 140, 223 ff. (richtig würdigend Medicus a.a.O.) für die Annahme des Direkterwerbs plädiert (treffend BGH Z 35, 85 ff.; BGH NJW 1965, 1475 f.).

Nur diese herrschende Meinung vermeidet die unerfreulichen Konsequenzen, die bei richtiger Betrachtung des Wesens der *„juristischen Sekunde"* unvermeidbar wären, ihr ist daher zu folgen.

Anmerkungen

1) Dieter Medicus, Bürgerliches Recht. Eine nach Anspruchsgrundlagen geordnete Darstellung zur Examensvorbereitung. Sechste, neubearbeitete und erweiterte Auflage. Köln, Berlin, Bonn, München 1973

2) Zeichenerklärung: EV = Eigentumsvorbehalt; E = Eigentümer; V = Verkäufer; D = Dritter; H = Hypothekengläubiger (alles im Anschluß an Medicus' Diktion) §§ ohne Datumsangabe sind solche des BGB.

3) Vgl. BGHZ 18, 229; 61, 81.

4) Vgl. statt aller das Stichwortverzeichnis bei Schönfelder, Deutsche Gesetze, jeweils letzte Auflage.

Dampf ums Recht

Eine begriffs- und geistesgeschichtliche Studie

Von Jan Wilhelm Lerbow

Wie ein Blick in den „Palandt“, das Bundesgesetzblatt und den Bundesanzeiger lehrt, ist dem deutschen Recht anders als das Wasserrecht ein Dampfrecht unbekannt. Das Wasserrecht darf sich sogar zu den etwas gewichtigeren Materien des Besonderen Verwaltungsrechts zählen. Weit zurück in die Geschichte reichen seine Wurzeln. Schon Hammurabis bekanntes Tonscherbengesetzbuch enthält ein siebenmal geändertes Gesetz über das Sitzen an den Wasserflüssen Babylons und das dort Weinen. Auch die Römer waren große Wasserrechtler. Ein Blick auf die Reste der römischen Wasserleitungen und Aquädukte im Rheinland lehrt uns, daß dieses Wasserrecht ganz hervorragend ausgeprägt gewesen sein muß. Auch im Deutschen Reich nahm das Wasserrecht einen großen Aufschwung. Seine reifste Frucht war das preußische Wassergesetz aus dem Jahre 1912. Dessen Durchschlagskraft war so groß, daß keines der neueren Landeswassergesetze ganz verleugnen kann, wo es sich inspiriert hat. Erst ganz neuerdings gewinnt im Zeichen der Debatte um die Normenflut der Gedanke an das Wasser im Recht neue Relevanz.

Der Dampf dagegen?

Er scheint heute vergessen. Daß es einst anders war, belegt schon der Hinweis auf die industrielle Revolution und das aufsteigende Bürgertum. Beide Phänomene beruhen bekanntlich in geistesgeschichtlicher Hinsicht auf der Nutzbarmachung des Dampfes. Dampfhämmer hämmerten um die Wette. Dampfmaschinen wirbelten ihre Schwungräder. Dampfschiffe durchpflügten die sieben Meere, Dampfpflüge die Felder. Dampflokomotiven zogen Züge durch aller Herren Länder. Und auch die Gerichte beschäftigten sich mit dem Dampf.

Heute dagegen sind Gerichtsentscheidungen zum Dampf so selten wie Dampfschiffe auf dem Rhein oder Dampflokomotiven bei der Deutschen Bundesbahn oder Dampfhämmer in der industriellen Produktion. Auch ein Dampfrecht im recht eigentlichen Sinne gibt es nicht mehr. Lediglich Rudimente sind vorhanden in der Form der Dampfkesselverordnung. Aber dies ist nur ein Abglanz. Der Dampf ist heute aus dem Kreis der rechtlichen Substrate verschwunden.

Dies heißt aber, daß er sich einstmals im Kreis der rechtlichen Substrate befunden haben muß! Es muß reizvoll sein, den geistigen Prozeß zu beschreiben, in dem der Dampf vor Zeiten in den Kreis dieser Substrate eintrat, und noch reizvoller muß die Beschreibung des Verschwindens des Dampfes aus diesem Kreis sein. Vieles ist noch unerforscht, und die Geschichte der rechtlichen Begrifflichkeit des Dampfes ist noch zu schreiben. Die nachfolgenden Zeilen verstehen sich denn auch nur als Prolegomena zu einer Rechtsgeschichte des Dampfes.

Zunächst muß der uns interessierende Zeitraum abgegrenzt werden. Folgende Annahme liegt auf der Hand: Die erste zeitliche Zäsur liegt in der Bändigung des Feuers. Ohne Feuer kein Dampf. Damit wird eine erste Eingrenzung des Themas möglich. Eine Rechtsgeschichte des Dampfes können wir ohne weiteres erst erwarten, nachdem der Mensch sich das Feuer untertan gemacht hatte. Wann dies der Fall war, wissen wir nicht. Damit scheint auch zunächst eine präzise Aussage über den Eintritt des Dampfes in den Horizont der Rechtsidee unmöglich. Dies ist freilich weniger schlimm als es aussieht. Wir haben nämlich keine Zeugnisse dafür, daß der Mensch des Neolithikums oder des Palaeolithikums Feuer entfacht hätte in der bewußten Absicht, durch die erzeugte Hitze Wasser in den Aggregatzustand des Dampfes überzuführen. Er hätte damit schlicht nichts anfangen können. Damit entfällt mangels *geistiger* Einordnung ohne weiteres auch die Frage nach der *rechtlichen* Begrifflichkeit des Dampfes.

Dies ändert sich bis tief hinein in die Neuzeit nicht. Nicht einmal Plato oder Aristoteles, nicht Thomas von Aquin oder Erasmus von Rotterdam haben den Dampf als Rechtsproblem gesehen. Keines der juristischen Standardwerke z. B. der Aufklärung verhält sich über den Dampf. Der im Lexikon des Peter Bayle vorkommende Hans Dampf betrifft ersichtlich einen Eigennamen. Hugo Grotius schweigt. Auch die „Privatrechtsgeschichte der Neuzeit" von Franz Wieacker enthält das Stichwort „Dampf" nicht. Auch in dem berühmten Streit zwischen Thibaut und Savigny spielte er keine Rolle.

Wir müssen also einen Negativbefund erheben. Der Dampf *als solcher* tritt überhaupt nicht in die Arena des Rechtsgeistes.

Diese Einsicht ist zunächst betrüblich. Wir müssen uns versagen, eine reine Begriffsgeschichte des Dampfes zu schreiben. Wir werden daher auch keine Gelegenheit haben, eine Mobilisierung des Dampfbegriffes zu konstatieren, wie man sie jüngst erst beim Eigentumsbegriff gefunden hat. Und auch bei Shakespeare oder Goethe brauchen wir nicht weiter nachzuschlagen. Gerade Goethe, der über so vieles nachgedacht hat, hat über den Dampf als Aggregatzustand des Wassers nichts Bedeutendes gesagt. Soweit er etwas sagte, gehört sein Sagen allenfalls in die Rechtsgeschichte der Heilbäder:

„Wunder wirkend
strömt die Welle
strömt der heiße
Dampf der Quelle.
Mut wird freier
Blut wird neuer
Heil dem Wasser
Heil dem Feuer."

Daß Dr. Faust in Goethes gleichnamigem Stück im Zusammenhang mit der Erscheinung des Erdgeistes die Worte „Es dampft" spricht, beweist das Gegenteil nicht: Es könnte auch ein anderer als gerade Wasserdampf aufgestiegen sein.

Einen rechtswissenschaftlichen Begriff des Dampfes an sich gibt es also nicht. Gleichwohl tritt der Dampf in die Ideenwelt des Juristen ein. Er tritt juristisch immer dort in Erscheinung, wo es ihm gelingt, sich mit beweglichen oder unbeweglichen Sachen zusammenzutun. In dieser begrifflichen Verbindung erlangt auch der Dampf juristische Relevanz. Als Dampf interessierte er den Juristen nicht – als Dampfmaschine hingegen sehr und als Dampfkessel noch mehr!

Wer schuf nun die wirtschafts- und sozialgeschichtlichen Voraussetzungen für die Vereinigung des Dampfes mit den dem Rechtsgedanken von jeher vertrauten beweglichen und unbeweglichen Sachen? Die Wissenschaft ist in der glücklichen Lage, den Mann, den Ort und die Stunde genau festlegen zu können. Wir haben eines Franzosen zu gedenken mit Namen Denis Papin. Papin hat nämlich den Dampfkochtopf erfunden. Die Erleuchtung kam ihm in Marburg an der Lahn am 26. Mai 1768 im Hause Am Markt 16. Noch heute erinnert dort eine Gedächtnistafel an diesen Vorgang. Was war in Papin, was im Hause Am Markt 16 vorgegangen?

Papin hatte beim Erhitzen von wassergefüllten Eisentöpfen, deren Deckel er mit Hilfe von Schraubzwingen fest verschlossen hatte, zuviel Druck erzeugt. Der Kessel war mit lautem Knall geplatzt. Messerscharf folgerte Papin aus dem Satz „actio gleich reactio“ daß die Kraft, die geeignet und fähig war, einen Topf bersten zu lassen, auch fähig sein müsse, eine in diesen Topf gelegte Kartoffel zu zerdrücken – oder, oecotrophologisch gesprochen, dieselbe zu zerkochen. Der Dampfkochtopf war geboren! Anders ausgedrückt: In der Anwendung des Dampfes im Topf gewann der reine Kochtopf eine neue Relevanz, er wurde zum Dampfkochtopf. Wir konstatieren somit in der wirtschaftlich-sozialen Welt einen neuen Begriff. Der Dampf hat sich mit einem Topf zusammengetan.

Was bedeutete dies für den europäischen und deutschen Rechtsgedanken und was für den Dampf im Recht?

Zunächst nichts. Denn der wirtschaftlich-soziale Tatbestand wurde von keinem europäischen oder deutschen Rechtsdenker aufgegriffen. Zwar hätte man darauf kommen können, daß ein Dampfkochtopf begrifflich eine qualitativ andere Sache war als der bloße Topf. Spätestens den Handelsrechtsdenkern hätte der Einfall kommen müssen, daß die Lieferung von 100 Dampfkochtöpfen anstelle der bestellten 100 Eisentöpfe rechtlich ein nicht genehmigungsfähiges aliud, kurz gesagt eine Falschlieferung war. Aber es sollte noch nicht sein. Noch reichten nämlich die Produktivkräfte nicht aus, um überhaupt 100 Dampfkochtöpfe herzustellen. Der Dampf hatte zwar an das Tor des europäischen Rechtsgedankens geklopft, aber die Rechtsdenker hatten ihm nicht aufgetan.

Papins Vorstoß war also gescheitert. Woran lag das?

Es lag daran, daß zu jener Zeit das europäische und deutsche Rechtsdenken überlagert war von einer den Blick verstellenden theologischen Betrachtungsweise der Dinge ansich und überhaupt. Es war das Unglück des Dampfes, daß man ihn und sein Wirken damals ansah als Teufelswerk. Erinnern wir uns doch nur der Dampfwolke, die sich aus dem Haus Am Markt 16 herausgewälzt haben muß und an den Knall. Sicherlich sind auch die Scheiben zersprungen! Die Zeitgenossen hatten so etwas noch nicht gehört geschweige denn gesehen, und speziell die Marburger waren vom Marburger Religionsgespräch her noch stark religiös sensibilisiert und zudem war Papin Hugenott! Man hat denn auch gewiß Papins Versuche mit Mißtrauen und Bedenken verfolgt. So sah es auch der Universitätskanzler. Er bestellte bei den Strafrechtlern seiner Zeit ein hieb- und stichfestes juristisches Gutachten, und dessen Resultat war deutlich genug: Strafbares Teufelswerk. Zum eigenen Glück verzog Papin nach Kassel, wo er noch eine brauchbare Dampfmaschine und auch ein Dampfboot erbaute, mit dem er auf der Fulda herumgefahren sein soll. Der Bau einer Dampfwalze war im Gespräch.

Nur: Den europäischen Rechtsgeist hat Papin auch damit nicht angeregt. Der Zeitgeist war noch nicht reif. Und der Volksgeist war noch nicht durch Friedrich Karl von Savigny entdeckt.

Wie und wo erreichte nun der Dampf seinen Durchbruch aus der Wirtschafts- und Sozialsphäre in die Geisteswelt und von dort aus in die Rechtswelt der Neuzeit?

Die jetzt zu schildernden Entwicklungen fanden – leider – nicht in unserem Land der Dichter und Rechtsdenker statt. Wir haben unsere Blicke vielmehr nach Großbritannien zu richten. Wir werden fündig in Cornwall und Yorkshire. Hier erzielte der Dampf seinen endgültigen wirtschaftlichen und sozialen Durchbruch. Savery und Newcomen sind es, die als erste mit Dampfmaschinen hervortreten. Im Jahre 1755 stellte z. B. Newcomen in der Elsecar Colliery nahe Barnsley in Yorkshire eine steam engine auf, die einen Zylinderdurchmesser von 42 inches hatte. Im Jahre 1768 hatte James Watt den grundlegenden Einfall zu einer Dampfmaschine, die den Durchbruch der neuen konstruktiven Idee brachte. Von nun an gab es kein Halten mehr. Fortan tauchten Dampfmaschinen aller Spielarten auf: Dampflokomotiven, Dampfwagen, Dampfhämmer, Dampframmen, Dampfpfeifen, Dampfwinden usf.

Vor dieser Entwicklung verschloß sich auch das common law nicht. Es nahm die neuen Verbindungen des Dampfes mit Sachen sehr wohl und immer schneller zur Kenntnis. Im zeitlichen Kontext mit der industriellen Revolution und der dadurch heraufgeführten Entfesselung der Produktivkräfte entwickelte sich in Großbritannien das sogenannte Steam-Law. Vorläufiger Höhepunkt dieser Entwicklung war die Schaffung eines besonderen Gerichts, des sogenannten Steam Bench. Damit konnte sich auch eine Rechtsprechung zum Dampf im Recht herausbilden.

Diese Tendenzen in Großbritannien wirkten auch auf Deutschland ein. Bald sehen wir auch hier das Recht der Dampfschiffshypotheken in Blüte, die Dampfpfeifenstimmungsverordnung tritt reichseinheitlich in Kraft, die Dampfwagenzulassungsordnung wird als loi uniforme in den deutschen Einzelstaaten in Kraft gesetzt. Auch das Stichwort der Dampfhammerlärmschutzverordnung mit den dazu ergangenen Dampfhammerlärmschutzverordnungsausführungsverordnungen ist hier zu erwähnen. Auch Rechtsprechung bildet sich heraus. Ein schönes Zeugnis hierfür ist die Rechtsprechung des Rheinischen Kassationsgerichtshofes in Berlin, der schon im Jahre 1846 in einer Rechtssache Königliches Öffentliches Ministerium gegen Direction der Rheinischen Dampfschiffahrtsgesellschaft feststellte, die Aufstellung einer Dampfmaschine auf einem Schiff bedürfe behördlicher Genehmigung auch dann, wenn auf demselben Passagiere zu befördern nicht beabsichtigt sei.

Zusammenfassend können wir also feststellen: Der deutsche Rechtsgeist hatte spätestens zu Beginn der letzten Hälfte des ersten Drittels des 19. Jahrhunderts die vom Dampf ausgelösten Entwicklungen im wirtschaftlichen und sozialen Leben aufgegriffen. Was sind die Gründe, die zu jenem Aufgreifen der neuen Verbindungen Dampf/Sache durch den Rechtsgeist geführt haben? Wir halten dafür, daß das Erwachen des europäischen Kulturgeistes überhaupt und besonders seine innere Parallelität mit dem Dampf als solchem hier verantwortlich zu machen sind. Der erwachende europäische Kulturgeist, den wir am schönsten allgemein kulturell in Goethe, rechtskulturell in Savigny repräsentiert sehen, ähnelte dem Dampf insofern, als auch er auf Raumgewinn sann. Dem europäischen Kulturgeist ging es um die Überwindung der Geltungsansprüche einer verfehlten, in die Sackgasse gelaufenen Aufklärung. Der Dampf wollte über sein wässeriges Sein hinausgehend zur expansiven Bewegkraft werden, und dies konnte er nur unter Raumgewinn tun – nimmt doch ein Liter Wasser, in Dampf verwandelt, den rund tausendsiebenhundertfünfzigfachen Raum ein. Es ist demnach keinesfalls Zufall, sondern fast Notwendigkeit, daß der nach Ausdehnung seiner Horizonte strebende europäische Kulturgeist mit dem gleichfalls nach Ausdehnung strebenden Dampf ein gleichsam natürliches Bündnis einging und die im materiell-wirtschaftlich-sozialen Bereich bereits vorgefundene Verbindung der Begriffe auch im ideal-geistig-rechtskulturellen Bereich nachvollzog.

Welcher Rechtsdenker oder welche Rechtsdenkerin hat nun diese in der materiellen Welt stattfindende Begriffsverbindung fruchtbar gemacht unter den Rechtsdenkern? Wem gebührt, anders gefragt, der Ruhmeskranz des „Großen“ Rechtsdenkers?

Die Tatsache, daß das Werk über die „Großen Rechtsdenker in der Deutschen Geistesgeschichte" von Erik Wolf hier keinen Namen nennt läßt es schon fürchten: Ein bestimmter deutscher Rechtsdenker oder eine bestimmte deutsche Rechtsdenkerin kann nicht nahmhaft gemacht werden. Wir könnten versucht sein, einen Briten hinter der Sache zu vermuten. Aber auch hier werden wir schwerlich fündig werden. Denn nicht einmal der einzig wirklich lesenswerte juristische Autor der europäischen juristischen Literatur seit Julius von Kirchmann, der Brite Sir Alan P. Herbert, greift das Thema unter dem britischen Aspekt auf – was er gewiß getan hätte, wenn es etwas darüber zu schreiben gegeben hätte. Wir können daher nicht einmal vermuten, daß die Hineinführung des Dampfes in die europäische Rechtskultur die Tat eines Briten war. Vollends war es wie gesagt kein Deutscher. Vielleicht ist es am richtigsten zu sagen, die begrifflich-juristische Emanzipation des Dampfes sei das Ergebnis einer Gravitation des europäischen Rechtsgeistes gewesen – ganz vergleichbar der Tatsache, daß eben diese Gravitation nach der Erkenntnis Franz Wieackers den berühmten Friedrich Karl von Savigny auf die Grundaxiome der Historischen Rechtsschule geführt hat.

Wie aber erging es dem Dampf, nachdem er in der Begriffsverbindung mit beweglichen und unbeweglichen Sachen in die Welt des Rechtsdenkens eingetreten war?

Wir beschränken uns im folgenden auf die Schilderung der Vorgänge in Deutschland. Die Entwicklung des Dampfrechtes findet zunächst im öffentlichen Recht statt. Kaum war der Dampf eingetreten in den juristischen Horizont, da setzte auch schon eine – leider – restriktive Gesetzgebung ein. Es scheint, als hätten sich die zuständigen Ministerien in den Ländern des Deutschen Bundes hier beeinflussen lassen von den häufigen Unglücken und kleineren Katastrophen, die sich beim Zerknallen von Dampfkesseln, dem Heißlaufen von Dampfmaschinen, dem Außerrandundbandgeraten von Dampfhämmern ereignet haben. Jedenfalls verdient die Dampfgesetzgebung vom allerersten Anfang an das Prädikat „dampffeindlich". Dies wird schon im ersten Drittel des letzten Jahrhunderts manifest.

Wir zeichnen die Entwicklung des öffentlichen Dampfrechts in Deutschland in den notwendig groben Strichen nach. Das erste deutsche Zeugnis einer dampffeindlichen Gesetzgebung ist die hannoversche Dampfkesselverordnung von 1840. Diese nimmt Tendenzen aus Britannien auf. Sie unterwarf den Bau und Betrieb von Dampfkesseln außerordentlich strengen Anforderungen und wurde mit der Einführung einer Genehmigungs- und Untersuchungspflicht traditionsbildend in der deutschen Dampfrechtsgeschichte. Jene englischen Tendenzen wiederum gingen zurück auf das Eisenbahnunglück, das sich am 10. November 1840 in Bromsgrove/Lancastershire ereignete. Damals kamen der Lokomotivführer Joseph Rutherford und sein Heizer Thomas Scaife bei einer Kesselexplosion ums Leben – noch heute berichten ihre Grabsteine auf dem Friedhof von Bromsgrove von der Katastrophe. Ebenfalls nachteilig wirkte der Untergang des Dampfbootes „London", das am 11. Januar 1841 infolge einer Kesselexplosion in der Biskaya sank. Lediglich 19 von 236 Passagieren überlebten. Und ohne den heldenhaften und nachdrücklichen Einsatz des Maschinisten Arthur Corfe Angel wären auch diese 19 nicht zu retten gewesen. Noch heute erinnert eine Gedenktafel in der Kathedrale von Exeter an jenes Ereignis. Wir müssen demnach feststellen, daß die Wiege des deutschen öffentlichen restriktiven Dampfrechts auf einem englischen Schiff stand bzw. müssen wir im Interesse der historischen Stimmigkeit sagen, daß diese Wiege an Bord des Dampfschiffes „London" in der Biskaya untergegangen ist.

Wenn aber von der menschlichen Seite aus betrachtet so schmerzliche Vorgänge wie es ein Zugunglück oder ein Schiffsuntergang nun einmal sind – man denke an den Untergang der „Titanic"! – am Beginn des öffentlichen Dampfrechts in Deutschland stehen, dann braucht uns das Mißtrauen dieses Rechts gegen den Dampf eigentlich nicht mehr zu verwundern. Schon die preußische Kabinettsordre vom 1. Januar 1841 führte die in Hannover sichtbar gewordene Tendenz weiter und band das Aufstellen von Dampfmaschinen ganz unabhängig von der Möglichkeit einer bestehenden konkreten Gefährdung an die behördliche Erlaubnis. Die Rechtsprechung nahm in vielen Entscheidungen, die zu nennen der Platz hier nicht reicht, diese Grundlinien auf und verschärfte die dampffeindliche Linie noch erheblich. So ist ein Fall bekannt geworden, in dem eine Kleinbahngesellschaft zum Ersatz des Schadens verurteilt wurde, der einem Bauern dadurch entstand, daß die vom Decken kommende Stute von dem Zischen einer daherfahrenden Lokalbahnlokomotive erschreckt wurde und noch an Ort und Stelle eine Fehlgeburt erlitt!

Wir können also feststellen: Der Eintritt des Dampfes in die europäische Rechtswelt war ihm nicht nur günstig. Sein Eintritt in den Horizont des Rechtsgedankens war vielleicht nicht gerade eine Niederlage, aber doch allenfalls ein Pyrrhussieg.

Wie waren die Folgen dieses Pyrrhussieges? Man kann sagen: Die Folge des Sieges war die Rückgängigmachung der so entscheidenden Begriffsverbindung, von der oben die Rede war. Je weiter die Entwicklung voranschritt, desto mehr trat der gasförmig-geistige Dampf zurück hinter den materiellen Sachbegriff. Wir schildern den Prozeß kurz in seiner äußeren Erscheinung.

Akten weisen aus, daß der Prozeß des Verschwindens des Dampfes aus der juristischen Optik relativ langsam aber unaufhaltsam vor sich ging. In einem 1841 geschlossenen Kaufvertrag zwischen der Maschinenfabrik Esslingen und der Kgl. Württembergischen Eisenbahnverwaltung über eine Dampflokomotive findet sich noch die Schreibweise „Dampff-Lokomotive". Wenige Jahre später wird in derselben Fabrik aber schon die Schreibweise „Dampf-Lokomotive" gebräuchlich. Auch aus den Akten der Kgl. Preußischen Eisengießerei in Königshütte ist diese Schreibweise nachweisbar, sogar in mehreren Fällen. Als nächstes fällt der doppelte Verbindungsstrich. August Borsig notierte auf einem Lieferschein vom 23. August 1843 den Begriff Dampf-Lokomotive. Die Niederlage ist jetzt nicht mehr aufzuhalten. Die Dampfpfluggesellschaft Fowler und Compagnie verwendet spätestens seit 1847 die Bezeichnung Dampfpflug. Doppeleff und Doppelstrich sind dahin. Auch optisch-grammatikalisch hat der Dampf seine Selbständigkeit verloren. Betrachten wir all dies, so haben wir bei genauer Überlegung wohl nicht mehr nur von einem Pyrrhussieg zu sprechen. Vielmehr haben wir uns einzugestehen: Der Eintritt des Dampfes in die Welt des europäischen Rechtsdenkens war tödlich.

Wer oder was nun ist verantwortlich für diese Wendung des deutschen Rechtsdenkens über den Dampf im Recht? Hier wirkten sich unzweifelhaft Wandlungen des deutschen Rechtsdenkens zum Nachteil des Dampfes aus.

Verantwortlich für den Gang der neuen Entwicklung war der Umstand, daß die deutschen Rechtsdenker unter dem Vorzeichen des in dem zweiten Drittel des 19. Jahrhunderts aufkeimenden Materialismus immer mehr unter die Vorherrschaft eines schnell blutleer werdenden Positivismus gerieten, der sich nur allzu leicht bereit fand, in Begriffen zu rechnen und jede Rechtsentscheidung als das Ergebnis einer rein logisch vollzogenen Ableitung aus einer genealogischen Begriffspyramide auszugeben. Die Reduktion des Rechtslebens auf die trockene juristische Begrifflichkeit mußte die Folge sein. Für den Dampf im Recht war diese Entwicklung des Rechtsdenkens die Katastrophe. Er wurde gleichsam entmündigt und zur Unperson erklärt. Denn im Gefolge der Reduktion der Begriffe wurde aus Dampfhammer oder Dampfmaschine, aus Dampfkessel oder Dampfpflug die Rückführung auf deren Eigenschaft als Sache – fraglich blieb allein, ob es sich um eine bewegliche oder unbewegliche Sache handeln könne. Kurios genug wurde das Ebenbild und der Inbegriff der Bewegung – die stolze Dampfmaschine – rechtlich zur unbeweglichen Sache erklärt! (vgl. RGZ 27, 103ff. m.w.N.) Allgemein gesprochen bedeutet die neue Denkart die Abkehr des jetzt materialistisch geformten Rechtsgedankens vom Dampf; die materielle Rechtsnatur der Maschine war wichtiger geworden als die Frage nach dem Geist, der sie in Bewegung versetzte. In der rechtlichen Quintessenz heißt dies: Der Dampf war allenfalls noch eine wesentliche Eigenschaft, aber nicht mehr spiritus rector und Hervorbringer juristischer Begrifflichkeit.

Die Herabwürdigung des Dampfes zur wesentlichen Eigenschaft macht im Grunde die weitere Betrachtung des Dampfes in der Rechtsgeschichte gegenstandslos. Denn selbstredend sind dem rechtlichen Dürfen des Dampfes enge Grenzen gesetzt. Es muß am Ende der Entwicklung im letzten Drittel des 19. Jahrhunderts schon als das höchste der Gefühle bezeichnet werden, daß der Dampf dort, wo er sich mit dem Begriff Lokomotive verbunden hatte, Haftpflichtansprüche nach dem Reichshaftpflichtgesetz auslösen konnte.

Damit sind wir beim letzten Stichwort in der kleinen Rechtskulturgeschichte des Dampfes angelangt. Das Stichwort heißt: Haftpflicht. Das Gebiet des Haftpflichtrechts ist die einzige Materie, in der sich positive Ergebnisse über die Wirkungen des Dampfes im Recht mitteilen lassen. Hier allein hat er nachgewirkt. Wir verdanken der geistigen Auseinandersetzung der Juristen mit dem Medium Dampf nämlich die Gefährdungshaftung.

Der Rechtsdenker, mit dem diese Entwicklung in Deutschland beginnt, ist der waldecksche Ökonomierat Dr. Johann Heinrich Quastenschweif. Er lebte von 1793 bis 1865. Die Rechtsgeschichtswissenschaft hat seine Verdienste bislang nicht hinreichend gewürdigt. Auch in seiner engeren Heimat am Edersee scheint er vergessen. Jedenfalls wird er von Heinrich Peter Beutelschneider in dessen „Geschichte der waldeckschen Ökonomie von unserer Zeit bis auf die Anfänge rückwärts erzählt, Arolsen 1897“ nicht erwähnt. Das macht staunen, hat doch Quastenschweif das entstehende öffentliche Dampfkesselrecht mit der römischrechtlichen Regel vulpus ex plumento et vulpture und den daraus hergeleiteten Grundsatz Casum sentit dominus unter Heranziehung des Prinzips nemo plus juris transferre potest quam ipse habet mit dem deutsch-rechtlichen Grundsatz des Gradestehens für den Hintermann verschmolzen, indem er die ursprünglich im Gespräch mit Goethe von Leibniz gefundene Theorie von der Akzessorietät der Monaden in der Form, die sie durch die Janseniten und Pascal zunächst gefunden, dann aber durch der Manichäer Ketzerei wieder darangegeben hatte, aufgriff, sie ihrer später durch Austin und Portalis, dann durch Lord Denning, mehr aber durch den Geheimen Rat Rehberg in Hannover zugefügten Elemente aus dem Rechtskreis des schottischen BGB, der südfranzösischen Coutumes und der ostwestfälischen Trias pseudomanomorum entkleidete, um dann, die vom deutschen Idealismus zwischen Spätaufklärung und Frühklassik gespannte Wäscheleine überspringend und Hegel, Kant – leider auch Savigny! – und Puchta mißverstehend, die Grundzüge der Gefährdungshaftung zu entwickeln.

Es grenzt an Tragik, daß der Dampf vom Anfang an sich einer restriktiven Haltung gegenübersah, die einerseits seinen schließlichen Untergang herbeiführte, die aber andererseits dem deutschen Recht jene Blüte knospen ließ, nach der wir Juristen gewohnt sind uns zu richten, wenn wir heute mit gefährlichen Dingen und ihren haftungsrechtlichen Implikationen umgehen: der Gefährdungshaftung. Andererseits mag es Trost bedeuten, wenn wir heute im Schutz der Gefährdungshaftung über die Straße gehen, uns unseren Mitmenschen im Verkehr aussetzen, uns der Deutschen Bundesbahn anvertrauen, mit der Lufthansa durch die Stratosphäre jagen und dabei immer uns gewiß sein dürfen: Unsere haftungsrechtliche Grundlage hat der Dampf gelegt.

Wir sind am Schluß. Wir stehen eratmend im Angesichte eines tragischen gleichwohl großartigen Ganges des Dampfes durch die Gefelde der Rechtsidee. Mag er letztlich gescheitert sein, ihm (und uns) bleibt das trostvolle Wort der Braven:

MAGNA VOLUISSE MAGNUM – Großes gewollt zu haben, ist groß genug.

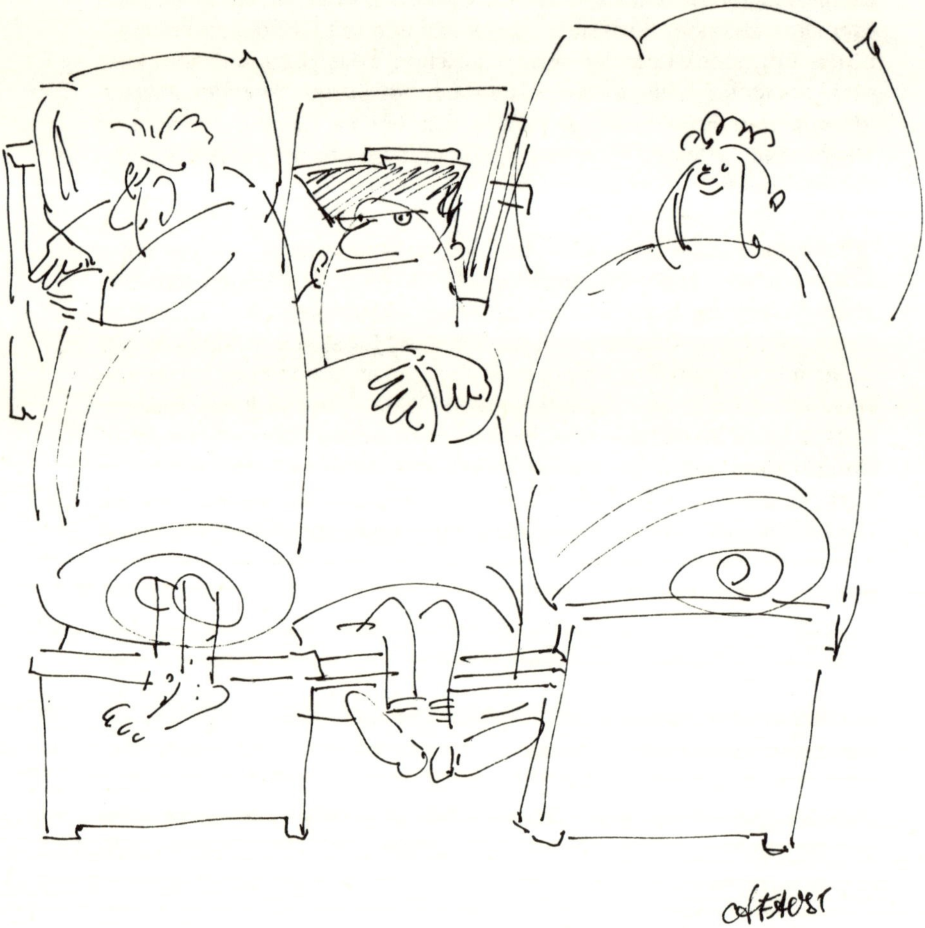

Getrenntleben im Ehebett?

Eine Urteilsanmerkung

Von Monika Wurst-Kuchel-Wolber

Nach deutschem Recht wird eine Ehe geschieden, wenn sie gescheitert ist. Gescheitert ist sie gemäß § 1565 BGB, wenn die Lebensgemeinschaft der Ehegatten nicht mehr besteht und nicht erwartet werden kann, daß die Ehegatten sie wiederherstellen.

Idealtypisch stellt sich das Gesetz das Scheitern der Ehe demnach so vor, daß der eine Ehepartner die Ehewohnung verläßt und eine eigene Wohnung bezieht.

Diese scheinbar klare Lösung bietet der Praxis nicht geringe Schwierigkeiten. Wie allgemein bekannt ist und wie rechtstatsächliche Untersuchungen erhärtet haben, scheitert das Verlassen der Ehewohnung sehr oft daran, daß der die Lebensgemeinschaft verlassende Ehepartner eine andere Wohnung nicht bezahlen kann. Nach neueren Untersuchungen ziehen lediglich in 23,7 % der Fälle die ausziehenden Ehefrauen zu ihrem Freund und 33,8 % der Ehemänner zu ihren Freundinnen; 2,8 % der Ehefrauen und 4,6 % der Ehemänner gehen zu ihren Eltern zurück oder beziehen ein Heim für geprügelte Ehemänner bzw. Ehefrauen (vgl. die im Bundesanzeiger vom 6. April 1983 veröffentlichte Bekanntmachung des Bundesamtes für Statistik vom 1. April 1983). Der große Rest ist darauf angewiesen, auf dem bekanntlich nicht billigen Wohnungsmarkt eine Wohnung zu mieten – was in einer Großzahl der Fälle noch durch die sattsam bekannten Unterhaltszahlungen nicht gerade zu einem Zuckerlecken in finanzieller Hinsicht wird.

Dies sah auch der Gesetzgeber. § 1567 Abs. 1 BGB versucht, dem Rechnung zu tragen. Er bestimmt: „Die eheliche Gemeinschaft besteht auch dann nicht mehr, wenn die Ehegatten innerhalb der ehelichen Wohnung getrennt leben."

Diese Regelung ist sicherlich gut gemeint. Aber sie erregt doch Bedenken. Hier stoßen sich zwei Prinzipien. Trennung ist ihrem begrifflichen Wesen nach ein räumlicher Begriff mit negativem Charakter. Trennung heißt: Die Tischdecke zerschneiden, in verschiedene Richtungen auseinandergehen, die sieben Sachen packen und von dannen ziehen. In der Wohnung, also im Arcanum der ehelichen Lebensgemeinschaft getrennt leben, das ist das genaue Gegenteil davon.

Kein Wunder also, haben sich die Gerichte mit dieser Problematik beschäftigen müssen. Ein Blick in den „Palandt" zeigt die Weite der angerissenen Probleme. Wir zitieren der Einfachheit halber wörtlich:

> „Aber auch wenn die Ehel noch in derselben Wohnung leben, kann die häusl Gemsch aufgeh sein, sofern nur ein Zustand herbeigeführt ist, der eine vollst Trennung bedeutet, I 2, was nach obj Kriterien u. eindeutigen, äußeren TrenngsKonturen zu beurt ist (kln FamRZ 82, 807). Die Ehel müssen innerh der bisher ehel Wohng bei gemeins Benutzung von Küche, Bad uä die Zimmer unter sich aufgeteilt haben. Getrennt Schlafen u Essen genügt nicht (BGH FamRZ 69, 80). Hingg spricht Tätigk, die nur den Kindern zugute kommt, od eine solche in der Landwirtsch od dem Gesch des and Eheg noch nicht gg die Aufhebg (RG 167, 301), ebensowenig vereinzelte Sorgetätigkten od Beistand in Notfällen wie Krankh (D. Schwab FamRZ 79, 16). Auch bei dauernder Hilfsbedürftigkeit des einen Eheg inf geist Erkrankg muß der scheidgswill Eheg die Aufhebg der häusl Gemsch in dem nach den Umst weitestmögl Umfg herbeiführen (BGH NJW 79 1360). Läßt AntrSt sich ausschließl von seiner Mutter versorgen, steht dem Getrenntl uU nicht einmal entgg, wenn Ehel bisw gleichzeit am Tisch essen (BGH NJW 78, 1810). Aufhebg aber zu verneinen, wenn die Frau weiterh für den Mann kocht u dieser gelegentl in der Wohnung übernachtet (RG 163, 277). BGH NJW 79, 105 (als Revlnst zu Kln FamRZ 78, 34) verneint Getrenntl, wenn Ehem im Wintergarten schläft, die Ehefr ihn jedoch weiter versorgt u die Mahlzeiten gemeins eingen w. Ein GetrLeben innerh der Wohng kann bejaht w, wenn die sachl Kontakte zw den Ehel nur geringfüg über dem liegen was anges des gemeins Wohnens u im Hinbl auf das Kind erforderl ist (Krlsr FamRZ 80, 52). Zu den Erfordern des GetrLebens in ders Wohng Einzelheiten bei D. Schwab FamRZ 76, 502). Eine Entfremdg der Eheg ist begriffl nicht erfdl. Zu unbest Damrau NJW 77, 1623, der für I 2 nur verlangt, daß als maßgebl empfundene Gemeinsamkeiten nicht mehr bestehen. Trenng innerh der Wohnung ist leichter glaubh, wenn m Rücks auf Mißhdlgen das Bemühen der Ehefr, jedem vermeidb Kontakt mit dem Ehem aus dem Wege zu gehen, die innere Wahrscheinlichk für sich hat (Hamm FamRZ 78, 511). Zu der Gefahr, daß strenge Anfordergen an den Begr des GetrLebens zu einer sozial gestuften Scheidgsbarriere führen können, vgl. treffd D.

Schwab FamRZ 79, 17 mit dem Arg, daß die Eheg mit der Scheidg genau den Zustand erstreben, den herzustellen ihnen iR des GetrLebens angebl unmögl ist."

Eine Zwischenbilanz ergibt demnach: Die Aufhebung der ehelichen Lebensgemeinschaft kann juristisch auch innerhalb der Ehewohnung stattfinden. Das führt zu dem Problem, wie und wieweit die Ehegatten, zur Trennung entschlossen, gemeinsame Einrichtungen in einer Art und Weise benutzen können, daß von einer gemeinsamen Nutzung keine Rede sein kann.

Bei der heute üblichen Kleinheit besonders von Mietwohnungen, stellt sich dieses Problem mit erheblicher Schärfe (vgl. die im Bundesanzeiger vom 13. Februar 1982 veröffentlichten Ergebnisse der Wohnstättenzählung 1981; danach hat die deutsche Durchschnittswohnung 3 1/2 Zimmer mit 63,74 qm Wohnfläche). Die Problematik wird auf die Spitze getrieben, wenn einer der zur Trennung entschlossenen Partner die Kinder mitgenommen hat. Dies kann z. B. schon aus Platzgründen in einer Wohnung kleineren Zuschnitts zu solchen Komplikationen führen, daß von einem Getrenntleben in der Ehewohnung im Sinne von § 1567 Abs. 1 BGB keine Rede mehr sein kann.

Sozusagen die Nadelspitze der auf die Spitze getriebenen Problematik liegt in der Frage, wie denn die Frage nach dem Getrenntleben zu beantworten sei, wenn die Partner trotz Trennungsabsicht das Ehebett weiter gemeinsam benutzen. Gibt es mit anderen Worten ein Getrenntleben im Ehebett?

Wissenschaft und Schrifttum haben sich ebenso wie die Rechtsprechung oder Rechtstatsachenforschung mit dem Problem noch nicht vertieft auseinandergesetzt. Um so überraschender kommt nun das Urteil des Amtsgerichts Fronhausen an der Lahn, das den Fall zum ersten Mal – soweit ersichtlich – in der Privatrechtsgeschichte der Neuzeit aufgegriffen und entschieden hat (abgedruckt in Hafermehl-Dudelsack, Rechtsprechung der Amtsgerichte, 129, [N. F. 77] 37 ff.).

Folgender Sachverhalt lag zugrunde: Die Eheleute E., zur Scheidung entschlossen, sahen sehr schnell, daß sie ein Getrenntleben in getrennten Wohnungen nicht würden finanzieren können. Sie beschlossen daher – nach Inanspruchnahme rechtskundigen Rates – von § 1567 Abs. 1 BGB Gebrauch zu machen und in der ehelichen Wohnung getrennt zu leben. Aus Platzgründen waren die Ehegatten außerstande, auch die Schlafzimmer auseinanderzuteilen; dem stand die Zahl der im Haushalt (nun bei der Mutter) lebenden Kinder entgegen, zudem war noch vor dem Eintritt des Getrenntlebens die zwischenzeitlich verwitwete Schwiegermutter des Mannes in den Haushalt aufgenommen worden. Die Ehegatten benutzten daher das eheliche Bett weiter gemeinsam. Dabei war übereinstimmend der Wille vorhanden, es im Ehebett zu Gemeinsamkeiten nicht mehr kommen zu lassen. In der Tat ist es dazu auch nicht gekommen.

Das Amtsgericht Fronhausen an der Lahn nahm Getrenntleben an.

Aus den Gründen:

„Unstreitig haben die Parteien in rechtserheblicher Zeit das Ehebett gemeinsam zum Nachtlager benutzt. Dies steht der Annahme des Getrenntlebens aber nicht entgegen. Zur Überzeugung des Gerichts steht fest, daß die Parteien das gemeinsame Lager nicht zum Vollzug des ehelichen Verkehrs gebraucht haben. Das Gericht hat ferner durch Augenschein festgestellt, daß das fragliche Ehebett nach seiner Konstruktion dem Getrenntleben keine Hindernisse bereitet hat. Bei dem Bett handelt es sich um ein solches Bett, das nach dem Sprachgebrauch der Gerichtseingesessenen des Bezirks ein sogenanntes ‚Gräbele' aufweist. Das heißt einen Schlitz, welcher auch für das Auge deutlich sichtbar, die beiden aus je einer gesonderten Liegestatt bestehenden Teile des Bettes voneinander trennt. Die Breite der Ritze beträgt mehr als eine Handbreite. Beide Liegestätten bilden eine je getrennte Einheit. Jedes Teilbett der beiden das Ehebett in seiner Gesamtheit bildenden Ehebettes besteht aus einem metallenem Rost, auf dem je drei Roßhaarmatratzen aufliegen. Auf jede durch die Roßhaarmatratzen gebildete Liegefläche muß ein je getrenntes Leintuch aufgelegt werden. Ferner verfügt jeder Schläfer über ein eigenes Kopfkissen und ein eigenes Deckbett. Damit kann jeder Ehegatte bei verständiger, das Wesen des Ehebettes richtig würdigender Betrachtungsweise sein Bett ungestört und unabhängig vom anderen benutzen. So hielten es auch die Parteien... (wird ausgeführt). Das Gericht ist überzeugt, daß die Parteien das ‚Gräbele' streng respektierten. Ein gelegentliches, im Schlaf erfolgtes und von den Parteien eingeräumtes Hineinragenlassen der großen Zehe des einen oder anderen Ehegatten in das je andere Bett steht der Annahme des Getrenntlebens schon deswegen nicht entgegen, weil es als im Schlaf erfolgte, nicht willensgetragene menschliche Aktivität bei richtiger Betrachtungsweise den juristischen Handlungsbegriff nicht zu erfüllen vermag (folgen Zitate). Gleichfalls unerheblich muß bleiben, daß der Antragsgegner ein starker Schnarcher war. Die Antragstellerin mag dabei zuweilen akustisch einer Situation ausgesetzt gewesen sein, die typischerweise zu den Gegebenheiten innerhalb der ungetrennten ehelichen Lebensgemeinschaft zählt. Trennungsfeindlichkeit ergibt sich daraus aber nicht, da das Schnarchen nach der ständigen Rechtsprechung des erkennenden Gerichts nicht zum Wesen der Ehe gehört, folglich für die Frage nach dem Getrenntsein der Eheleute außer Betracht bleiben muß."

Zu diesem Urteil ist anzumerken:

Die Entscheidung ist zu billigen. Ihre Stärke liegt darin, daß sie zum ersten Mal Maßstäbe für eine Bettkonstruktion aufstellt, in der grundsätzlich getrennt gelebt werden kann. Relationstechnisch erfreulich ist die nur kurze – aber in dieser Kürze angezeigte! – Abhandlung des geschlechtlichen Aspekts der Problematik. Besonders richtungsweisend dürfte werden die Hervorhebung des optischen Elements, wenn das Gericht abhebt auf das dem Auge deutlich erkennbare „Gräbele" – was das Gericht freilich besser mit dem allgemeinverständlichen deutschen Ausdruck „Bettritze" übersetzt hätte. Auch für künftige Entscheidungen leitend werden dürfte die Aussage des Gerichts zur Breite der Bettritze. Unter eine Handbreit herabzugehen dürfte von nun an wohl nicht mehr möglich sein.

Grundsätzlich macht die Entscheidung aber eines klar: Nur Betten mit einer Bettritze sind überhaupt geeignet, die Annahme des Getrenntlebens im Ehebett zu rechtfertigen. Getrenntleben in einem französischen Bett dürfte nach dem vorliegenden Urteil ein für alle Mal ausgeschlossen sein. Dagegen macht das Urteil mit aller nur wünschbaren Deutlichkeit klar, daß amerikanische Betten, die jedes für sich getrennt stehen und vielleicht sogar in getrennten Räumen untergebracht sind, dem Getrenntleben im Ehebett die wenigsten Hindernisse bereiten.

Noch besonders hervorzuheben ist die Aussage des Gerichts zur Einbeziehung des Schnarchens in den Wesensgehalt der Ehe. In falscher Bescheidenheit beruft das Gericht sich nur auf *seine* ständige Rechtsprechung. Zutreffend ist freilich, daß dies schon der Standpunkt des Reichsgerichts war (vgl. RGZ 66, 234, 123, 33).

AMTS-
DEUTSCH
AFAO